德鲁克
管理思想精髓

张秀军◎著

中国经济出版社
CHINA ECONOMIC PUBLISHING HOUSE

·北京·

图书在版编目（CIP）数据

德鲁克管理思想精髓 / 张秀军　著．—北京：中国经济出版社，2020.1
ISBN 978-7-5136-5826-3

Ⅰ.①德… Ⅱ.①张… Ⅲ.①私人投资–通俗读物
Ⅳ.①F830.59-49

中国版本图书馆CIP数据核字（2019）第179971号

责任编辑	海　毅　高晓晔
责任印制	巢新强
封面设计	任燕飞设计室

出版发行	中国经济出版社
印刷者	北京力信诚印刷有限公司
经销者	各地新华书店
开　本	880mm×1230mm　1/32
印　张	8.5
字　数	244千字
版　次	2020年1月第1版
印　次	2020年1月第1次
定　价	58.00元

广告经营许可证　京西工商广字第8179号

中国经济出版社 网址 http://www.economyph.com 社址 北京市东城区安定门外大街58号 邮编 100011
本版图书如存在印装质量问题，请与本社发行中心联系调换（联系电话：010-57512564）

版权所有　盗版必究（举报电话：010-57512600）
　国家版权局反盗版举报中心（举报电话：12390）　　　服务热线：010-57512564

使用说明书

《德鲁克管理思想精髓》是一本专门为管理者量身打造的通俗读物,全书共分为7章,每章5~7节内容。为了能让读者由浅入深、简单明了地掌握德鲁克管理学的基本知识,也为了节省读者宝贵的时间,本书在内容上尽量将专业的知识通俗化,以常识的角度来阐述高深的理论。

大标题

每个篇章都有几个大标题,每个大标题为初学者揭示一个知识要点。

前言 引文

对将要学习的知识要点给予简明精要的说明,并对其重要性及其影响因素做出说明。

Easy-going

一针见血地指出需要注意的事项,提供一些经验诀窍或相关建议。

---

3 德鲁克管理思想精髓

谁才是管理者

通常情况下,只要提到管理者,很多人都会认为是对员工工作负责任的人便是管理者。在本节我们所提到的管理者则是这样的:不仅要为员工的工作负责,还要对企业的发展状况承担责任。

◎ 管理者概述

从字面意思上来说,管理者就是分配任务、做出决策、指导别人完成工作,通过对别人工作的协调,从而达到实现组织目标的目的的人。

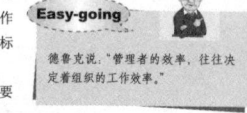

Easy-going

德鲁克说:"管理者的效率,往往决定着组织的工作效率。"

对企业而言,他们所需要的管理者必须具备高尚的品格、协作服务意识、能将自己与企业文化融为一体并将其发扬光大、责任至上、不断学习的精神。那么,在组织内部,究竟谁才是管理者呢?

员工对管理者的定义就是组织内部的高层人员。在员工看来,凡处于管理阶层的人,必定具备丰富的经验、阅历及知识技能。然而,德鲁克却认为:"在我们的企业组织中,一个人只要在他的工作中做出了影响组织整体绩效的决策或成果,那么他就是一个管理者,而不论他是否有下属。"

也就是说,并非处在管理的位置就可以称得上是管理者,所有负责执行、决策、对组织工作成果有贡献的人,都可以像管理者一样工作和思考。在组织内部,上级只是负责下达命令而已,至于该如何去

100

在阅读页面上，完全采用简单清楚的学习化界面加上图解来辅助解释复杂的概念。此外，还在行文中加上了意味隽永的"小故事"版块，可以加深记忆，再加上能让人扩大知识面的"More"版块，阅读本书就成为一种享受。掌握本书的内容，你就能迅速进入管理者角色。

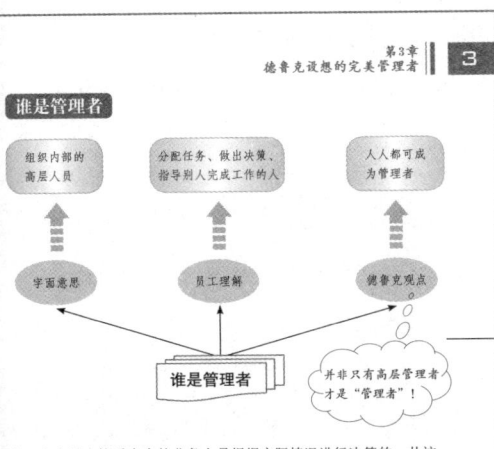

章名
全面讲述了管理学所涉及的主要内容，每章讲述一个主题。

图解
为了让读者可以一目了然地理解书中概念，运用逻辑拆解法将概念间的关系做成图表分析的形式。

小贴士
每章都有几个与大标题相关的事件或小贴士，增加初学者的学习兴趣。

目录

使用说明书 …………………………………………………… 004

第1章 德鲁克与他的管理学

德鲁克的生平 ………………………………………………… 010
德鲁克怎样看待管理 ………………………………………… 019
德鲁克的三个经典问题 ……………………………………… 026
管理者必须直面的现实 ……………………………………… 033
德鲁克眼中的有效管理 ……………………………………… 039
如何成为卓有成效的管理者 ………………………………… 046

第2章 德鲁克管理学的基本概念

什么是管理 …………………………………………………… 054
管理的必要性 ………………………………………………… 061
管理的维度 …………………………………………………… 064
德鲁克认为的利润管理 ……………………………………… 073
德鲁克认为的业务管理 ……………………………………… 080
管理的三个任务 ……………………………………………… 086

我们需要什么样的管理者……………………………………………093

第3章 德鲁克设想的完美管理者

谁才是管理者………………………………………………………100
为什么要成为卓有成效的管理者…………………………………106
管理者必须做出的承诺……………………………………………113
正确的管理层级关系………………………………………………119
管理者的能力评析…………………………………………………125
有效会议与无效会议………………………………………………129
当今管理者需要的信息……………………………………………137

第4章 目标管理与绩效管理

目标管理的特征与功能……………………………………………146
目标管理的SMART原则概述………………………………………152
目标管理与自我控制………………………………………………158
管理者的梯队建设…………………………………………………165
绩效反馈中的技巧…………………………………………………169
绩效评估与奖惩制度………………………………………………177

第5章 德鲁克眼中的时间管理

目标管理的特征与功能……………………………………………184

时间是对管理者的最大压力……191
给自己一张时间列表……195
自我控制和时间管理……201
确定每项事务的优先级别……205

第6章 管理者如何做好员工管理

选拔人才的基本原则……212
把合适的人放在合适的位置上……218
管理者应当同员工建立良好的人际关系……221
充分发挥自己的长处……225
组织成员的岗位调整……231
员工是企业最有价值的资产……234
如何让员工富有成效地工作……237
如何与不同类型的员工进行沟通……240

第7章 管理者应该如何决策

影响决策的五个要素……246
什么是有效的决策……252
决策中的个人见解……260
如何运用反对意见……263
个人决策和群体决策的比较……267

第1章

德鲁克与他的管理学

彼得·德鲁克说:"管理是一种工作。因此管理有其技能、有其工具,也有其技术。"德鲁克所提出的管理概念对于企业来说,是为企业整体目标提供了一种将其转换为单位与个人目标的有效方式,这一概念成为当代管理学的重要组成部分,并具有划时代的意义。

本章教你:
▶德鲁克眼中的管理是什么样的?
▶什么是有效管理?
▶管理者所面对的问题是什么?
▶卓有成效的管理者是如何诞生的?

德鲁克的生平

> 谈到彼得·德鲁克,有人说他是"管理学大师",也有人称其为"知识工作者",而彼得·德鲁克自己则这样说道:"我想,我应该是一个'社会生态学家'。自然生态学家研究生物环境,我对由人类活动衍生出的人类环境有着浓厚兴趣。"究竟彼得·德鲁克是怎样一个人?其一生又具有什么样的成就?本节将对其进行一一介绍。

◎ 德鲁克年表

彼得·德鲁克于1909年11月19日在维也纳出生,于2005年11月11日逝世,享年95岁。他毕生的一些重要经历如下表所示。

时间	经历
1909年	在奥地利首都维也纳出生
1918年	与自己生命中最重要的两位导师,即埃尔莎(Elsa)与苏菲亚(Sophia)相遇
1927年	结束了高中学业,在一家贸易公司做见习生的同时还在汉堡大学法学院就读
1929年	移居到法兰克福,成为《法兰克福综合日报》的记者
1931年	开始攻读国际公法国际学位,并获法兰克福大学法学博士学位,同时在法兰克福大学担任助教
1933年	移居伦敦
1937年	与多丽丝(Doris)结为夫妻

第1章 德鲁克与他的管理学

续表

时间	经　　历
1938年	因反抗纳粹，随父母逃往美国
1939年	出版《经济人的末日》。在纽约郊区的萨拉·罗伦斯学院担任讲师
1940年	参与《财富》杂志创刊10周年纪念刊物的编辑工作
1942年	出版《工业人的未来》。担任本宁顿大学的教授
1943年	获得美国国籍
1946年	出版《公司的概念》，并获得畅销。同时，大力提倡书中谈到的"分权"观念
1949年	担任纽约大学教授
1953年	与索尼的创始人之一盛田昭夫在纽约相遇
1954年	出版《管理实践》，现代管理学诞生，大师地位得以奠定
1959年	访问日本
1964年	出版世界上第一本综合讨论事业理论的书籍《成果管理》
1966年	出版经典著作《卓有成效的管理者》
1969年	出版《不连续的时代》，提出"私有化"的概念
1971年	担任加州克莱蒙特大学管理系的教授
1973年	出版《管理：任务、责任、实践》，该书被誉为管理学的"圣经"
1975年	负责为美国最大的经济专业报纸《华尔街日报》撰写专栏
1979年	出版《旁观者》
1981年	成为通用电气公司杰克·韦尔奇的顾问

续表

时间	经　　历
1993年	出版《后资本主义社会》
2003年	被美国总统授予最高荣誉勋章"总统自由勋章",出版《下一个社会》
2005年	在美国加州克莱蒙特的家中逝世,享年95岁

◎ 资本主义的预言家

有资料记载,美国有一家企业的领导曾致信德鲁克,说他们对德鲁克所提出的每一个观点都会进行反复的研讨,然后找出对自己企业有益的理论依据。对于任何领域的管理研究者来说,最高的奖赏也莫过于此了。

Easy-going

在众多的管理学学者中,德鲁克无疑是最出色的一位,被世人称为"现代管理学之父"。他曾经这么说:"如果我可以活到80岁,那么我就一定会写到80岁!"

其实,自从管理学兴起以来,德鲁克所提出的管理理论就已经被各行各业密切关注,大家都把他的理论作为互相比较、学习的标尺。所以,德鲁克也被称为"美国公司总裁的导师"。

作为家喻户晓的"管理学大师",德鲁克就需要有高度敏感的察觉神经,对即将发生的变化或者可能发生的事情做出敏锐的反应,并对时代的变迁进行深刻的分析,以及时地向全社会以及所有企业报告自己的发现,并提出新的要求,快速地提出警告。比如由于外部某种环境因素变化的影响,企业在彼此的竞争中会遭遇什么样的危机等。

几十年如一日,德鲁克从来没有放弃过努力,这就是人们所敬仰的"德鲁克风格"。在德鲁克诸多的成就中,其在管理学上的著作为管理学的发展开辟了新的方向,享有"资本主义的预言家"的光荣称号。

第1章 德鲁克与他的管理学

彼得·德鲁克的观点

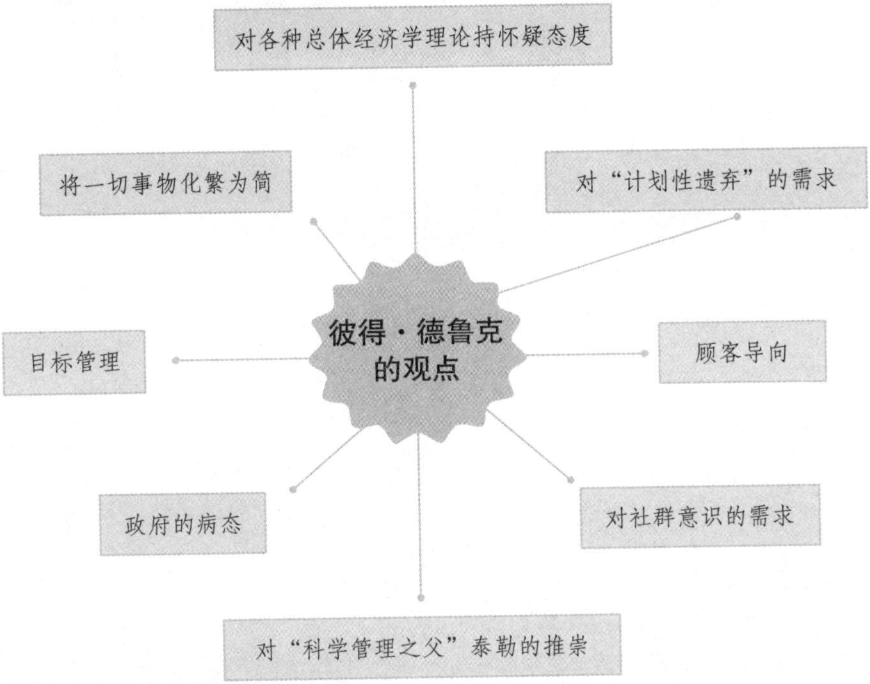

- 对各种总体经济学理论持怀疑态度
- 将一切事物化繁为简
- 对"计划性遗弃"的需求
- 目标管理
- 彼得·德鲁克的观点
- 顾客导向
- 政府的病态
- 对社群意识的需求
- 对"科学管理之父"泰勒的推崇

◎ 德鲁克的重要著作

德鲁克说过这样一段话:"经常有人问我,'应该先从哪一本书读起'或者是'哪一本书跟人力资源有关系'。其实,就算把我过去65年的所有作品都摆在我的面前,我也无法回答这些问题……"终其一生,德鲁克共著佳作39本,都被世人奉为精品。而在他与世长辞前的十年时间里,就有10本著作先后出版。

在《我的私人履历》这本书

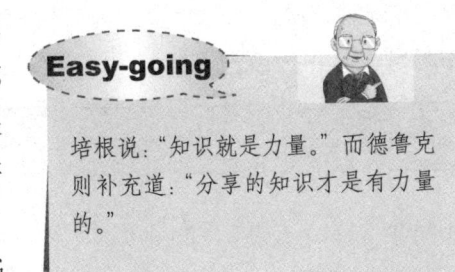

Easy-going

培根说:"知识就是力量。"而德鲁克则补充道:"分享的知识才是有力量的。"

1 德鲁克管理思想精髓

小贴士

彼得·德鲁克的十大兵法

1. 分权与授权。现在很多国际型的企业都是因此而发展壮大起来的。

2. 成效、目标是管理的基石。依靠监督来管理必会适得其反。

3. 全球知识经济已经独占鳌头,必将凌驾政治权力,这就是不连续时代所存在的现象。

4. 创新。墨守成规、因循守旧的企业注定要发展缓慢,因缺乏创新所造成的风险,远比创新所造成的风险高很多。

5. 以客为尊。顾客永远是企业存在的目的。

6. 管理者的三大使命:达成目的、使工作者有成就感、履行社会责任。

7. 永续经营。

8. 化社会问题为商机。

9. 形而下是管理,形而上是领导。组织的目的不是管理人,而是要去领导人。

10. 家族企业妨碍企业进步。

中,德鲁克提出可以将他的著作进行三个方面的划分,即经营与组织、政治与伦理、社会与经济。只要抓住这三个方面,我们就很容易掌握德鲁克的思想精髓。下面是精选的德鲁克主要作品,读者在选读德鲁克著作时可将其作为参考依据。

时间	作品	内容简介
1939年	《经济人的末日》	这是德鲁克的首部大作,内容涉及极权主义理论,受到英国风云人物温斯顿·丘吉尔的高度赞赏

续表

时间	作品	内容简介
1942年	《工业人的未来》	主要讲述的是"二战"之后的社会现象，提出了一般性社会与特殊性工业社会两大理论，是德鲁克最得意的作品之一
1954年	《管理实践》	史上第一本从各个角度阐述管理学的书籍
1964年	《成果管理》	综合探讨了企业的战略理论，是了解德鲁克战略理论的必读书籍
1966年	《卓有成效的管理者》	提出了工作者与自我控制的概念，对现代商业的开发能力做出了探讨
1969年	《不连续的时代》	介绍了"私有化"这一观点。英国原首相撒切尔夫人说过："我就是一手拿着这本书，一手推动私有化运动的"
1973年	《管理：任务、责任、实践》	德鲁克管理理论的巅峰之作，值得一读
1979年	《旁观者：管理大师德鲁克回忆录》	通过回顾大半生的生活经历，德鲁克写下了这本书，内容颇有趣味，触角延伸到社会评判问题
1982年	《动荡时代中的管理》	提出"动荡社会的观点"，为企业开出了能够度过时代变革的"良方妙药"
1985年	《创新与创业家精神》	创新与创新策略的最佳工具
1990年	《新现实：政府与政治、经济与企业、社会与世界》	大胆着墨，对现代社会如何进入崭新纪元做出了描绘
1993年	《后资本主义社会》	提出"知识型社会"的理论，对个人及组织在这种社会下如何生存罗列出了必备条件

德鲁克管理思想精髓

续表

时间	作品	内容简介
1998年	《德鲁克论管理职业》	对各个企业、各不同职位的管理风格进行了描述
1999年	《21世纪的管理挑战》	介绍了21世纪管理者所面临的六大挑战,是一本管理工作者不得不读的经典之作
2002年	《下一个社会的管理》	是在网络普及之后,德鲁克针对这种现象所写的一本书,深受瞩目

◎ 彼得·德鲁克的贡献

无论是英特尔公司(Intel Corporation)的创始人安迪·格鲁夫,微软公司联合创办人比尔·盖茨,还是通用电气公司的原CEO杰克·韦尔奇,无不受到德鲁克管理理念的影响。著名财经杂志《经济学人》对彼得·德鲁克的评价是:"假如世界上果真有所谓大师中的大师,那个人的名字,必定是彼得·德鲁克。"

管理者的一项具体任务就是要把今天的资源投入到创造未来中去。

——彼得·德鲁克

在美国的德鲁克档案馆,有一篇德鲁克写的名为《我认为我最重要的贡献是什么?》的文章,此篇文章被打印在德鲁克的私人信笺上。在这篇文章中,德鲁克如此写到:

管理是一种器官,是赋予机构以生命的、能动的、动态的器官。没有机构(如工商企业),就不会有管理。但是,如果没有管理,那也就只会有一群乌合之众,而不会有一个机构。而机构本身又是社会的一个

第1章 德鲁克与他的管理学

彼得·德鲁克的观点

彼得·德鲁克的贡献

●1950年，德鲁克指出计算机终将彻底改变商业； ●1961年，德鲁克提醒美国应关注日本工业的崛起； ●1981年，德鲁克首先警告东亚国家可能会陷入经济滞胀； ●1990年，德鲁克率先对"知识经济"进行了阐释。	●1971年，任教于克莱蒙特大学的彼得·德鲁克管理研究生院。 ●1990年，为提高非营利组织的绩效，由弗朗西斯·赫塞尔本等发起，以德鲁克的声望，在美国成立了"德鲁克非营利基金会"。	●德鲁克一生共出版39本书，先后被翻译成30多种语言，在130多个国家和地区传播，甚至在苏联、波兰、南斯拉夫、捷克等国也极为畅销。 ●2002年6月20日，美国总统乔治·W.布什宣布彼得·德鲁克成为当年的"总统自由勋章"的获得者，这是美国公民所能获得的最高荣誉。

器官，它之所以存在，只是为了给社会和个人提供所需的成果。可是，器官从来都不是由它们做些什么，或者说由它们怎么做来确定的，而是由其贡献来确定的。

德鲁克对管理的本质进行了精辟的阐述，他说："管理是一种实践，其本质不在于'知'而在于'行'；其验证不在于逻辑，而在于成果；其唯一权威就是成就。"对于"责任"，管理人员的"责任"、员工的"责任"以及企业的"责任"，德鲁克从来就是直言不讳，一针见血地指出要害。

作为管理者，必会朝着德鲁克所指明的方向前进，美国通用电气公司原首席执行官杰克·韦尔奇评价彼得·德鲁克时说:"1981年,我整合通用电气的第一个核心思想来自彼得·德鲁克。通用电气的相关业务要么是业内第一位或第二位的位置,要么就退出这一领域。"

管理实战

卓越的管理者

20世纪20年代,美国电话电报公司(AT&T)准备达成"让美国各家各户、各个行业都装上电话"的目标。为了达成这个目标,公司付出了很多努力,也耗费了大量的资源,通过30年的时间,终于圆满完成。然而不幸的是,虽然AT&T成功完成了目标,但是却使公司本身陷入了危机。经过分析,发现造成这种现象的原因不是官僚主义,也不是技术上的问题。

上述说法还不能够充分证明AT&T所遭遇的危机,最关键的原因是AT&T在达成目标之后,没有及时地调整和提出新的事业理论。简言之,就是公司已经不能够适应外界环境的改变。然而,一个企业成功的先决条件就是能够迅速适应各种变化。

AT&T所遭受的挫折在微软也存在。众所周知,微软的目标就是"让每个办公室和每个家庭的桌上都摆上一台电脑",这正是效仿AT&T所得出的结论。那么,当微软公司日益接近目标的时候,就不得不考虑调整自身的事业理论,以确保能够获得长远发展。

其实,通用公司在这个问题的处理上就可以作为参考。在CEO杰克·韦尔奇的带领下,通用公司步入了史上最成功的发展时期。在这样的时期,通用公司居安思危,及时引进了新的事业理论,做到了未雨绸缪。现在,通用公司已经做好了迎接电子商务时代到来的准备,CEO杰克·韦尔奇也因此被冠上"E-Jack"的雅号。

第1章 德鲁克与他的管理学

德鲁克怎样看待管理

> 彼得·德鲁克说:"管理就是界定企业的使命,并激励和组织人力资源去实现这个使命。界定使命是企业家的任务,而激励与组织人力资源是领导力的范畴,二者的结合就是管理。"管理的核心是人,这是德鲁克所提出的观点。为什么德鲁克会将人定为管理的核心?请往下阅读。

◎ 崭新的管理理念

在研究管理的过程中,德鲁克最关注的就是"管理中的人",即以旁观者的立场对管理者及其被管理者进行研究。简言之,彼得·德鲁克分别从社会的角度与人性的角度对组织的发展进行分析、研究,最终将二者合二为一,形成自己独一无二的管理理论。

对于组织的社会责任,是德鲁克在管理理论中最为强调的一点。他认为与加强管理效率相比,组织的社会责任更为重要。除此之外,与其他管理研究者不同的是,德鲁克还十分重视管理理论的实践。比如他会

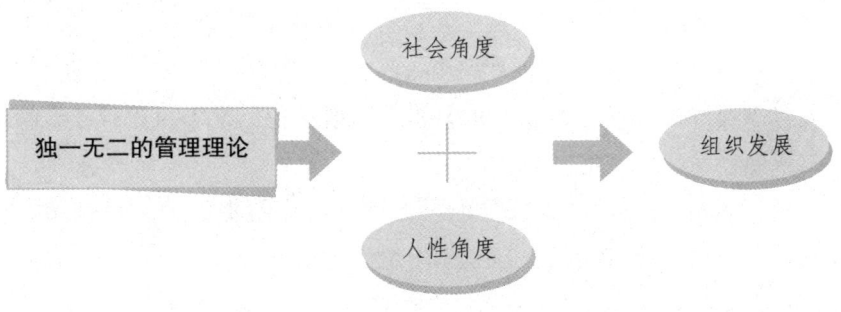

德鲁克的管理理论

1 德鲁克管理思想精髓

德鲁克眼中管理学的真谛

"管理是一门学科,这首先就意味着,管理人员付诸实践的是管理学而不是经济学,不是计量方法,不是行为科学。无论是经济学、计量方法还是行为科学都只是管理人员的工具。但是,管理人员付诸实践的并不是经济学,正好像一个医生付诸实践的并不是验血那样。管理人员付诸实践的并不是行为科学,正好像一位生物学家付诸实践的并不是显微镜那样。管理人员付诸实践的并不是计量方法,正好像一位律师付诸实践的并不是判例那样。管理人员付诸实践的是管理学。"这就是德鲁克眼中管理学的真谛。

亲自担任一些企业的管理顾问,负责有关管理的各项咨询工作。德鲁克说:"咨询工作就等于是实践理论的实验室。"也正是由于他这种一丝不苟、精益求精的态度,他被称为"管理大师中的大师"。

德鲁克毕生都致力于管理学的研究,他精粹的管理思想已经充分渗入各行各业管理者的心中,备受企业家及管理者的推崇,对企业及社会的发展都造成了深刻的影响,被美国总统乔治·W.布什称为"世界管理理论的开拓者"。

◎ 提出"目标管理"的概念

目标管理(Management By Objectives,MBO),是德鲁克提出的一个具有划时代意义、最重要、最有影响的概念,已成为当代管理学的重要组成部分。

目标管理又称为"成果管理",就是俗称的责任制。它是指在企业全体员工的积极参与下,自上而下地确定工作目标,并在工作中实行

第1章 德鲁克与他的管理学

"自我控制",自下而上地保证目标实现的一种管理方法。

"经理人必须实施目标管理。"这是德鲁克对所有经理人的忠告。福特汽车公司的创始人亨利·福特曾经实施经理人监督制度,结果使公司面临倒闭的危机。严格来说,目标管理就是将经理人控制下属,转变成经理人与下属一起制定可实施的标准与目标,让下属自主、积极地去完成工作,而不是在一味的监督下才能够达成目标。

Easy-going

美国作家杜鲁门·卡波特说过:"自律是成功过程中最重要的一个环节。"目标管理不是某一个时刻的心血来潮,而是一个持久的过程。在这个过程中,就要靠个人的自律。

理查德·巴斯柯克说过:"目标管理这一概念与哥白尼的'日心说'一样,具有强烈的突破性效应。德鲁克注重管理行为的结果而不是对行为的监控,这是一个重大的贡献。因为目标管理把管理的整个重点从工作努力(即输入)转移到生产率(即输出)上来。"

目标管理

经理人必须实施目标管理

自上而下确定目标 → 自我控制 → **目标管理** ← 确保达成 ← 自下而上实施目标

德鲁克管理思想精髓

◎ 管理是一门人文艺术

德鲁克认为管理与传统意义上的人文艺术有着异曲同工之妙。因为管理的覆盖面非常广泛，涵盖了基础知识、自我认知、智慧等各方面的人文因素。德鲁克认为作为一个管理者，在对管理理论进行实践之前，首先必须要对一切人文及社会科学有正确的明晰，如心理学、经济学、哲学等，将这些智慧融会贯通，并运用到管理中，方能保证管理的有效实施。

所谓管理，自然离不开管理者与被管理者，二者在交流的时候，管理者的言谈举止、精神风貌、处理问题的方式等，都会对被管理者产生一定的影响。除此之外，当双方进行沟通的时候，就需要在各个方面都能够达到平衡，如价值观、对同一问题的看法等。这些内容对管理者而言，就必须具备较高的人文知识。

因此，要想成为一个受人尊敬的管理者，就需要有丰富的知识储备量，方能在与下属互动的过程中，达到有效沟通的目的。这样一

管理的范围

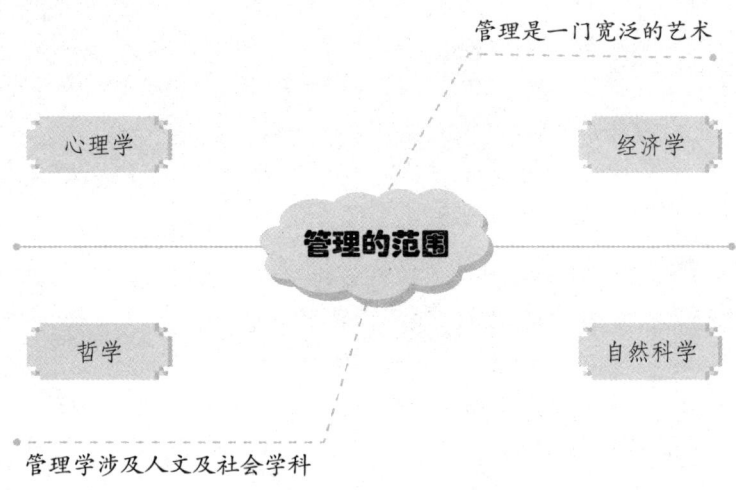

管理学涉及人文及社会学科

来，一方面可以激发下属的主观能动性，另一方面还能够使其充分发挥个人潜力，更加积极地投入工作。

然而，即使具备了这样的能力也还是不够的。德鲁克对此做出了特别强调："管理者所具备的知识必须充分地运用到管理的实践中去。对企业来说，实施管理的目的就是提高绩效，如果不能够向顾客提供更好的产品和服务，那么拥有再多的智慧与人文艺术也都是毫无意义的。"简言之，虽然管理是一门人文艺术，但却并非是一门单纯的艺术，它所涉及的领域十分宽泛，内容也是丰富多彩的。

Easy-going

彼得·德鲁克语录：我围绕着人与权利、价值观、结构和方式来研究这一学科，尤其是围绕着责任。管理学科是把管理当作一门真正的综合艺术。

◎ 优秀的管理是人性化的

德鲁克说："每一个企业的员工都是具有完整人格的人，而不是机器上的零件。对人的重视不仅是手段，更是目的，所以必须尊重人、关心人，并致力于发挥每个人的优势和能力。"不难看出，德鲁克所强调的"人性"，就是指人的所需所求，是作为人的本能。简言之，就是管理者要将人作为一切管理活动的中心。

Easy-going

决定管理成功的关键因素是人。

管理的核心就是人，这是德鲁克所提出的观点。管理就是与人息息相关的活动，管理的目的就是将个体聚拢成一个团体，共同合作，共同努力。德鲁克根据自己多年的研究成果，总结出了人之于管理的重要作

如何进行人性化管理

```
人性化管理的基本点：
尊重人、热爱人、满足人、发展人、实现人
          ↓
     如何进行人性化管理
      ↙              ↘
建立符合组织情况的管理模式    掌握适当的人性化管理方法

根据不同企业的不同需要确定其    管理者应当实施具有"人情味"
所要采取的人性化管理的模式。    的管理方法，并尝试在沟通中用
                             鼓励与说服等方式进行管理。
```

用，向人们传播人本主义，让人们明白人性化的管理才是最优秀的管理方法。

对于人本主义，在德鲁克的众多著作中时常出现，他一直在向人们灌输这种思想。众所周知，即使规模再大的企业，即使拥有最高端的技术与严谨的制度，负责使用、执行的也还是人。因此，管理者在经营管理的过程中，对人性的作用决不能忽视，而应该将所有的问题都围绕着人而展开。如果管理不好人，那么拥有再多的顶尖设备、再完美的规章制度都是徒劳的。

其实，管理者需要做的很简单。只要能够致力于人，努力让个体与组织的关系趋于和谐，并做好其中的协调工作，就会获得最大的效益。

管理实战

常见的管理模式

1. 亲情化管理

指利用家族血缘的关系，聚集家庭成员共同对企业进行管理。这种管理模式在企业建立初期能够起到很好的作用，但是当企业逐渐壮大的时候，就很容易出现问题。

2. 友情化管理模式

指通过友情关系来进行企业管理。这种管理模式很容易使友情被金钱和利益淡化，企业很容易因朋友间在金钱上的摩擦而衰落甚至破产。

3. 温情化管理模式

指在管理的过程中，更多地调动、发挥人性的内在作用，利用人情味来处理企业的管理关系。

4. 随机化管理模式

这种管理模式有两种表现形式：其一，民营企业中的独裁式管理；其二，国有企业中的行政干预。

5. 制度化管理模式

指按照既定的经过所有人认可的制度进行管理。

1 德鲁克管理思想精髓

德鲁克的三个经典问题

德鲁克认为：企业如果不了解自己是什么、代表着什么及自己的基本概念、价值观、政策和信念是什么，就不能合理地改变自己。只有明确地规定了企业的宗旨和使命，才可能树立明确可实现的企业目标。

◎ 问题是什么

德鲁克因提出三个经典的问题而备受企业管理者及管理领域人士所推崇。几乎全世界的企业家都存在同样的问题，"事业理论"这个家喻户晓的名词便是所有问题的答案。在管理思维中，

Easy-going

德鲁克的理论、思想、观点所带给人们的都是一种震撼的过程，他对管理的真知灼见是不可被超越的。

德鲁克的三个经典问题

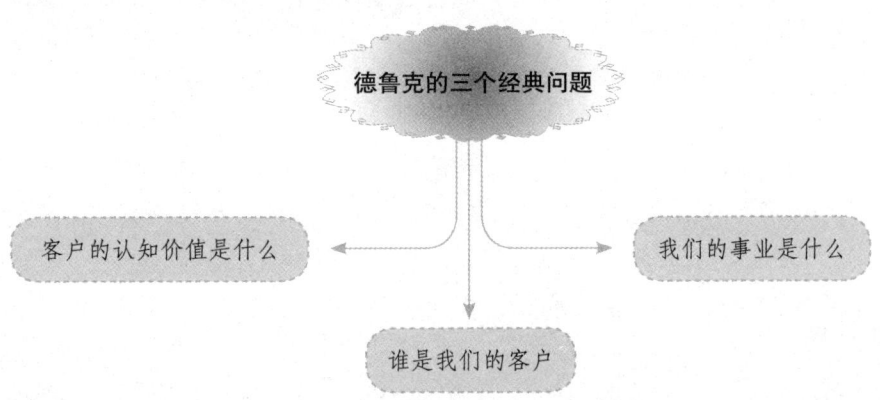

德鲁克的三个经典问题

- 客户的认知价值是什么
- 我们的事业是什么
- 谁是我们的客户

026

以"事业理论"指导运作是最具有特色的标志。比如说如果你没有取得预期的效果,那么你就需要认真检查自身的事业理论。重大的决策与首创精神都是在验证"事业理论"这一答案。

对各个企业而言,利润永远都是最重要的,因为利润是验证一切理论是否有效的前提。但利润并非是企业的目的,而是作为企业想要达到的某种结果存在的。企业领导人需要更加深入地思考与明晰事业理论的重要性,必须时刻自问:我们的事业是什么?

◎ 我们的事业是什么

很多企业的管理层往往在企业本身面临重大危机的时候才会提出

如何提出"我们的事业是什么"

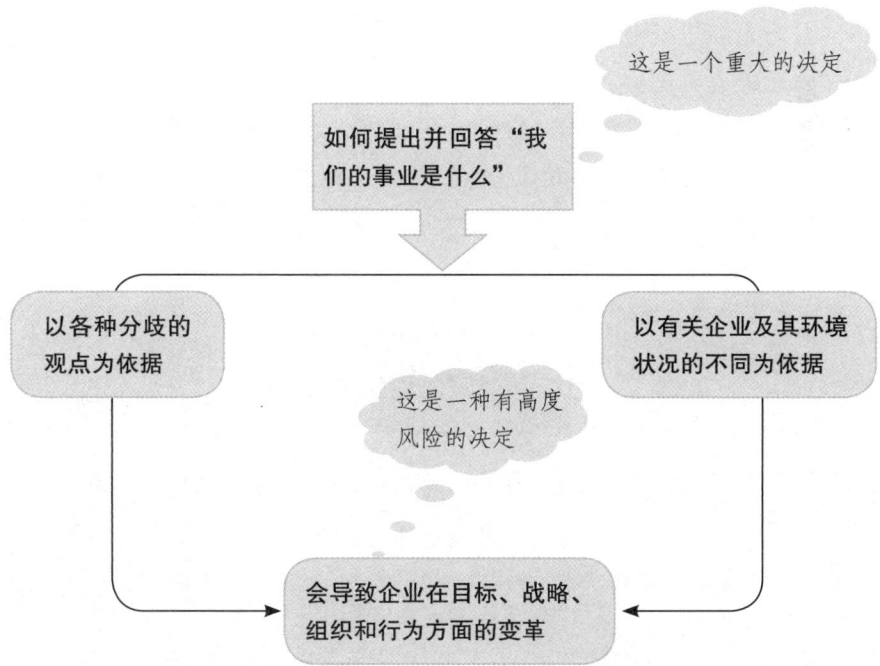

德鲁克管理思想精髓

"我们的事业是什么"这一理论,其实这种行为是最不负责任的管理行为。那么正确的行为应该是什么呢?就是在企业创立初期,就将这一问题深入人心。

当然,要想成功提出"我们的事业是什么"这一问题,不似一日三餐那么简单。即使是在企业发展趋于稳定的时候提出,也是很不容易的。因为在成功时期提出这样的问题,会让所有人都觉得答案过于显而易见,从而失去问题最根本的意义。何况拿成功这一事实进行讨论,从来都不是赢取人心的最佳方法。

1920年,无烟煤矿业与铁路业是美国最成功的两个产业部门。这两个产业部门的管理层都自以为自己可以对煤矿业、铁路业进行永久性的垄断,最后却呈衰退趋势直线下滑。

因为无烟煤矿业与铁路业已经成功地成为美国必不可少的两

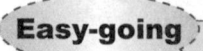

德鲁克认为:对现存产品的种类及数量、服务、生产过程、市场调研等进行系统分析,是提出"我们的事业是什么"这一问题之前的重要步骤。

大产业,所以它们的管理者自然而然就会觉得显而易见的成功根本不值得再去考虑,也就不会采取什么行动措施,自然会被其他行业超越、排

小故事

德鲁克的建议

德鲁克认为:如果想要把握未来因素对企业的影响,可以从人口的结构与统计这一方面入手。一方面,人口结构会影响到商品的销售量与购买习惯;另一方面,也会对生产规模及生产力的构成产生影响。而通过对人口变动进行分析,也许就可以对未来市场的发展、购买习惯、客户需求、企业的发展趋势等因素进行预测。

挤,从而走向衰落。

就在这个时候,德鲁克提出了他的观点:"关于一家企业的宗旨和使命的定义,很少有维持到30年的,更不用说50年了,一般只能维持10年。"德鲁克所要表达的意思就是:在企业管理层提出"我们的事业是什么"这一问题之前,首先要对企业未来的变化、所遭遇环境等各方面的因素影响程度等问题有明确的认知,而不是盲目地提出问题。

德鲁克之所以提出"我们的事业是什么"这一经典问题,其主要的作用就是能够使企业在第一时间适应因各方面因素影响所导致的变化。对于正在发展中的企业而言,可以达到修改、扩充、发展现有、继续经营的目的。

◎ 谁是我们的客户

显而易见,"谁是我们的客户"这一问题并不是轻而易举就能够回答出来的。然而,它对企业宗旨及使命的确定却有着至关重要的作用。

所谓客户,就是企业所生产的产品、提供的服务的使用者与享受者。对企业而言,所要面对的顾客类型不会是单一的,因为每一位顾客对产品的期望值都有所不同,

Easy-going

客户不是单一存在的。因此,如果只朝着单一的客户群体发展,自然就无法取得预期的经济成就。

对销售人员的服务质量也都持有不同的评判态度。然而,不管是什么类型的顾客,企业必须能够让顾客在购物过程中达到舒心、满意。

比如保险公司的工作就是销售保险,也可以理解为保险公司就是把人们的积蓄导向生产性投资的渠道。对保险公司而言,其本身也相当于一位投资者。也就是说,保险公司有两个不同的概念:其一,就是作为销售者存在;其二,就是一位投资者。

客户的选择

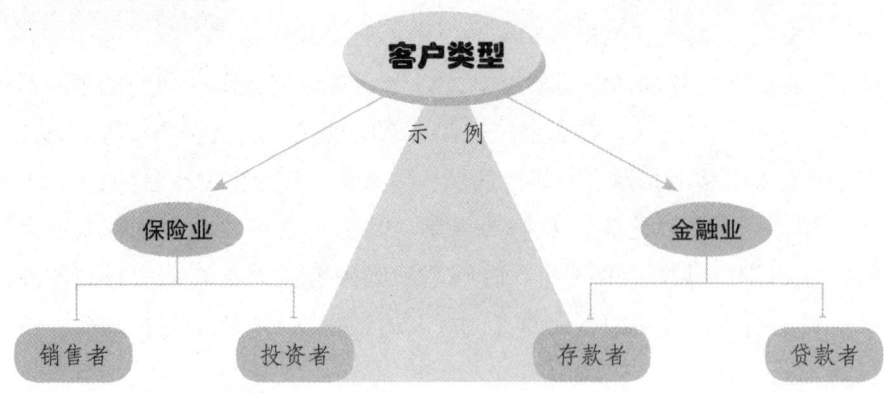

同理，就银行而言，其必须满足两种不同的客户：其一，存款者；其二，贷款者。这两个概念缺一不可。

◎ 客户的认知价值是什么

"客户的认知价值"是很少被企业提及的一个问题，但却是德鲁克经典问题之中最后一个经典问题。那么为什么企业的管理者意识不到这个问题呢？德鲁克一针见血地指出："最主要的原因就是他们确信自己知道问题的答案是什么，即客户的认知价值就是企业所规定的质量。然而，这个答案几乎已经成为永远错误的答案。"

比如对于女人来说，衣服、鞋子的价值在于它们的款式是否新颖、时尚，价格的高低则是次要因素，耐穿性、舒适度、合适性几乎不被考虑。当女人成为母亲，衣服、鞋子的价值就变成了价格是否合理、是否耐穿、舒适，而款式的新颖、时尚则成了次要因素。

对于类似于上述情况的事例，往往不被产品制造商接受，在他们的思维意识中，这种对产品意识的变更是不符合理性的。但是，他们却忽视了一点：顾客的购买力从来都是理性的。顾客为什么要买这种商品？

客户的认知价值

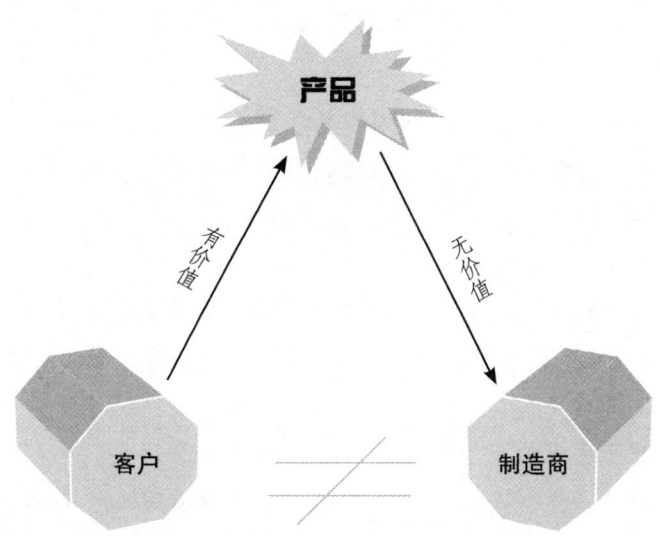

因为他们需要,他们的这种行为是根据自身的实际情况,理性地做出购买所需商品的决定的。

就顾客而言,对购买需求的满意程度远远比所购买的商品更重要。因此,我们可以说顾客购买的是一种价值,而不是产品。当然,产品制造商是无法制造出价值的,只能生产一件一件的商品。所以,生产者认为有价值的商品,可能对顾客而言,是毫无意义、浪费金钱的东西。

"客户的认知价值"是一种方法,也是一种过程,如果不首先弄清楚"客户的认知价值",组织中的服务链就会很容易进入盲区,甚至是朝着错误的方向进行。不仅不能够有效地为顾客创造出价值,还会耗费大量的财力物力,最后却只是在做无用功。在"客户的认知价值"中,最先决的条件就是"认知",客户只有在"认知"之后,才能够评判出产品的"价值"。所以,组织应当站在客户"认知"的角度发现问题、解决问题。

德鲁克管理思想精髓

管理实战

客户的需要是产品最大的价值

我们的客户在哪里，我们的客户需要什么，这是每一个有理想的企业都会思考的问题，也是德鲁克管理学的精髓，只有将产品做到客户的心里，企业才会有发展的机会。

但是许多企业虽然想到了这个问题，却没有清醒地认识这个问题，它们只是在发展的某个时刻思考过这个问题，却完全没有意识到这个问题是一个动态的发展的问题，而不是静止不变的问题。

柯达可曾想过有一天它会被数码相机击败？诺基亚可曾想过今天是智能手机的天下？这些活生生的例子告诉我们，一个企业的宗旨与使命绝对不是一成不变的，企业只有跟着社会和科技的进步不断向前发展才会有未来和希望。德鲁克在他的管理理论中提出："企业的宗旨与使命的定义一般只能维持十年。"这句话应该深深地刻在每一位企业家的心中，让他们时刻警醒自己要与时俱进，满足自己客户的需要。

管理者必须直面的现实

不管是什么样的行业，作为管理者，都必须面对很多不得不面对的现实，比如想要工作具有有效性，但是却又很难达到有效的目的。不管是什么样的现实问题，都会是与管理者的日常工作息息相关的。背负着各个方面的工作压力，管理者自然很难取得有效的成果。但是，如果身为管理者，无法将工作变得卓有成效，必然会一事无成。

◎ 管理者的时间

对管理者而言，时间往往都是别人的，很少有属于管理者自己的时间。1951年，苏内·卡尔松已经在其出版的《管理者行为》一书中针对这种情况做了详尽的描述。由此可见，任何管理学的研究者都会对管理者的时间安排十分关注。

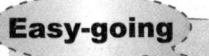

实际上，管理者可以被定义为是没有自己时间的人，因为他们的时间总会被一些重要的事情占据。

管理者不能像医生一样，只要有病人前去求诊，医生所学习的医学知识就能够得到充分的使用，他们所有的努力只有一个目的，就是减轻病人的痛苦，让其恢复健康。所以，在时间的安排上，基本上不存在任何问题。而管理者就不一样了，即使他向秘书交代了什么时间内不要让别人打扰他，但是办公桌上的电话总会不断地响起。对于某些重要电话是不能不接的，如政府要员、商界领袖等。

即使是最讲效率的管理者，也会觉得自己的时间总是被无穷无尽的

管理者必须面对的现实

```
被迫工作的管理者                     管理者的时间

            管理者必须面对
              的四种现实

管理者深受组织的局限              管理者处在一个"组织"之中
```

事情占用,所花费的时间却无法得到相应的效益。但是,这却是各企业的管理者所不得不面对的问题。

◎ 被迫工作的管理者

在美国,几乎所有的管理者都在抱怨自己每天都在被迫工作。所谓管理者,比如企业总裁或者是高层管理者,他们所负责的应该是整个企业。然而,除了时刻关注企业整体的概况,还要兼管一些其他事情,如产品销售、部门事务等。

是什么原因导致了这种现象的出现呢?有人认为,由于美国的大多数管理层都是从部门小职员逐步晋升上去的,虽然身处高位,但是多年以来养成的工作习惯却是难以改变的。然而,在欧洲的一些企业,很多管理层都是

Easy-going

管理者需要一套判断标准,但他们往往找不到他们所需的标准。

经过层层筛选的秘书处的精英骨干。在德国、荷兰等一些国家，也有很多管理层在抱怨这种现象。除此之外，这种现象并不是单一地在管理高层出现，一些中层的管理者，甚至是组织内的每一位管理者，几乎都会遭到这样的困扰。如此看来，人事晋升这一说法是缺少论据的。

德鲁克认为，造成管理者被迫工作的关键因素就在于管理者身边的现实因素。除非管理者具备改变所处环境的能力，否则依旧会被一些烦琐杂事困扰。

对医生而言，病人所叙述的自我感觉不适就是症结所在。但是管理者所面对的范围是非常广阔的，很少会有人告诉管理者所工作的情况，更不会有人向他提出症结的所在。管理者都需要做什么事情、哪些事情是重要的、哪些是无用功等，这些问题无法像病人讲述自己身体的不适一样一目了然。

即使管理者具有超凡的才华，面对接二连三的繁杂事务，时间久了也会疲于应付，浪费自己的能力。事实上，管理者最需要的就是一种判断事务优先级别的标准，确保管理者能够将自己的能力有效地运用到重要的工作当中。然而，在繁杂的日常工作中，很难找到这样一种评判标准。

◎ 管理者处在一个"组织"之中

对管理者来说，什么才称得上是有效的工作呢？就是当管理者所做的工作能够被采纳、利用、吸收的时候。在组织中，很容易让一个人的才华得到肯定、升值。但是，组织大都是卧虎藏龙之地，其中才华横溢之人比比

Easy-going

人是管理者达到有效目的的关键所在，但并非是直接管理的下属，而是各个部门成员。

德鲁克管理思想精髓

> **小故事**
>
> **变形虫的生存目的**
>
> 变形虫也被称为阿米巴虫，它身体的每一部分都可以肆意与环境接触。所以，变形虫没有什么固定的、独特的器官以保持与外界的联系。人类与变形虫存在很大的差异，面对环境因素的影响，人类必须通过骨骼来支撑身体，更需要依靠各种器官进食、消化、呼吸、生殖等。除此之外，人类还需要具备大脑以及复杂的神经系统。而阿米巴虫所有的机体构造，几乎都是为了生存与繁殖。

皆是，要想在这里面独树一帜是很难的。

在组织中，每个人的专长、爱好、价值观各不相同，要想让所有人都认可自己的观点，可谓是千辛万苦，还未必能达到目的。但是，每个人都需要利用别人的能力。

管理者要想让自己的工作具有有效性，就必须主动去接触一些"旁系人士"，即所管理的部门成员。如果是中层的管理者，还需要与自己的直属上司处好关系。只要让他们认同了自己的观点或成果，并加以利用、实施，那么管理者就达到了自己的目的。

◎ 管理者深受组织的局限

一般情况下，管理者都会进入一个误区，就是把凡是与组织内部有关的事情都视为值得自己去密切关注的事情。在与组织无关的事情接触的时候，很自然地就拿对组织的要求去衡量。不

> **Easy-going**
>
> 组织存在的目的，就是为外部环境提供良好的服务。

是躬身实践去充分体验，而是依靠一摞摞报告、资料去进行了解。殊不知，所有以文件的形式展现的结果都是经过加工、过滤的内容。也就是说，管理者所了解的情况，并非是客观存在的现实，而是经过处理后与组织相关标准相符合之后的结果。

事实上，组织就是一个抽象的名词，没有具体的存在意义。数学家认为："组织就是一个点，没有大小，也不具有延展性。"与现实相比，即使一个组织的规模再大，也会令人难以捉摸。

德鲁克认为组织内部是不会产生结果的，所有的结果都是在组织之外产生的。比如一家超市的成果，是由顾客的多少产生的；超市所投入的资本与努力，是通过顾客购买商品的多少，并将其化为利润产生的。就拿医院来说，病人并不是医院的员工，只是当被疾病困扰的时候才会到医院就诊。但是病人最大的愿望不是能够在医院待多久，而是想要尽快离开医院，摆脱疾病，回到正常的生活中。

管理者往往清楚组织内部的情况。不管是内部流程之间的联系，还是所面临的问题与挑战，甚至是冗杂的意见，当这些东西向管理者袭来的时候，除非管理者能够有始终与外界直接联系的能力，否则将会日益局限在组织内部。在组织内部的职位越高，越不能够透过现象看到本质。

管理实战

趋势的转变是决定成败的关键

福特公司曾经推出一款名为Edsel的汽车，他们通过对市场的不断调研，搜集了所有能够搜集到的数据，确信Edsel一经上市，必将会一路畅销。然而，令福特公司没有预料到的是，美国汽车消费者的消费观念却在短时间内发生了质的变化。

Edsel的失败自然在行销研究上存在失误，但是也不能完全归咎于这一点。Edsel虽然具有新汽车的良好形象，但是在实际运用中，良好的形象并不能成为实质的产品特点。尽管研究者对消费者进行了大量的研究，但是随着时间的推移，研究者并没有充分考虑到消费者的态度转变。

原来的汽车拥有者，买车的欲望由收入的多少决定，现在却是兴趣决定着买车的欲望。福特公司想对这种变化做一个系统的统计，但是却发现这种质的变化已经不能通过数量来计算。等到福特公司终于找到了可用数字统计的方法时，也已经是"亡羊补牢，为时已晚"。因为Edsel这款新车已经上市，结果却遭遇了惨痛的失败。

德鲁克眼中的有效管理

在经济学领域，经济学家认为企业所想要达到的经济效益，来源于有效发挥管理的效率、资本流动的效率以及企业高层运行结构的效率等。简言之，就是企业的管理必须是卓有成效的管理。

◎ 有效管理概述

管理对于从事工业领域的企业来讲，就是除人力、财力、物力资源之外的另一种资源，即管理资源。管理资源存在的目的，就是在不增加人力、物力、财力的情况下，依靠管理资源，将其他三种资源进行合理、充分的利用，实现效益和利润的提升。

Easy-going

任何企业想要获得最高的经济效益，就必须推行有效的管理模式。

不管是什么类型的企业，都有一个统一的目标，就是有效管理。企业的管理层都知道，有效的管理能够达到一呼百应的效果，使企业聚焦成为一个坚实的整体。德鲁克认为："管理是否有效，关键是要看是谁在管理。"一般情况下，管理自然是要由经理人来负责的。然而德鲁克却认为这个答案文不对题，他习惯称Executive为管理者，这个单词的意义是指美国南方植物园中的监工和北方工厂的工头，他们都喜欢用鞭子作为自己的管理工具。

众所周知，靠鞭子提高工作效率是一种失败的管理模式，那么究竟该由谁来管理呢？针对这个问题，德鲁克做出了振聋发聩的回答："如果说管理是由人来执行的话，那么谁又来管理人呢？造成工作效率低下

有效管理概述

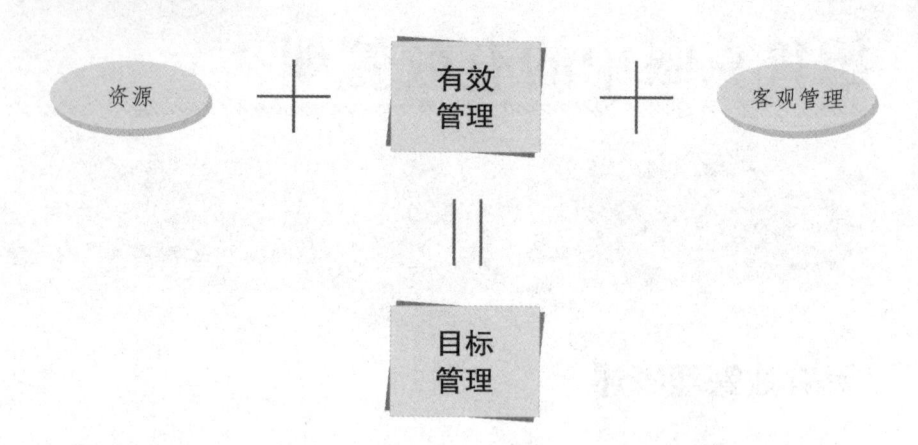

资源 ＋ 有效管理 ＋ 客观管理
＝
目标管理

的原因不是监管力不够，而是管理者与被管理者根本就不知道自己该做些什么，做到什么程度，什么时间完成。所以由人来管理的概念是错误的，而是该由当下的事件来进行管理。"

德鲁克所提出的以事件本身进行管理，就是要对主观的要求、意识进行客观处理，将主观的意愿转化成为客观目标，然后进行客观的管理。这种有效的管理方法就是目标管理，简称MBO。

◎ 有效管理的六项原则

1. 注重成果。

管理的目的在于最后的结果，但并不是以此作为判断依据。管理者应该将精力放在切实可行的事情上，这样才能够保证管理成果的形成。

2. 把握整体。

管理者需对自己的任务有正确的明晰，眼界要打开，不能够拘泥于自己的位置，而忽略企业整体的发展。

3. 专注要点。

几乎所有的管理者都钟情于"良方妙计"，其实这是一种危险的行为。最好的"良方妙计"就是专注，专注能力、技巧、效率等，这才是管理者应该致力去做的事情。

4. 利用优点。

这里所说的利用优点是指利用现在已经存在的优点，而不是需要花费时间与精力寻找、培养的优点。然而，很多管理者往往都会与这种理论背道而驰。即使所实施的管理措施十分科学，具有很强的技巧性，但是最后造成的失误却是永久性的。

5. 相互信任。

信任是营造和谐氛围的不二法宝。作为管理者，不能按照课本上的知识死搬硬套地用在管理中，这样自然达不到有效的目

Easy-going

管理是一种实践，其本质不在于知而在于行。

有效管理的原则

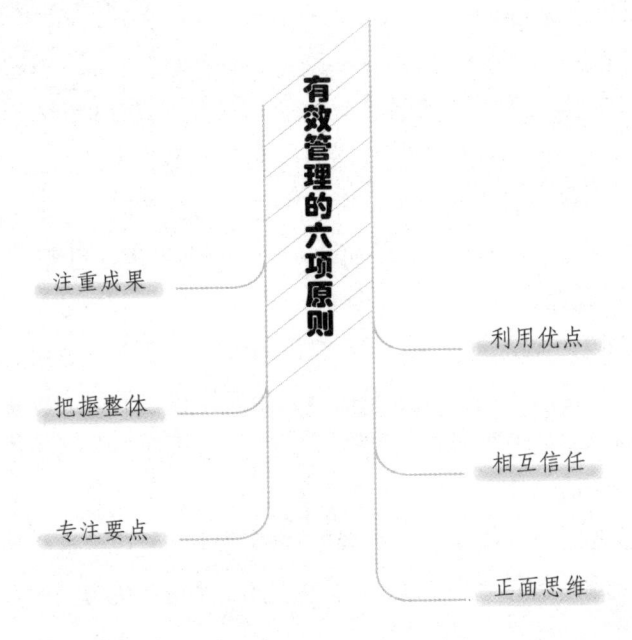

有效管理的六项原则
- 注重成果
- 把握整体
- 专注要点
- 利用优点
- 相互信任
- 正面思维

的。但是，如果管理者能够赢得下属的信任，那么他所管理的企业或部门的工作气氛就会十分和谐。

6. 正面思维。

正面思维就是采用正确的或者创新性的思维模式进行思考，这种思维方式能够使管理者将注意力放在机遇的掌握上。与解决问题相比，发现机遇并抓住机遇更加重要，但是并非要求管理者致力于此，而忽略掉问题的存在。有效的管理者是这样做的：发现问题之后不加回避，而是及时寻找解决的方法与继续发展的机会。

◎ 有效管理之五大"智能心法"

1. 时间管理。

时间管理就是利用一定的技巧帮助人们达到预期的目标。这里所说的时间管理不是在一定的时间内做完所有的事情，而是教会人们更有效地利用时间。最主要的特点就是为预期目标做好事先的规划，指引实施者能够充分地利用时间。

2. 成果导向。

德鲁克最常问的一个问题就是："你应该怎么做才能对组织产生最大的贡献？"这个问题能够让个人从自身利益的得失中转化到对组织的贡献上。有效的管理者不会盲目地进行工作，而是会时刻注意自身的行为是否与组织保持一致的方向，从而站在另一个高度进行思考。

3. 活用长处。

俗话说"人无完人"，每个人都兼具优劣势。管理者可针对不同人的不同优势进行人才培养，引导他们充分发挥自己的潜力。优秀的管理者不会遏制下属的发展，而是怀着"长江后浪推前浪"的态度，根据下属的各自优势安排工作。

组织存在的目的就是将每个人的优势发挥到极致，这样一方面能够促进团队之间的合作，另一方面可大大提高组织的核心竞争力。

第1章 德鲁克与他的管理学

有效管理的"智能心法"

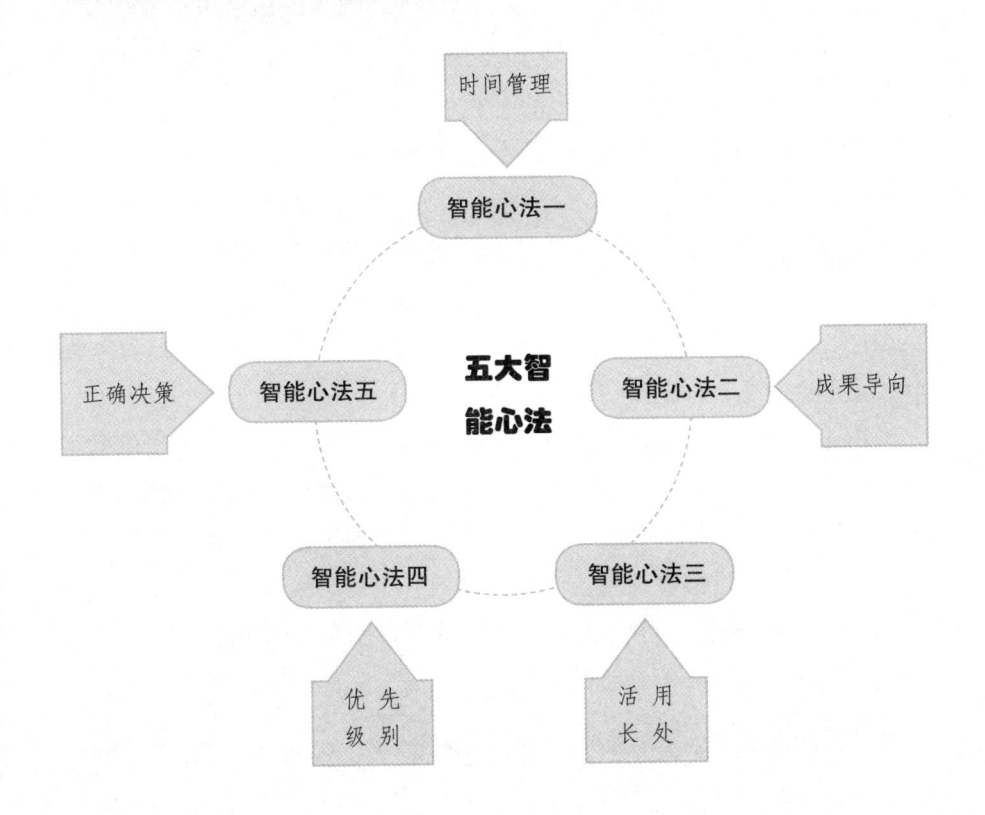

```
            时间管理
               ↓
           智能心法一
         ╱           ╲
   智能心法五   五大智   智能心法二  ← 成果导向
  正确决策→         能心法
         ╲           ╱
           智能心法四   智能心法三
              ↑           ↑
             优先         活用
             级别         长处
```

4. 优先级别。

在日常工作范畴中，对需要抓紧时间解决的事情，其目标的优先顺序就是首先处理紧急的工作内容；而对于那些不太重要的或者一点也不紧急的事情，其目标的优先顺序就是把这类事情放到最后处理。这就是优先级别的概念。

Easy-going

德鲁克通过著书立说、讲学、提建议等方法，不厌其烦地提出：管理既要眼睛向外，关心它的使命及组织成果；又要眼睛朝内，注视那些能使个人取得成就的结构、价值观及人际关系。

5. 正确决策。

有句话说"错误的决策比贪污更严重",不管这句话的立意是在什么样的角度,错误的决策确实会对组织造成极大的损害。要想做出正确的决策,并保证决策具有一定的有效性,时间是最重要的。冲动、盲目或者是没有正确明晰的决策必定是漏洞百出,自然起不到什么好的效果。

很多管理者都会习惯地认为自己很忙,以至于匆匆忙忙对事件进行定论。其实说起来忙,有谁会比比尔·盖茨还要忙呢?微软之所以会遍及全球,就在于其管理者愿意花费大量的时间与精力在决策上。每年微软公司都会有一次为期3~7天的决策活动。

综上所述,有效管理的五大"智能心法"的重点就是:做正确的事情。然而,由于各方面因素的影响,很容易使管理者产生挫败感,进而耗费大量的时间与精力做一些无用之功。"你应该怎么做才能对组织产生最大的贡献?"德鲁克的这个经典之问,无疑会成为管理者始终保持清醒意识的智慧法宝,身体力行,直到成为卓有成效的管理者。

管理实战

"海尔"的成果管理

海尔集团是中国最具品牌价值的企业之一,是世界企业500强企业,海尔集团之所以能取得如此巨大的成就,与其优秀的成果管理是密不可分的。

一次,有位德国经销商打电话说要订购一批产品,并要求海尔必须在两天之内发货,否则订单将会被视为自动失效。

接到订单这天已是星期五的下午2点钟,客户要求两天之内发货,也就意味着当天下午就必须完成货物装船,但是海关等有关部门5点下班,那么距离发货时间只剩下3个小时。

第1章
德鲁克与他的管理学

海尔为了确保能够在当天下午发货,在几分钟之内便展开了备货、运输、报关等几项工作,各个部门都全部投入工作当中,调拨货物、向海关报关、联系船运……

终于,下午5点半,德国客户按时收到了来自海尔"货物已经发出"的消息。事后,令海尔始料未及的是,这位德国客户竟然回发了他们一封感谢信,在信中说自己经营电器十几年,第一次写信给厂家,还是一封感谢信。

如何成为卓有成效的管理者

德鲁克说："管理不只是管理别人，还要对自我进行管理。只有让自己成为卓有成效的管理者，才能够正确地管理自己的时间与工作。"那么，究竟如何才能够成为卓有成效的管理者呢？本节就为您一一阐述。

◎ 管理中的错误行为

人难免都会有犯错误的时候。就拿传统的管理行为来说，不管是在现代还是在以前，有些错误的行为都是应该避免的。那么，如何才能够在管理中避免这种错误行为呢？首先就需要发现哪些行为是错误的。

> **Easy-going**
>
> 美国著名管理顾问史蒂文·布朗说过："管理者如果想发挥管理效能，必须勇于承担责任。"

1. 拒绝承担个人责任。

美国第33任总统哈里·S.杜鲁门的办公室中曾贴有这样一句话：Buckets stop here（到此为止）！卓有成效的管理者就是这样，勇于承担责任，而不是将麻烦、问题、责任推卸给别人。

2. 不去启发下属。

所谓启发，就是根据问题出现的情况等其他因素适时地对下属进行启发。然而，在管理层，很多管理者都不会轻易地张开尊口。其实，适时的启发行为是一种机会教育。作为管理者，本就应该花费大量的时间与精力在下属的培训方面，因为下属员工的教育培训，有70%需要管

第1章 德鲁克与他的管理学

错误的管理行为

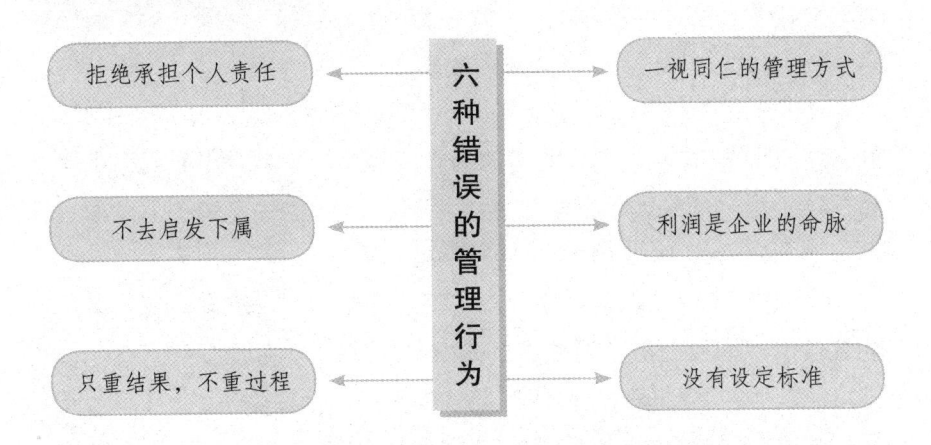

六种错误的管理行为：
- 拒绝承担个人责任
- 不去启发下属
- 只重结果，不重过程
- 一视同仁的管理方式
- 利润是企业的命脉
- 没有设定标准

理者去完成。

也许有人会说，提高下属的工作能力是人力资源部门应该管理的事情。殊不知，这种想法是错误的，员工的培训自然是人力资源部门的事情，但是人力资源部门所承担的责任只占30%，并且只是做一些基础性的指导，而剩下的70%都是需要管理层亲力亲为的。

3. 只重结果，不重过程。

通常领导都只喜欢看到结果，而对过程却不闻不问。看似很有个性与威严，但是在拼事业的当代社会，下属的思想是必须要受到重视的。作为管理者，如果没有给下属灌输正确的思想，那么下属在工作的时候，就无法发挥出自己的能力，结果自然也不会好到哪里去。

4. 一视同仁的管理方式。

几乎所有的管理者都认为只要自己做到对下属一视同仁，就可以取得成效。殊不知"一把钥匙只能开一把锁"，作为管理者，应当学会对不同性格、特点

Easy-going

每个人都能成为"卓有成效的管理者"，平凡的人也能做出不平凡的事情。

> **小贴士**
>
> ### A的故事
>
> 一次，A的上司把A叫到办公室将他骂了个狗血淋头，原因就是A的工作出现了失误。A看了看故障表，发现所出问题并不是自己的直属管理范围之内的，但是他承担了所有的责任，并没有在上司面前说其他人的坏话，也没有将责任推卸给别人。
>
> 回到办公室之后，A把各个部门的主管都叫到了一起，第一句话他就告诉他们自己被领导痛骂的事情，然后说自己承担了所有的责任，但是他并不希望自己的手下每次都这样给他捅娄子。
>
> 如果A当初在自己的领导面前很快地将责任推卸给别人，或者是直接告诉领导导致工作故障的原因是由哪个部门负责的，那么A的领导肯定会怀疑A的管理能力、人品素质以及对企业的忠诚度等。假设A真的这样做了，肯定无法再在公司待下去。勇于承担责任，才是管理者最应该做的事情。

的下属采用不同的管理方式。比如工作认真细心的人适合做文案与设计方面的工作，活泼开朗的人适合做销售工作，对于性格内向的人则不应当众批评等。

5. 利润是企业的命脉。

利润是企业的命脉，一个企业一旦无法盈利，它也就失去了在市场上立足的资本。而作为企业的管理者，最大的任务就是要带领企业实现盈利，保持企业健康地发展。

6. 没有设定标准。

没有规则和标准的公司就如同人没有尊严一般。因此，管理者不仅要执行标准，更要设立标准，只有具有管理标准，才会有高的管理绩效。

◎ 养成卓有成效的管理的习惯

1. 有效利用时间。

德鲁克认为要想成为卓有成效的管理者，就必须懂得有效地利用自己的时间。有效利用时间的方法有记录时间、管理时间和统一安排时间。

> **Easy-going**
>
> 卓有成效的管理是可以学会的。

记录时间：将每天、每周、每月、每年所做的工作内容，花费大量的时间进行记录。

管理时间：找到浪费时间的根源，并将其排除。

统一安排时间：对时间进行估量，然后对其进行统一安排。

2. 重视对外界的贡献。

将自己的工作内容与企业长远的发展结合在一起，这也是卓有成效的管理者的习惯之一。重视对外界贡献的人，会只做正确的事情，不被

有效利用时间的方法

- 记录时间
- 管理时间
- 统一安排时间

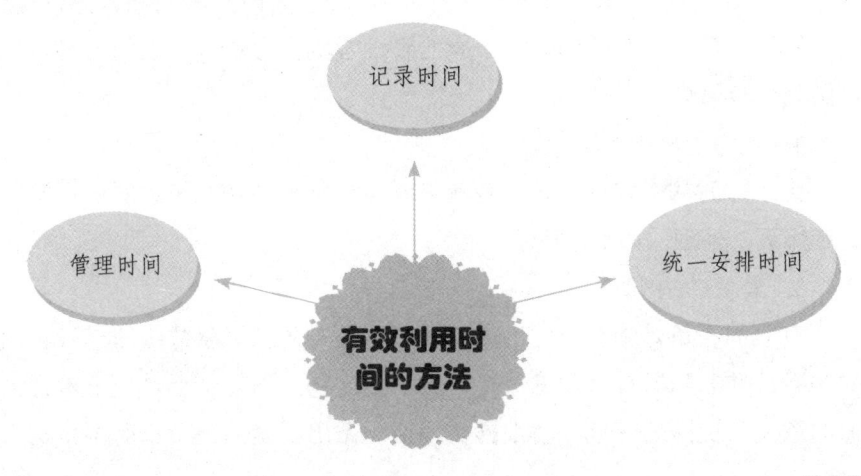

事务的轻重缓急顺序

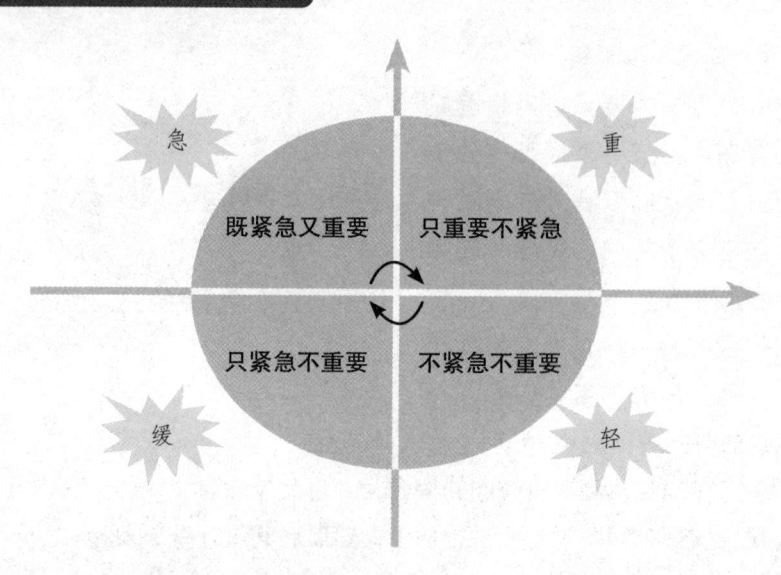

```
        急                    重

        既紧急又重要      只重要不紧急

        只紧急不重要      不紧急不重要

        缓                    轻
```

组织内部的现象迷惑,而能够以旁观者的视角,将自己的视线由组织内部的诸多事宜转移到外部世界中。

3. 善于利用长处。

这里所说的善于利用长处,不仅仅是利用自身的优势,还包括领导、下属、同事的长处。有句话说得好:"见人之所长以及用人之所长。"有效的管理者会将平凡的人聚集在一起,让他们自身的优势得到充分发挥,形成强大的团队。平庸的管理者则只会看到别人的劣势,难以做到整合化势,形成合力。

4. 致力于重要领域。

由于时间的有限性,管理者就需要将日常事务按照轻重缓急的顺序进行排列、处理。如上图所示。

5. 有效的决策。

有效的决策是指在意见出现分歧或者是发生重大事故时的一种正确的判断,并非是所有人意见保持一致下的产物。当然,不是说不重视大家的意见,优秀的管理者会根据实际情况做出正确的决策,而不受制于

养成卓有成效管理的习惯

- 有效利用时间
- 致力于重要领域
- 善于利用长处
- 有效的决策
- 重视对外界的贡献

卓有成效管理的五种习惯

卓有成效的管理是可以学会的

大家的感觉。

管理实战

必不可少的利润

公司聚餐的时候,在饭桌上,大家谈论起各部门今年的业绩。销售部的主管李强不无自豪地说道:"今年在我们销售部门同事的努力下,公司的销售业绩取得了巨大的进步,我想如果没有我们销售部门的努力,公司很难取得今天这样的成绩。"

李强的话让设计部的主任王飞感到很不舒服,他起身说道:"要说对公司的贡献,我们设计部可是一点都不少。我们今年设计推出的几款产品受到了市场的热捧。我想如果我们的产品不给力的话，销售部门就是再努力也是徒劳的。"

李强的话遭到了王飞的反驳，自然不肯示弱，两人你一言我一语地吵了起来，餐桌上充满了火药的味道，局面处在失控的边缘。

这时总经理李华站了起来，对两人说道："我的两位大主任，你们都消消气。论对公司的贡献，你们谁的贡献都不少，正是在你们这样的精英的鼎力支持下，公司才取得了今天这样的发展成就，我们公司今年的利润实现了翻番，公司的发展更加稳健，我们员工的待遇也大幅度提升，这些都离不开你们的努力工作。我代表公司在这里感谢你们。我们大家只有心往一处想，劲往一处使，才能创造更大的成绩。"

听了李华的话，李强和王飞感到十分惭愧，表示今后一定在总经理的带领下努力工作，创造出更大的业绩。

第2章

德鲁克管理学的基本概念

彼得·德鲁克说:"在人类历史上,还很少有什么事比管理的出现与发展更为迅猛,对人类具有更为重大和更为激烈的影响。"历史在不断地发展,时代在日新月异地进步,管理模式也在持续变革。可以毫不夸张地说,企业变革的现象及其行为,无一不与管理息息相关,而管理学大师彼得·德鲁克所提出的管理学理论更具有重大意义。

本章教你:
▶ 什么才是管理?
▶ 什么是利润管理?
▶ 管理的任务有哪些?
▶ 管理的必要性是什么?

什么是管理

> 关于"管理"的定义,德鲁克说:"'管理'是个奇妙又难以理解的词。这个词是美式英语的一个特有字眼,几乎难以用其他语言——即便是英式英语来翻译。这个词不仅意味着职能,还代表发挥其职能的人们。此外,这个词不但代表社会性的地位与阶级,同时意味着学问与研究领域。"

◎ 认识管理

从字面上来看,"管"与"理"这两个字的意思指的都是管理与经营。社会文明发展到一定的程度,管理便出现了。最开始的管理,指的就是掌管事务。比如古时候所谓的"百官以治,万民以察",百官的作用就是对各方面事务进行管理。

初期,"管理"一词既可以是动词,又可以是名词。比如"万历中,兵部言,武库司专设主事一员管理武学",这里所指的"管理"就是动词;"又有内外管理、又有碧甲二巡检司",这里的"管理"就是名词,是官职的意思。英文中所指的管理有动词(manage)、名词(management),既有管理的意思,又可以称为是管理人员的managemen。

现在,从广义上讲,管理指的就是利用科学的手段对组织活动进行有序安排;从狭义上讲,管理就是一项按照一定计划组织、协调、控制、决策、实施的活动。

有"科学管理之父"美誉的弗雷德里克·泰勒认为:"管理就是确切地知道你要别人干什么,并使他用最好的方法去干。"简言之,泰勒的

第2章 德鲁克管理学的基本概念

认识管理

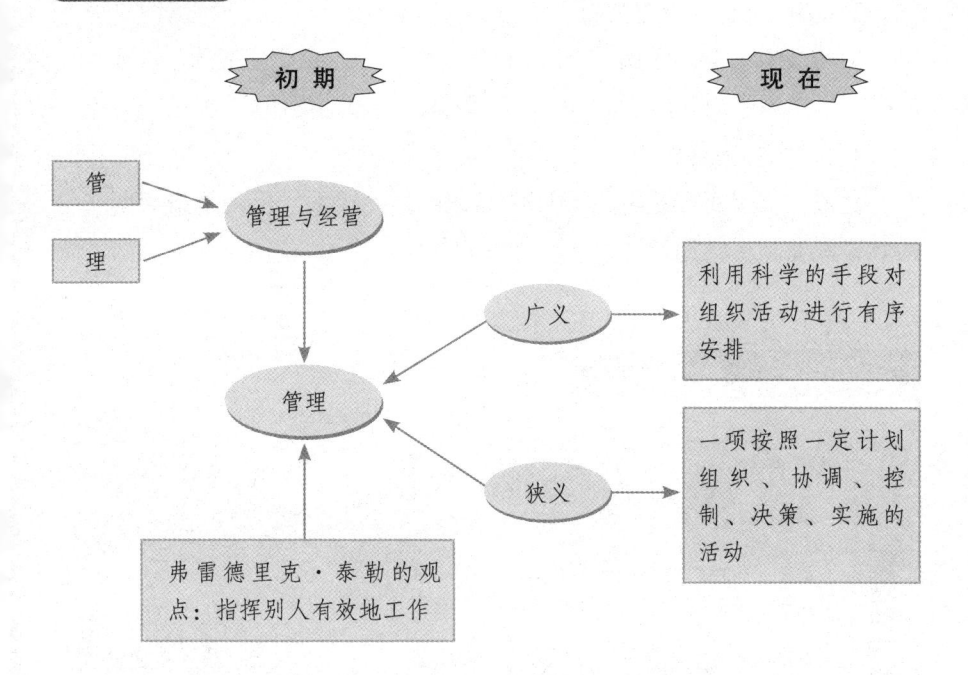

```
初期                                    现在

[管] [理]  →  管理与经营
                    ↓
                   管理  ←  广义  →  利用科学的手段对组织活动进行有序安排
                         ←  狭义  →  一项按照一定计划组织、协调、控制、决策、实施的活动
                    ↑
            弗雷德里克·泰勒的观点：指挥别人有效地工作
```

观点就是，指挥别人有效地工作就是管理。

将管理理解为工具或者技术，是一种比较普遍的观点。在这种观念的指导下，管理实际上成为一种按章办事的行为，一种讲究程序化的作业。这样的管理虽然具有一定的效果，但是太过于单一，缺乏灵活性。

◎ 管理的基本概念

1. 凝聚团队的力量。

凝聚团队的力量指的就是实现"1+1＞2"的效果，也就是将组织中所有的力量凝聚在一起，发挥出最大的效力。如同将手机的每一个零部件都进行有序的组合，将它们安置在适合的位置上，这样才能够达到发挥功效、为人所用的目的。如果只是单纯地将它们硬塞进机壳中，那么它就是破铜烂铁。

2. 协调、整合每股力量。

要想依靠有限的资源发挥出最大的效力，就要尤为注意办事方式及速度。将组织中的每一股力量协调、整合在一起，强调的就是效率。

3. 达成共同目标。

达成共同目标指的是实现团队运作的最终成果，也就是最后所产生的效果程度。

管理的三大基本概念

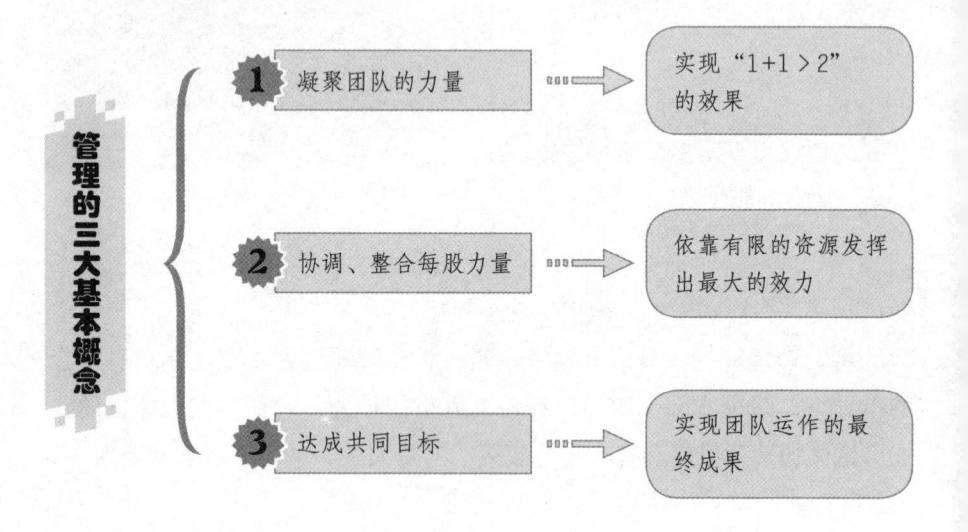

管理的三大基本概念
- ① 凝聚团队的力量 ▶ 实现"1+1＞2"的效果
- ② 协调、整合每股力量 ▶ 依靠有限的资源发挥出最大的效力
- ③ 达成共同目标 ▶ 实现团队运作的最终成果

◎ 德鲁克对管理的最终定义

最初大家对管理的定义都是根据公司最高领导人而定论的，也就是说，管理就是最高领导者的权力。面对这样片面的定义，德鲁克在《管理的实践》一书中则提出了自己对管理的全新定义。

德鲁克对管理的定义分为两个方面。其一，管理者是在组织中承担

第2章 德鲁克管理学的基本概念

小贴士

斑羚飞渡

一群斑羚被狩猎者逼至悬崖边上，面对进退维谷的绝境，斑羚群因恐慌、无助而发生骚动。虽然斑羚善于跳跃，但是就如同人一样都有跳跃极限。从悬崖一边到另一边的距离，远远超过了斑羚的跳跃极限。然而，令狩猎者震撼的是，斑羚群忽然自动分成了两队，一队是老斑羚，另一队则是年轻的斑羚。为了种群的生存，斑羚群采用了牺牲老斑羚，挽救年轻斑羚的方式，一对一地飞渡悬崖。

众所周知，这是沈石溪所著的《斑羚飞渡》。这个故事给人们的启示就是：团结就是力量。不管遇到什么困境，只有群策群力，才能够化险为夷，战胜困难。

将知识转化为具体行动责任的人。这里所讲的管理者就是经营者。明代思想家王阳明提出过"知行合一"的主张，德鲁克的这一理论与王阳明的主张十分相似，即知识要通过行动去实现。

其二，管理从来就不属于个人，而是一种结构与任务，即从个人到体制化演进。这就是德鲁克提出的"管理机关说"，与之相对应的就是日本明治时期的"天皇机关说"。

1935年，东京帝国大学法学教授、日本资产阶级宪法学权威、日本国会贵族院议员美浓部达吉提出了"天皇机关说"，他认为天皇并非是神圣不可侵犯的，其实和政府组织中的一个机关无异。将这样的观念放在管理

Easy-going

管理是一种结构与任务，从来不属于单一的个人。

中，意思就是要避免个人因素对组织的经营过程造成影响，也就是德鲁克的"管理机关说"。

组织长远经营的必要条件之一，就是不能够依靠个人能力对组织进行管理。如果像传统的对管理的定义一样，完全依靠一个人的能力，那么一旦这个人不在其位，整个组织马上就会土崩瓦解。因此，德鲁克"从个人到体制化"的先见之明，已成为现代组织经营的重要管理理念。

德鲁克对管理的最终定义

德鲁克对管理的最终定义

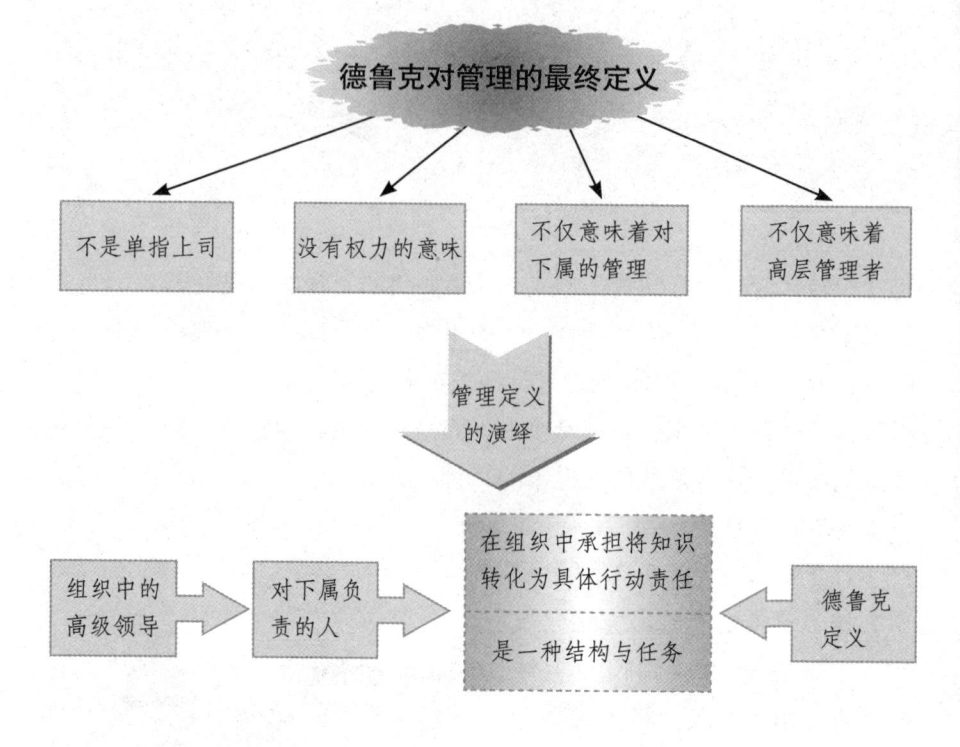

- 不是单指上司
- 没有权力的意味
- 不仅意味着对下属的管理
- 不仅意味着高层管理者

管理定义的演绎

组织中的高级领导 → 对下属负责的人 → 在组织中承担将知识转化为具体行动责任 是一种结构与任务 ← 德鲁克定义

◎ 管理的功能

德鲁克认为："管理是一种意识与动力，能够促使静态的组织转变

第2章 德鲁克管理学的基本概念

成为活生生的存在。"组织的本质就是管理，管理的目的就是赋予组织生命，其主要功能如下：

1. 规划功能。

规划是指为组织拟定目标及实现目标的策略的一种活动。

2. 组织功能。

组织功能是通过合理配置任务、人力及其他资源，以使所设定的目标能够顺利地完成。

3. 领导功能。

领导功能是指如何管理团队，指导并激发下属达成共同目标。

管理的功能

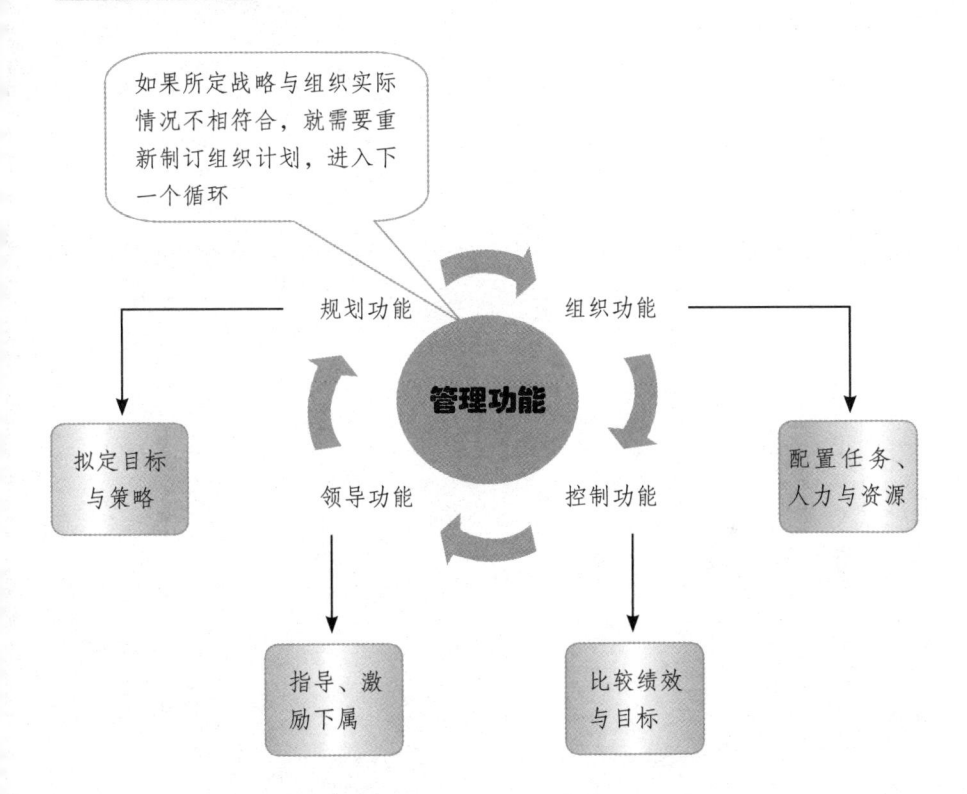

如果所定战略与组织实际情况不相符合，就需要重新制订组织计划，进入下一个循环

- 规划功能 → 拟定目标与策略
- 组织功能 → 配置任务、人力与资源
- 领导功能 → 指导、激励下属
- 控制功能 → 比较绩效与目标

管理功能

4. 控制功能。

控制功能就是制定作业标准，将实际绩效与标准进行对比，从而了解执行者的执行进度以及工作成效，进而采取必要的改进措施。

Easy-going

管理的目的就是创造组织成效，达成组织目标。

一旦在实施控制功能的过程中，发现所定战略与组织实际情况不相符合，管理者就需要重新制订组织计划，进入下一个管理循环过程中。

第2章 德鲁克管理学的基本概念

管理的必要性

实质上，管理的必要性是一个很大的课题。德鲁克的结论就是："管理源于现代化工商业，源于西方社会的根本信念"，"管理和经济、人类生活、社会公正有直接的关系"。

◎ 管理是不可或缺的

"自从西方文明诞生之日起，管理也就应运而生了。伴随着人类从蛮荒时代走向文明，管理作为一门学科，一直占据着基础而又重要的地位。因为管理根植于现代工业体系的特征和现代商业企业的需求之中，而工业体系必须把有价值的人力和其他资源投入到商业企业中。然而，管理的范围并不囿于此，它体现在西方社会的根本信念之中。借助系统的经济资源组织，人们的生活可能得以调节，这是'管理'对这种根本信念的一种诠释。经济变迁可以形成人类自我批判和社会公正的最为强劲的推动力，这是'管理'西方社会根本信念的另一种诠释。在这一点上，乔纳森·斯威夫特（Jonathan Swift）早在300多年前就曾郑重地指出：谁能在原先只长单叶草的土地上种出双叶草，那么他就要比所有思辨的哲学家或是玄奥的系统创建者更有功于人类。"

"管理部门，作为特定的社会组织，承担着使资源更有利用效率的重任，即承担着实现经济在组织下进步的重任，为此体现了当今的时代精神。事实上，管理是不可或缺的。这也是它为什么一旦产生，就会如

Easy-going

组织的存在，是为了满足社会、社区或个人的需求；管理的存在，就是为了达到组织的目的，即为了满足社会、社区或个人的需求。

2　德鲁克管理思想精髓

管理是不可或缺的

管理

↓

根植于现代工业体系的特征和现代商业企业的需求之中

↓

工业体系把有价值的人力和其他资源投入到商业企业中

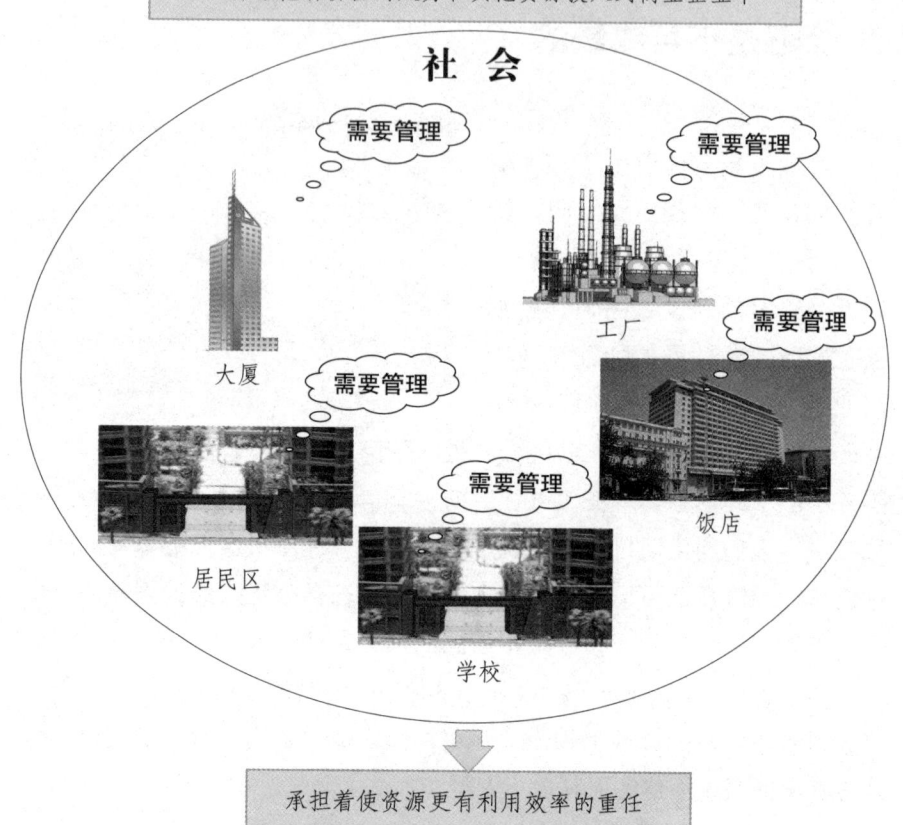

社会

- 大厦（需要管理）
- 工厂（需要管理）
- 饭店（需要管理）
- 居民区（需要管理）
- 学校（需要管理）

↓

承担着使资源更有利用效率的重任

↓

承担着实现经济在组织下进步的重任

062

第2章 德鲁克管理学的基本概念

此迅猛地发展,而且在发展过程中没有遇到任何阻力。"

上述内容摘自德鲁克所著的《管理实践》一书。面对庞大的课题,德鲁克只言片语便对其进行了定论,实不虚"管理学大师"的称谓。德鲁克始终站在旁观者的角度,旁观社会的发展,旁观组织的运作。在德鲁克的眼中,管理是不能够只局限于组织本身的,他将自己的视角放在组织中的人、组织之外的环境中,像一面放大镜,不断找到管理的弊端,不断对其进行修改,然后果断地提出自己的观点。

◎ 管理必要性的表现

1. 统一行动,明确目的。

任何的活动都离不开管理,管理始终在任一活动中都起着统一行动、明确目的的作用。

2. 使资源得到有效利用。

管理能够使有限的资源发挥出最大的效力,达到事半功倍的效果。

3. 现代化管理尤为重要。

市场经济的日益发展,使组织的存在越来越复杂,管理尤其是现代化的管理,对组织而言,是必不可缺的。

管理必要性的表现

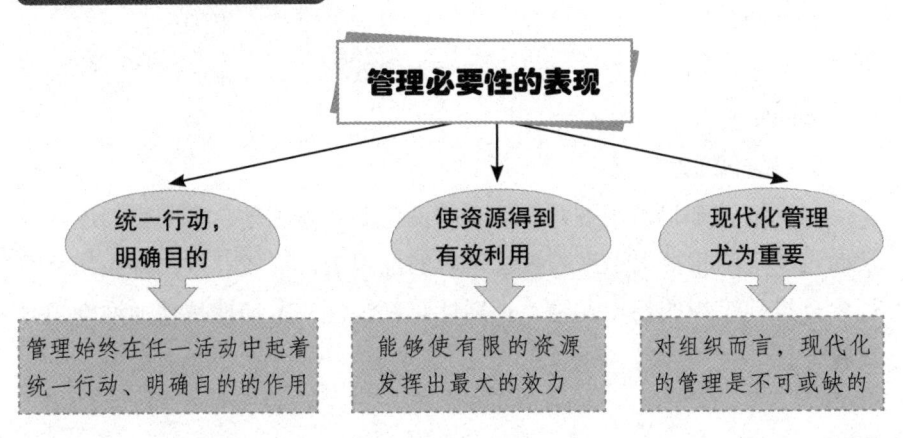

```
                管理必要性的表现
        ┌───────────────┼───────────────┐
    统一行动,         使资源得到         现代化管理
    明确目的           有效利用           尤为重要
        │                │                │
 管理始终在任一活动中起着   能够使有限的资源    对组织而言,现代化
 统一行动、明确目的的作用   发挥出最大的效力    的管理是不可或缺的
```

管理的维度

在数学中,维度表示的是独立参数的数量。因此,维度也被称为维数。维度并非是一个固定的数字,而是一个可以对事物进行多方位、多角度确定的条件及概念。在管理学中,管理的维度就是管理者为完成特定任务、发挥特定作用而必须具备的条件,是在学习、实践中形成的在管理工作中起一定作用的条件与管理者本身所具备的素质、修养、能力等因素的总和。

◎ 管理的三个维度

1. 工作维度。

工作维度能够将管理者的意识、能力及管理的具体过程随时地反映出来,有即时性、局部性与随意性的特征。其范围包括计划、组织、领导、控制等环节。

2. 制度维度。

对于任何组织,其管理都需要依靠制度维度。制度维度具有稳定性与全局性的特征,组织通过建立一定的规章制度,对组织内部所有成员进行约束、激励,一方面可以提高管理的效率,另一方面还能够促进管理目标的实现。

3. 精神维度。

组织的管理自然离不开管理者的价值观、管理理念等因素,这种因素通过一定的传播渠道深入被管理者的意识中,形成有效、持久的组织理念,推动组织的稳步发展。长期性、稳定性、柔韧性是精神维度的最大特征。

管理的三个维度

管理的三个维度

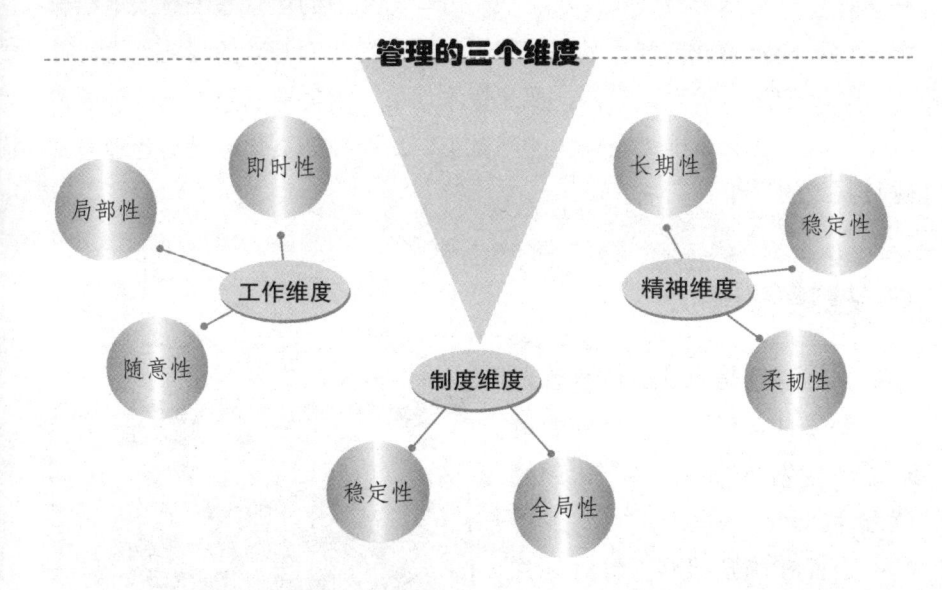

- 工作维度
  - 局部性
  - 即时性
  - 随意性
- 制度维度
  - 稳定性
  - 全局性
- 精神维度
  - 长期性
  - 稳定性
  - 柔韧性

◎ 企业的五维度管理

企业要想始终保持强大的竞争优势，第一，必须具备明确的战略

企业管理的五个维度

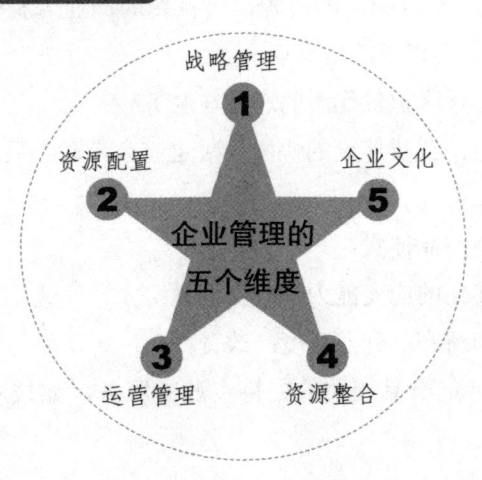

企业管理的五个维度：
1. 战略管理
2. 资源配置
3. 运营管理
4. 资源整合
5. 企业文化

方针与战略定位；第二，对已有的经营模式进行及时优化，对所需的战略资源进行合理配置；第三，将战略方针与企业的运营系统有效地结合在一起，即将企业内部所具备的能力和资源转化为有效的战略能力，并进行有效的运营管理；第四，要想资本增值，就需要利用信息管理的方式；第五，在具备能力与资源的基础上，对企业的文化建设与管理方式进行系统的升级。

◎ 战略管理

战略管理是企业五维度管理的首要条件，想要走在行业的最前端，首先必须要具备一流的战略方针。

企业在确定战略方针时，首先要内外兼顾地进行战略分析；其次，对发展战略进行选择，比如企业是否还保持以前的经营领域，是否进入新的领域等；最后，确立战略指向。战略指向就是指培养企业的竞争优势、整合相应的资源，寻找新的产业盈利模式。其中，企业获得竞争优势需要以下战略重点：

> **Easy-going**
>
> 良好的战略管理能够降低成本、更加快速地为顾客提供更好的产品与服务。因此，管理方式的不断改进，是提高企业竞争优势的一项重要工作。

1. 质量：为顾客提供优质的产品与服务；
2. 交货速度：交货速度的快慢，决定着客户对产品及服务质量的满意程度；
3. 成本：使产品便宜；
4. 对需求变化的应变能力：改变批量；
5. 灵活性和新产品开发速度：改变产品；
6. 提供与特定产品相关的支持资源或服务，如技术支持、售后服务、产品定制等。

第2章 德鲁克管理学的基本概念

◎ 优化业务结构，合理配置资源

在现代社会，所有企业都在面临着客户期望值不断提高，以及愈演

合理配置资源

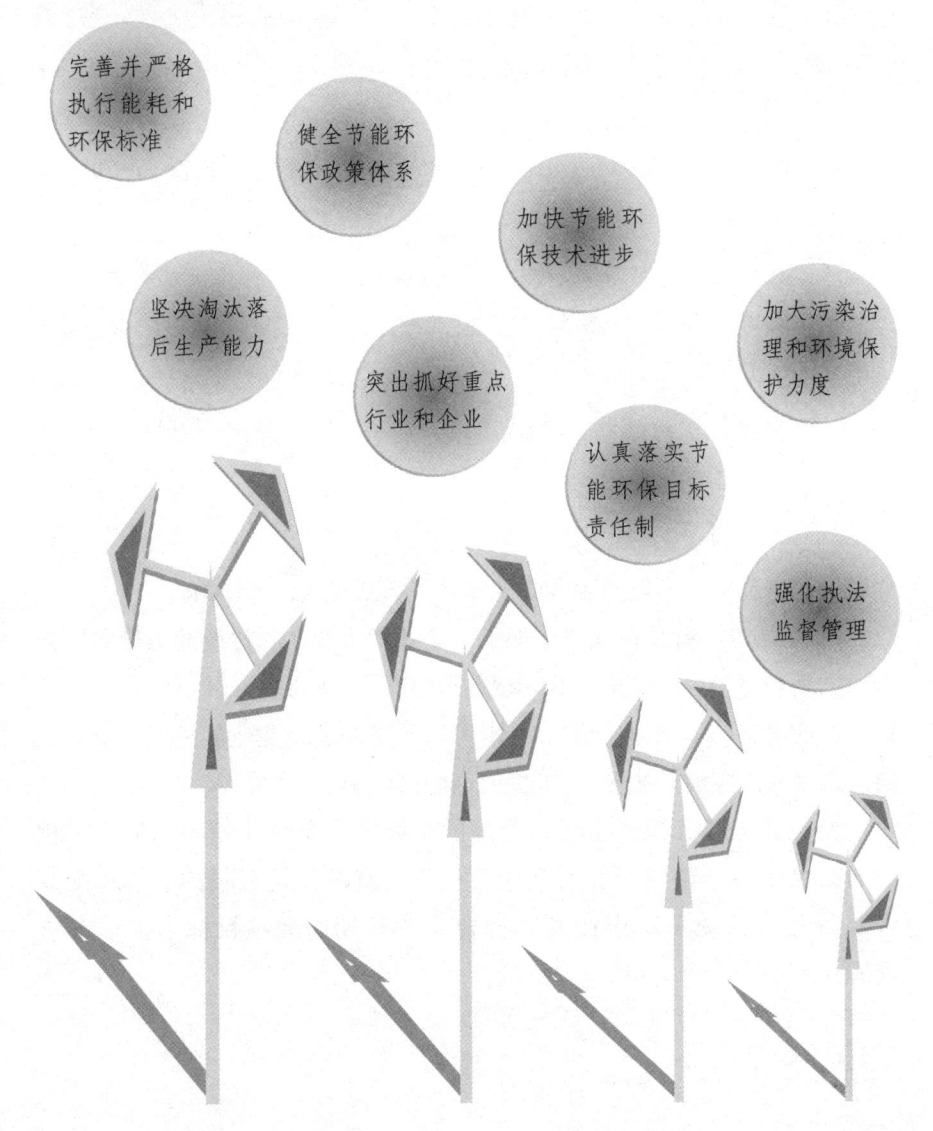

- 完善并严格执行能耗和环保标准
- 健全节能环保政策体系
- 加快节能环保技术进步
- 坚决淘汰落后生产能力
- 突出抓好重点行业和企业
- 认真落实节能环保目标责任制
- 加大污染治理和环境保护力度
- 强化执法监督管理

> **小贴士**
>
> "蓝凌"的战略管理
>
> 蓝凌软件股份有限公司是国内高端的知识管理服务商,更是国内领先的"管理支撑"倡导者。其中,"蓝凌"的知识化平台软件EKP是管理领域信息化的最优秀产品之一。
>
> 在"蓝凌",他们不仅授人以鱼,更授人以渔,既让客户学到方法,还帮助他们取得成果。"蓝凌"以知识管理为基础,帮助客户进行"三度"扩展,即
>
> 1.宽度扩展:形成知识系统的深化应用,构建完整业务体系。
>
> 2.深度扩展:帮助客户深入业务,形成有业务特色的专项应用。
>
> 3.高度扩展:帮助客户提升知识管理的占位高度,并协助其进行公司级知识管理体系规划。

愈烈的竞争趋势。所以,企业要建立业务模式重组,即BMR。

所谓BMR,就是在战略层面上,企业对已存在的传统业务模式所做出的创新与变革。一方面,BMR顺应客户的需求心理,针对客户需求,制定出应对策略;另一方面,BMR可以正确明晰企业业务模式的变革方向,为企业的发展开拓更大的空间,建立新的竞争优势。

要想建立业务模式重组,合理的资源配置是企业创建新的竞争优势的必要条件。任何企业所具备、拥有的资源都是有限的,合理配置资源就是将稀缺资源用在真正符合企业长期的战略目标上,以节省资源。

◎ 运营管理

不管是多么伟大的战略方针，最终都要用在实践中才会具有成效。科学的运营管理，是企业稳步发展的关键，因此管理者运营管理的思想是需要不断地进行提高与完善的。

企业的五维度管理是富有逻辑性的，不同类型的企业，其运营管理方式也会不同。就销售而言，成功的关键就在于明确销售战略目标，对每次选择的结果，都能够做出必要的权衡。

五维度逻辑结构图

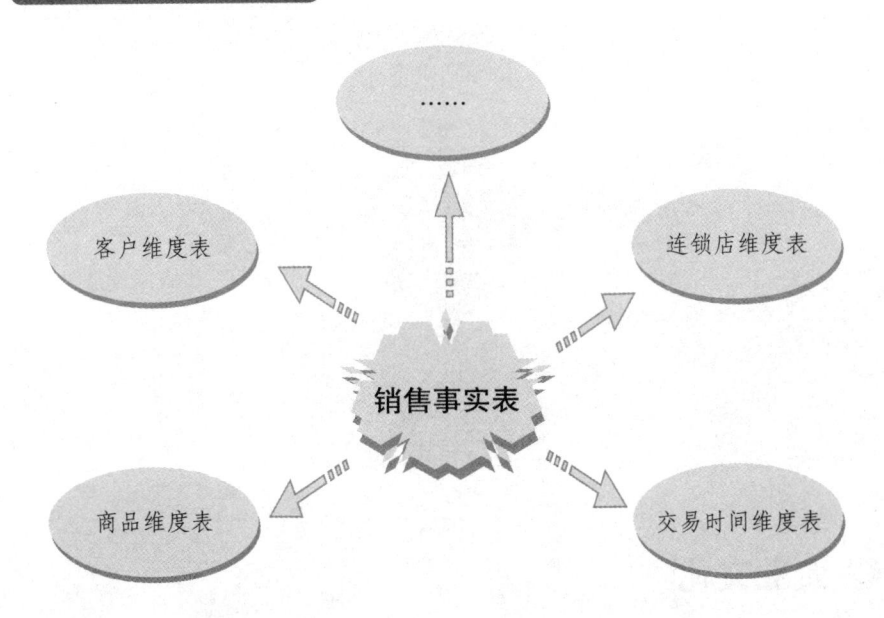

```
          ……
           ↑
客户维度表 ←  销售事实表  → 连锁店维度表
           ↙         ↘
    商品维度表       交易时间维度表
```

◎ 评估五维度模型

众所周知，资本的循环过程就是：投入资金、制造产品、销售、资金。简言之，这就是一个由钱到物、让物增值之后再到钱的过程，而在这个过程中，投入资金用于制造产品的时间只有20%，剩余80%的时间都用在采购、运输、销售等过程中。

由此可见，有效的资源整合计划是非常必要的。生产部门可以在第一时间收到订单信息、销售部门能够对客户订单的情况有精确的掌握、采购部门可以及时了解生产部门的资源需求等，这些内容都与企业的信息化建设息息相关。企业要想实现资本增值，就需要利用信息管理的方式。

评估五维度模型

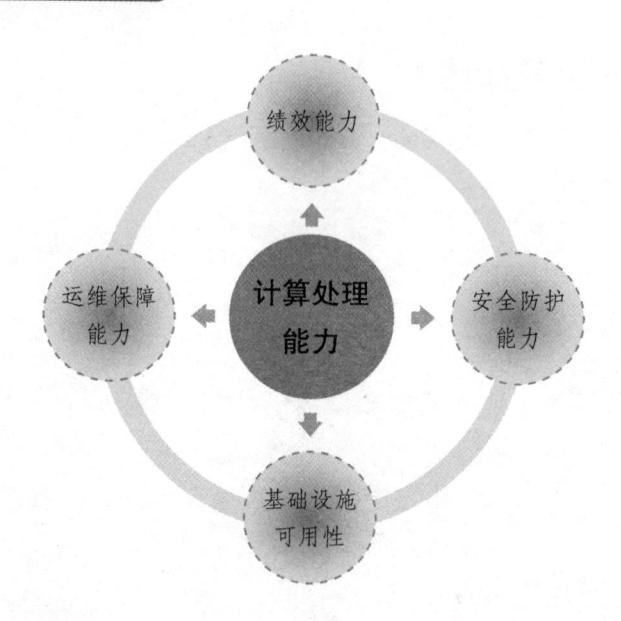

```
                    绩效能力
                       ↑
        运维保障 ← 计算处理能力 → 安全防护
          能力                      能力
                       ↓
                    基础设施
                    可用性
```

◎ 企业文化

在如今竞争越来越激烈的商业社会，企业的管理方式与理念都需要不断地进行革新，包括组织机构与管理制度，都需要进行变革与完善。

组织机构的变革是一个长期的过程，而非简单地绘制模型。组织机构的变革是根据业务发展的需要，对组织的定位、结构、运行状态等业务流程进行研究的过程。管理制度是企业持续发展必须重视的因素，只有合适的管理制度，才能够确保发展的可持续性。

对于企业而言，企业文化是提高竞争优势的源泉。如果企业只知道运作，而没有属于自己的文化，那么终将会失去发展的源泉，以衰落结尾。企业文化的体现是一种氛围，对工人的思想有着潜移默化的作用，如工人的精神风貌、言谈举止，甚至是企业内部的卫生情况，任何一个小细节都在无形地反映着一个企业的文化，所谓"见微知著"，讲的就是这样的道理。

从某些方面来讲，企业文化是管理制度的一个补充，而企业文化就

> **Easy-going**
>
> 科学的管理建立在制度化的基础之上，没有制度化的企业犹如一盘散沙，"无法可依，无章可循"。

修炼企业文化

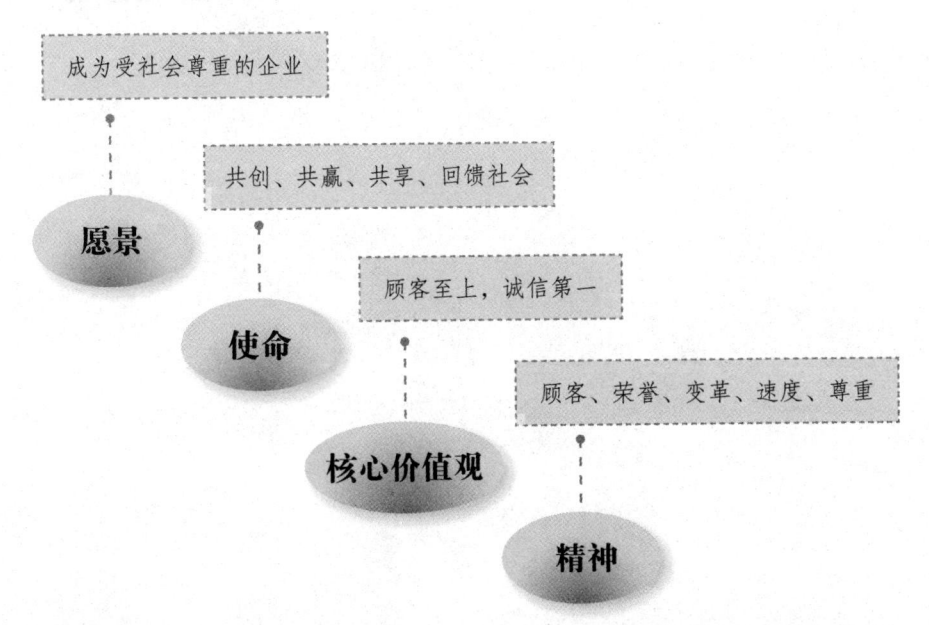

- 愿景：成为受社会尊重的企业
- 使命：共创、共赢、共享、回馈社会
- 核心价值观：顾客至上，诚信第一
- 精神：顾客、荣誉、变革、速度、尊重

是以一种非正式的制度而存在的。在具备能力与资源的基础上，对企业的文化建设与管理方式进行系统的升级，并将二者融为一体，才有可能促进企业的均衡发展。

> **小贴士**
>
> ### 换一种方式
>
> 有一个老汉扛着两袋白菜到集市上卖。在去集市的路上，老汉一会儿用左肩扛，一会儿又用右肩扛，这样换来换去，本来就很累的身体就更加疲惫了。这时走来一个路人，他对老汉说："你为什么不在路边买一根扁担呢？"老汉听了，恍然大悟，当他遇到卖扁担的人时，立即买下一根。老汉将两袋白菜分别挂在扁担的两端，挑着白菜上路，觉得轻松多了。
>
> 有时候，我们换一种方式，就会得到不一样的结果。

德鲁克认为的利润管理

> 一直以来，利润都是企业生存、发展的核心关键。因此，几乎所有的人都认为让利润最大化是企业的最终目的，但是德鲁克却认为利润最大化是一种复杂的生存方式，创造顾客才是企业得以存活的唯一目的。

◎ 德鲁克眼中的利润

彼得·德鲁克说："企业的目的不在自身，必须存在于企业本身之外，必须存在于社会之中，这就是造就顾客。顾客决定了企业是什么，决定企业生产什么，企业是否能够取得好的业绩。由于顾客的需求总是潜在的，企业的功能就是通过产品和服务的提供激发顾客的需求。"

由此可以看出，德鲁克并非认为利润最大化就是企业的最终目的。那么他又是如何对利润进行定义的呢？根据利润的不同职能，德鲁克所认为的利润是这样的：

1. 对于绩效的评估与考核，利润是唯一且最有效的检验标准，可以说利润就是"企业成果的参数"；

2. 关于企业未来的发展趋势，永远存在着不可预测的风险，而这些风险却是必须要提前规避的，利润就是这种不确定风险的报酬；

3. 利润是"构建良好劳动环境的基本资产"；

4. 利润可以充实社会资本，支持社会服务，赞助商的存在就可以为社会带来这些东西。

德鲁克始终认为，利润可以规避企业未来所面对的风险，并让企业能够在未来持续运营。纵观历史，有很多以利润最大化为目的的企业都以失败而告终，即使是现在，也依然有这种为追求利润最大化而重蹈覆辙的企业存在。德鲁克对利润的看法，无疑是在为以利润最大化为目的的企业敲响警钟，警告他们不要继续重蹈覆辙，最终落个得不偿失的下场。

Easy-going

追求利润最大化，并非是企业的唯一目的。

德鲁克对利润的定义

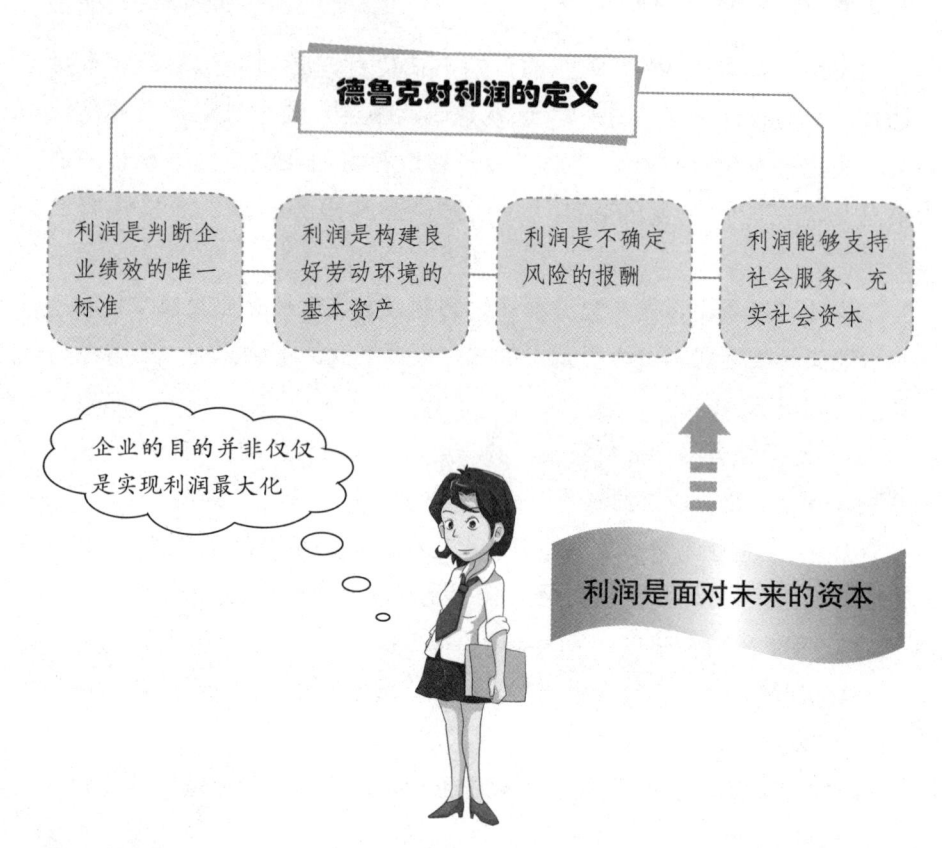

德鲁克对利润的定义

- 利润是判断企业绩效的唯一标准
- 利润是构建良好劳动环境的基本资产
- 利润是不确定风险的报酬
- 利润能够支持社会服务、充实社会资本

企业的目的并非仅仅是实现利润最大化

利润是面对未来的资本

◎ 利润管理的重要性

利润管理是组织目标得以实现的重要环节，由于利润管理的行为结果直接或间接地影响着组织的整体利益，所以一直被人们称为"利润操纵"。其实二者是有区别的，利润管理是法律所允许的，利润操纵则是一种非法的行为，得不到法律的认可与尊重。

所以，适度的利润管理对组织的发展非常重要，过度的利润管理则会给组织带来不利因素，影响组织的运营。将利润管理与利润操纵区分开来，一方面能够保证利润管理在法律认可的范围之内，另一方面也能够发现组织内部常见的财务造假现象，并以此找出防止利润操纵的措施，最关键的是能够让社会各界对利润管理有正确的认知。

◎ 利润管理的作用

利润管理的作用主要体现在以下几个方面：

1. 有利于更好地反映企业的经济效益。

利润在各种类型的组织中，始终是公认的衡量组织经济效益的标

小贴士

适度的利润管理

很多国家已经开始引进并有效地利用适度的利润管理。

在美国，大部分企业采用的利润管理方式都是"收益均衡化"，它们的目的就是通过提高股东的满意度，进而实现自身价值的提高。

在日本，收益平滑化的会计处理方法是日本企业的管理方式，这种管理方式使利润管理这种行为长期存在。

准。虽然德鲁克已经指出企业的目的并不仅仅是实现利润最大化，但是利润却能够在一定程度上更好地反映出企业的经济效益以及对社会的贡献。

2. 为政策法规的制定提供借鉴和参考。

利润管理不仅为政策法规的完善确定了方向，还为企业提供了进行绩效考核的方法。在企业内部，几乎所有的考核都是以利润为基础的。

3. 是向外界传递有用信息的工具。

有些时候，管理者会向外界传递一些信息，但是由于组织内部的信息往往过于复杂，如果直接向外界传递信息，难免会被质疑信息的准确性。即使要对所传递信息进行调查，其调查成本也是巨大的。然而，管理者可以通过利润管理，逐步地向外界进行信息传递，这是一个十分有效的信息传递途径。

4. 有利于不断促进企业改变目标战略。

适度的利润管理对企业的稳固发展有着举足轻重的作用。随着利

利润管理的作用

有利于更好地反映企业的经济效益	为政策法规的制定提供借鉴和参考
是向外界传递有用信息的工具	有利于不断促进企业改变目标战略

润管理的不断完善，有利于企业引进新的目标战略，找到更有效的管理方法，从而提高业绩。

◎ 利润目标的设定

德鲁克认为，利润目标的设定可以利用倒推的方法进行，也就是从不重要的因素开始考虑。其好处如下：

1. 选择的是未来，而非过去；
2. 聚焦于机会，而非问题；
3. 决定独特的方向，而非与他人并驾齐驱；
4. 瞄准能够带来变革的，而非无害却容易的目标。

◎ 利润管理的实现手段

手段一：在经营循环中确认收入和费用的时间。

比如确认收入的移前与延后、费用分摊的标准与方式、不同支出方式的界限等，都可以通过利润管理来实现。

手段二：灵活运用会计政策。

比如完善的会计政策让管理者对企业未来的发展充满憧憬，但是效益不好的企业就会避重就轻，采取比较乐观的会计政策。然而，财务人员对企业的财务报表进行分析的时候，不仅考虑内部因素，对外界信息的来源也十分注重，他们会以此对企业对外公布的数据进行调整，然后再做出决策。

手段三：调控生产经营活动。

与会计政策相比，调控生产经营活动要更具有灵活及隐蔽功能，而且不容易引起别人的怀疑。比如某企业想要对上一季度的利润虚报一些，就可以通过增加生产量的方法对生产经营活动进行调控，使在单位

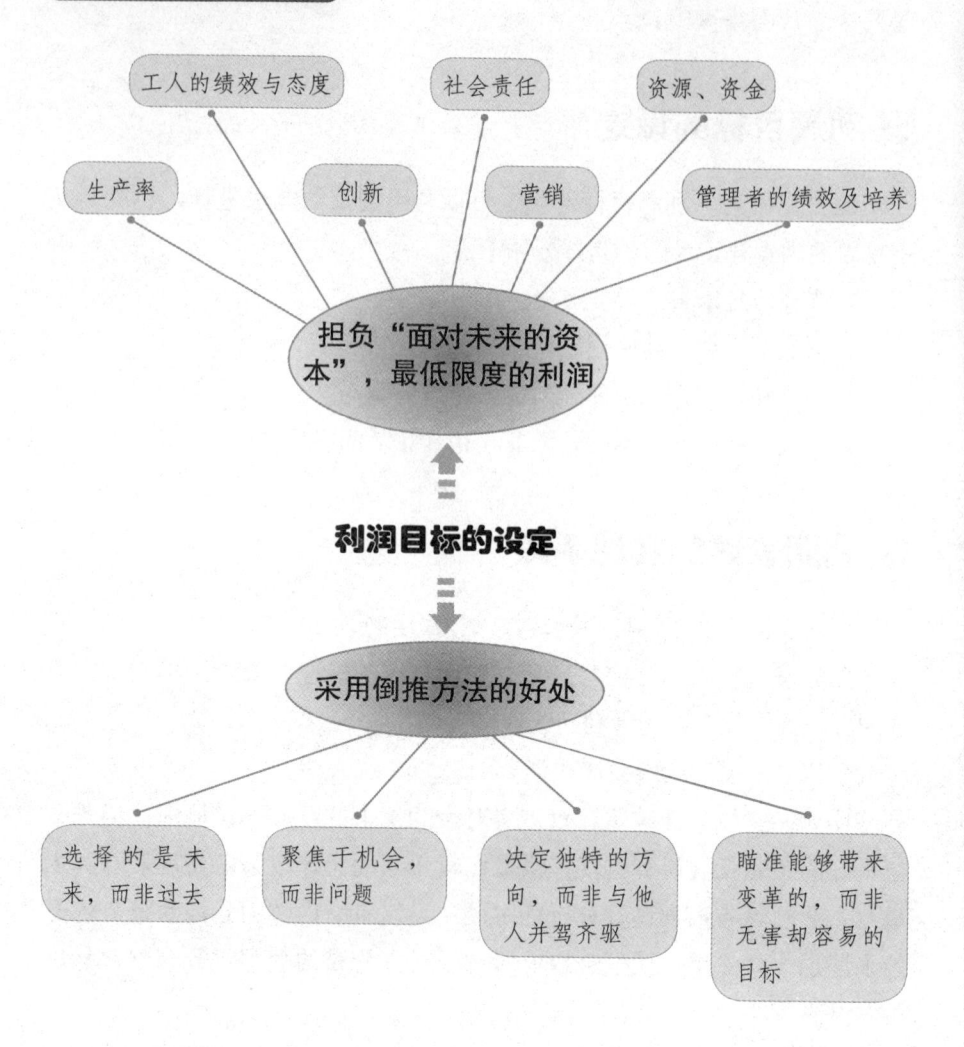

利润目标的设定

- 工人的绩效与态度
- 社会责任
- 资源、资金
- 生产率
- 创新
- 营销
- 管理者的绩效及培养

担负"面对未来的资本",最低限度的利润

利润目标的设定

采用倒推方法的好处

- 选择的是未来,而非过去
- 聚焦于机会,而非问题
- 决定独特的方向,而非与他人并驾齐驱
- 瞄准能够带来变革的,而非无害却容易的目标

产品中的固定费用的分摊额数减少。

手段四:购买或出售资产和业务。

购买或出售资产和业务是在企业需要对利润进行调节的时候所实施的利润管理的手段。

利润管理的实现手段

利润管理的实现手段
- **1** 在经营循环中确认收入和费用的时间
- **2** 灵活运用会计政策
- **3** 调控生产经营活动
- **4** 购买或出售资产和业务

德鲁克认为的业务管理

> 德鲁克认为，对自己公司的业务进行定义的时候，离不开顾客这一关键因素，因为公司的业务是随着顾客所获得的满足感而改变的。

◎ 公司的定义

在法律上，公司是以一种企业组织的形式存在的，根据法律的相关规定，公司就是由股东投入资金成立的以营利为目的的社团法人。简言之，公司就是在社会发展下、受法律约束的产物。而德鲁克认为：公司应该根据企业自身的情况，找到"达到效果"的方法。

> **Easy-going**
>
> 当我们对自己的企业进行定义的时候，有必要先回答"我们的业务是什么"这一问题。

在没有达到效果之前，管理者都会对最终的成果进行预测，在这一阶段，管理者所思考的重心就由"企业使命"转变到了"我们的业务是什么"上。

企业所取得的成果，大都需要通过创造顾客而达成。所以，德鲁克认为，只要能够明白"企业需要在什么领域满足顾客的需求"，就能够对公司做出正确的定义。换句话说，就是"搞清楚企业的任务是什么"。

然而，顾客是会随着环境、时间的变化而变化的，如果想要持续地创造顾客，不仅需要搞清楚企业的任务，还要对以后的发展趋势进行分析、预测并做好准备。

第2章 德鲁克管理学的基本概念

定义公司

- 我们的业务是什么
- 我们的业务将如何发展
- 如何应对业务未来的变化

→ 定义公司

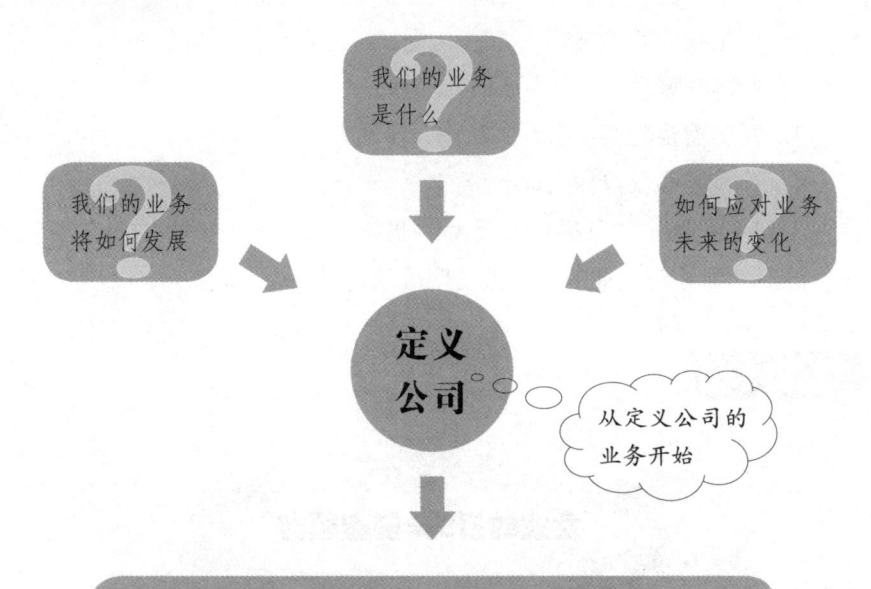

从定义公司的业务开始

只要能够回答这三个问题,就能够定义自己的公司,并明确公司的任务与使命,缩小现实与理想之间的差距。

随波逐流从来就不是企业基业长青之道。因此,企业必须坚持自身的理念,明确自身的任务与使命,缩小现实与理想之间的差距。

◎ 谁是我们的顾客

公司的业务是随着顾客所获得的满足感而改变的,所以要想明确公司的业务就必须要首先了解顾客的需求。也就是说,不能够随意地对"我们的业务是什么"进行定论,而必

Easy-going

在对顾客定义前,首先要清楚公司需要的顾客群,并找到顾客群的存在地点。其次要充分了解所需顾客群的购买需求是什么,以及他们的期望价值。

2 德鲁克管理思想精髓

须从顾客出发，站在市场的角度对公司的业务进行思考。

德鲁克表示，必须首先明确以下内容：

1. 谁是我们的顾客？
2. 顾客在哪里？
3. 顾客需要购买什么？
4. 顾客能够获得什么样的价值？

不管企业决定要开展什么类型的业务，都必须先搞清楚上述四个问题，然后才能够对企业的业务做出明确的定义。

认识顾客

企业的目的=创造顾客

↓

认识自己公司的顾客

1. 谁是我们的顾客？
2. 顾客在哪里？
3. 顾客需要购买什么？
4. 顾客能够获得什么样的价值？

第2章 德鲁克管理学的基本概念

◎ 如何创造顾客

所谓创造顾客，就是满足顾客的新需求。德鲁克认为营销与创新这两种职能是满足企业达到"创造顾客"这一目标的不二法宝。

营销就是为顾客想买的东西所提供的一种销售活动，创新就是着眼未来，开创新的能够让顾客感到满意的商品。德鲁克对创新的定义是这样的："赋予人力与物质资源新的、更好的产生财富的能力和工作方式。"创新并非是发明，德鲁克表示，创新很有可能是将旧的产品用于新的渠道，但绝不是发明。

迈克尔·波特是美国哈佛大学教授，被世人誉为"企业竞争之父"，他说过："几乎没有企业能在长时间里凭借运营效益赢得竞

Easy-going

早在1950年，德鲁克就已经开始提倡"顾客导向"这种营销方法了。这虽是德鲁克一念之间的想法，但是却让我们看到了他的远见卓识。

小故事

凯迪拉克

最初，美国通用公司生产的豪华轿车凯迪拉克的销售业绩一直处于低迷状态。后来，通用公司发现，顾客之所以购买凯迪拉克，是因为它具有"非运输手段的地位"，也就是说，凯迪拉克能够带给人一种荣耀感。于是，通用公司就根据这一状况，对凯迪拉克进行了重新定位，从而成功地改变了低迷的销售业绩。

凯迪拉克的故事告诉我们：了解"顾客能够获得什么样的价值"是很重要的。

争……企业唯有建立起一种可长期保持的差异化时，才能胜出竞争对手！"

众所周知，"鲜橙C"最先进入市场，随后才有了"农夫果园"的出现，但是"农夫果园"却明显超越了"鲜橙C"，因为"农夫果园"开创了与其他果汁饮料不同的领域，它是第一瓶"复合"果汁饮料。

只有让顾客心中有一种对产品的有效差异化的认识，才能够让自己的产品被顾客接受并购买，从而为企业带来利润。

那么究竟什么是有效差异化呢？以月饼为例，市场上的月饼从来

如何创造顾客

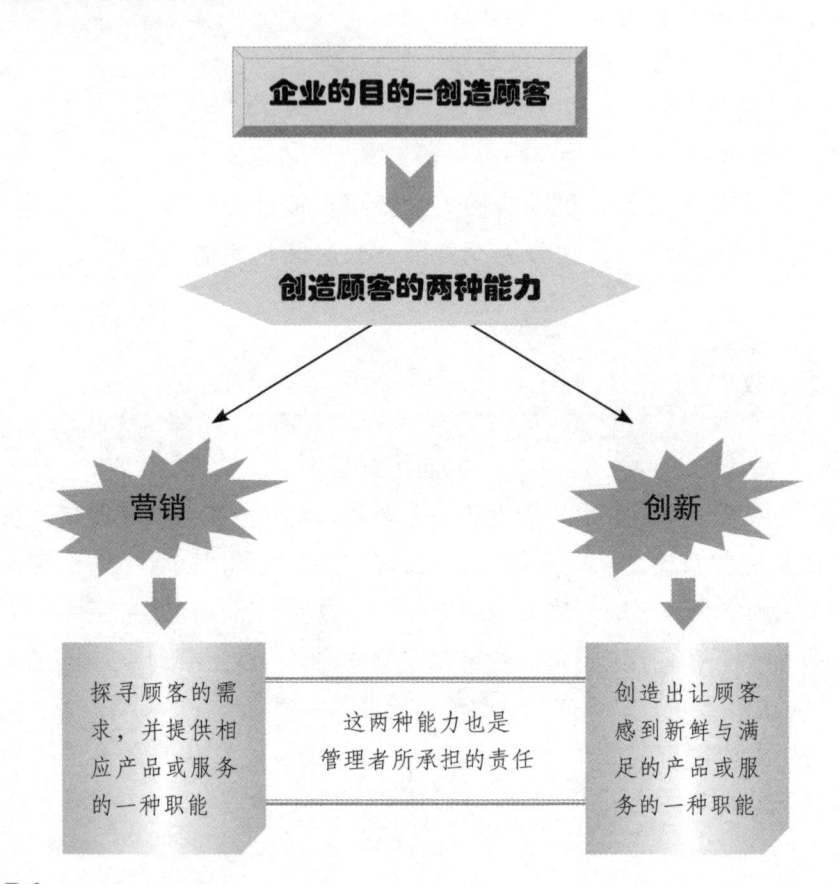

企业的目的=创造顾客

↓

创造顾客的两种能力

↙ ↘

营销 — 探寻顾客的需求，并提供相应产品或服务的一种职能

创新 — 创造出让顾客感到新鲜与满足的产品或服务的一种职能

这两种能力也是管理者所承担的责任

都是五花八门，不仅包装缤纷多彩，就连口味也各有特色，这就可以说产品中间存有差异化，但是这只属于产品的特点，却不能说是有效的差异化。五花八门的月饼在市场中只占有少量的份额，直到冰皮月饼的出现，才真正出现了有效的差异化产品。冰皮月饼刚出现在市场中的时候，一个就要80元。其独特的口感以及明显区别于传统月饼的工艺和外形，让一直以来消费者心中对月饼的认识发生了颠覆的改变，从而也在消费者当中打开了自己的市场。由此可见，有效的差异化不是"点"的差异，而是"类"的差异。

管理的三个任务

德鲁克认为组织为发挥自身的职能所展现出的特定成果，以及对社会的贡献，都必须从任务的角度进行理解与管理。

◎ 任务一：实现组织的特定目标与使命

组织的存在，是为了特定的目的与使命，甚至是为了社会的贡献。如果没有充分理解组织所存在的根源，就无法达到预期的目标。所以，对管理者而言，认识组织的目的与使命是首要任务。

企业与非营利机构是不同的，所谓的目的、使命、社会贡献，指的就是经济绩效，只有企业才具有这项特殊任务。虽然经济绩效不是企业所履行的唯一任务，但却是优先任务，如教育、卫生、国防等这类社会任务都依赖于经济资源的剩余，而经济资源的剩余则来源于经济绩效所产生的利润。因此，管理者必须将经济效益放在第一位。

如果管理者不能创造经济成果，那么便是失败的管理；如果管理者不能满足顾客的需求，那么还是失败的管理；如果管理者不能利用经济资源提高企业创造财富的能力，那么也是失败的管理。

> **Easy-going**
>
> 在市场经济中，顾客决定着企业的兴旺。因为只有顾客对所要购买的商品提出需求，企业才会根据顾客的需求生产商品，使经济资源转化为财富。

◎ 任务二：使工作富有成效，职工具有成就感

人是企业必不可少的资源，只有人力资源具备生产力，才能够确保企业的持续运作，而企业则通过工作获得绩效。因此，富有成效的工作是管理的一项重要功能。除此之外，现在的企业已经成为赖以谋生、赢得荣誉、取得成就、接触社会的主要工具，让职工具备成就感已经成为衡量组织成果的标尺。所以，使工作富有成效，让职工具有成就感是管理的第二大任务。

管理者要想提高企业的经济绩效，就必须提高生产率。企业能否持续运作，关键就在于它促使职工达成目标的能力。因此，对职工及工作效率的管理是管理者必备的一项职能。然而，只有当职工也能像管

管理的三个任务

管理的三个任务

- 任务一：实现组织的特定目标与使命
- 任务二：使工作富有成效，职工具有成就感
- 任务三：社会影响力与社会责任

管理者在进行管理时，必须完成此三项任务

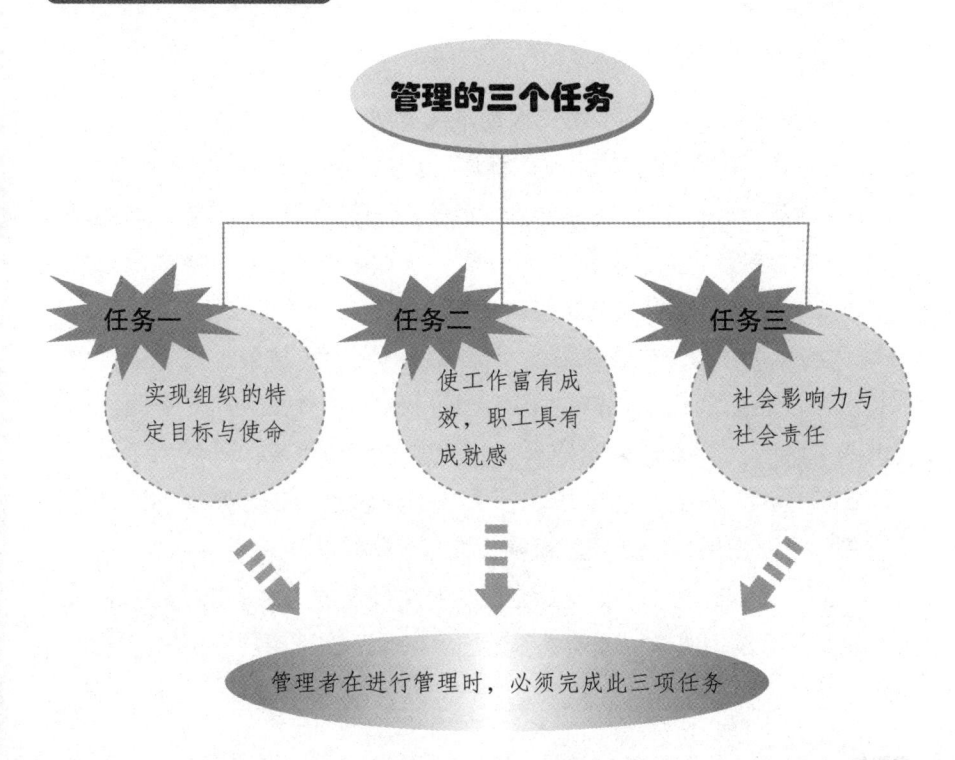

德鲁克管理思想精髓

理者一样去思考问题的时候，才会具备责任感，竭尽全力去达成目标。也就是说，管理者必须让组织内所有成员都能够具备责任感，其方法就是让他们参与到组织活动中。

在每季度或者年度工作总结的时候，管理者即使把职工称为"亲爱的伙伴"，也无法让他们感觉到自己的重要性。有一家在《财富》杂志上荣登500强的公司，管理者将在公司工作了25年以上职工的名字，都刻在公司大门前的一堵大理石墙面上。这种方式自然能够培养职

> **Easy-going**
>
> 让职工参与组织的活动，是提高工作效率、让职工富有成就感的最佳方法。

小贴士

海尔大地瓜洗衣机

"用户的难题就是企业的课题"，这是海尔的口号。所以，当四川农民反映海尔的洗衣机排水系统有问题的时候，服务人员立马上门进行维修。维修人员发现，四川农民竟然用洗衣机洗地瓜。然而，为了满足四川农民的愿望，海尔开发了大地瓜洗衣机。

之后，海尔又在西藏开发了能够洗酥油茶的机器，还在安徽研制出了洗龙虾的机器，开创了"无所不洗"的多元化产品道路。海尔的这种行为，无形中向广大用户传递了一个信息：既然海尔能够满足洗地瓜、洗龙虾的要求，那么我的要求也一定会实现。因此，用户就可以把更多的难题、遗憾、需求大胆地告诉海尔。

满足顾客的需求一直都是企业生存与发展的根本，就像海尔，只有满足了顾客的需求，才能够创造出经济效益，证明自己的实力。

工的成就感，但是也只有他们真正地为企业做出贡献之后，所实施的奖励制度才会发挥出效用，否则会适得其反。

◎ 任务三：社会影响力与社会责任

不管是企业，还是教育、医疗机构，都要承担一定的社会责任，而社会责任的产生来源于两个方面：其一，组织对社会的改变；其二，社会本身所存在的问题。虽然这两个方面都与管理息息相关，但是一个侧重的是组织对社会所做的事情，另一个侧重的是组织能够为社会做的事情。

然而，二者都存在于社会之中，并在社会这个环境中运营，不可避免地会给社会造成一定的影响。比如，钢铁厂存在的目的不是制造噪声、排放有毒气体，而是为顾客提供高质量的钢铁材料。

无论是直接还是间接对社会造成的影响，管理者都要对这种影响承担责任。因此，减少对社会的影响是有必要的。除了特定的目的与使命，无论是对组织内部所造成的影响，还是对社会所造成的影响，都要尽量做到将影响降到最低限度，能够避免的尽量避免。

社会影响力则与其不同，不是组织对社会造成的影响，而是社会机能的失调。任何机构都不能存在于一个病态的社会之中，换句话说就是，企业不能对社会问题视若无睹。社会上所存在的一些弊端对管理者而言，存在很大的挑战，但既是挑战，也是机会。因为，组织的职能就是将社会问题转换成机会，以满足社会的需求，同时能够为组织本身带来利益。

这种转换不是高超的技术、新鲜的产品、优质的服务能够实

Easy-going

组织完成其特定的使命，也是社会的第一位需要和利益所在。如果组织完成其特殊任务的能力减弱或受到损害，社会就不能再得到收益而且必定会遭受损失。

> **小贴士**
>
> ### 企业的社会责任
>
> 企业作为社会的组成部分,既受社会现实条件的影响,同时要承担起自己在这个社会中应有的社会责任,通过自身的经营对社会产生积极的影响。
>
> 我国是圆珠笔生产和消费大国,但是圆珠笔芯的进口每年就要花去大量的外汇。我国的某不锈钢公司针对这种现状,加大科研投入,攻关圆珠笔笔芯工艺难题,终于成功掌握了圆珠笔笔芯生产技术,使我国圆珠笔笔芯实现了国产化,为国家节省了大量的外汇,创造了巨大的经济价值和社会价值,体现了自己对社会责任的担当。
>
> 2008年5月12日发生的汶川大地震,对人民群众的生命财产造成了极大的破坏,灾区人民处在水深火热当中,这时大量的企业纷纷慷慨解囊,捐助大量的资金帮助灾区重建,帮助灾区人民早日恢复正常的生活。这一时刻充分体现了这些企业的责任和担当。这些企业以实际行动践行着自己的社会责任。
>
> 一家企业,只有在合法经营的同时努力践行自己的社会责任,才能真正实现自己的社会责任,实现自己企业的价值。

现的,而在于解决社会问题,也就是社会创新。这种创新能够使企业与社会各取所需。但是,必然会存在无法解决的社会问题,不仅困难重重,而且不能通过转换的方法得到解决。对管理者而言,组织就是主人。因此,管理者必须对组织负责。而组织所面对的社会责任,就是对自身特定的目的与使命进行负责。对于工商企业以及那些经济机构来讲,这一点尤为重要。

第2章 德鲁克管理学的基本概念

管理实战

通用电气的变化

虽然通用电气十分注重诚信，但是杰克·韦尔奇却对社会责任这方面的争议一点都不感兴趣，他觉得只要通用公司能够持续效率、提高利润、注重回报就足够了。当然，杰克·韦尔奇领导下的通用公司在1981年的时候，市值是140亿美元，但是当他退休的时候，通用公司的市值已经达到了4000亿美元。

杰夫·伊梅尔特接手通用公司之后，除了想要继续维持"通用"所获得的声誉之外，还想做得更多。杰夫·伊梅尔说："大家之所以到通用公司工作，是因为他们想得到升华。他们想努力工作，想获得提升和期权。但是，他们还想为一家不同凡响、能为世界做出重大贡献的公司工作。"

与杰克·韦尔奇相比，杰夫·伊梅尔特更加重视价值观，这也是他想让通用公司带有他个人特色所采取的措施之一。这种理念正深刻影响着组织成员，影响着公司的经营方式，影响着公司之间的业务开展，影响着投入大量资源所进行的技术研发。杰夫·伊梅尔特认为，企业存在的目的不是单纯地赚取利润，更有义务帮助社会解决问题。也正如他所说的："优秀的领导者应当回报社会，我们的时代属于既为自己谋利益也关注别人需求的那些人。"

现在，对于发展中国家的供应商，通用公司都要对其进行审查，确保它们符合一定的标准。从2002年开始，通用公司已经审查约3100次。

2004年，通用公司被纳入道琼斯可持续性指数，这项指数有300家符合审查标准的一流企业存在。除此之外，通用公司还使用女性及非洲裔雇员，并让他们进入高层管理的队伍中。同时，通用公司还开展了全球性的慈善活动，在加纳农村开展了卫生保健项目。

2005年，通用电气对外公布了首份有关履行公民义务的报告。杰夫·伊梅尔特所做的这些举措，在杰克·韦尔奇时期是不敢想象的。

组织所面对的社会影响力与社会责任

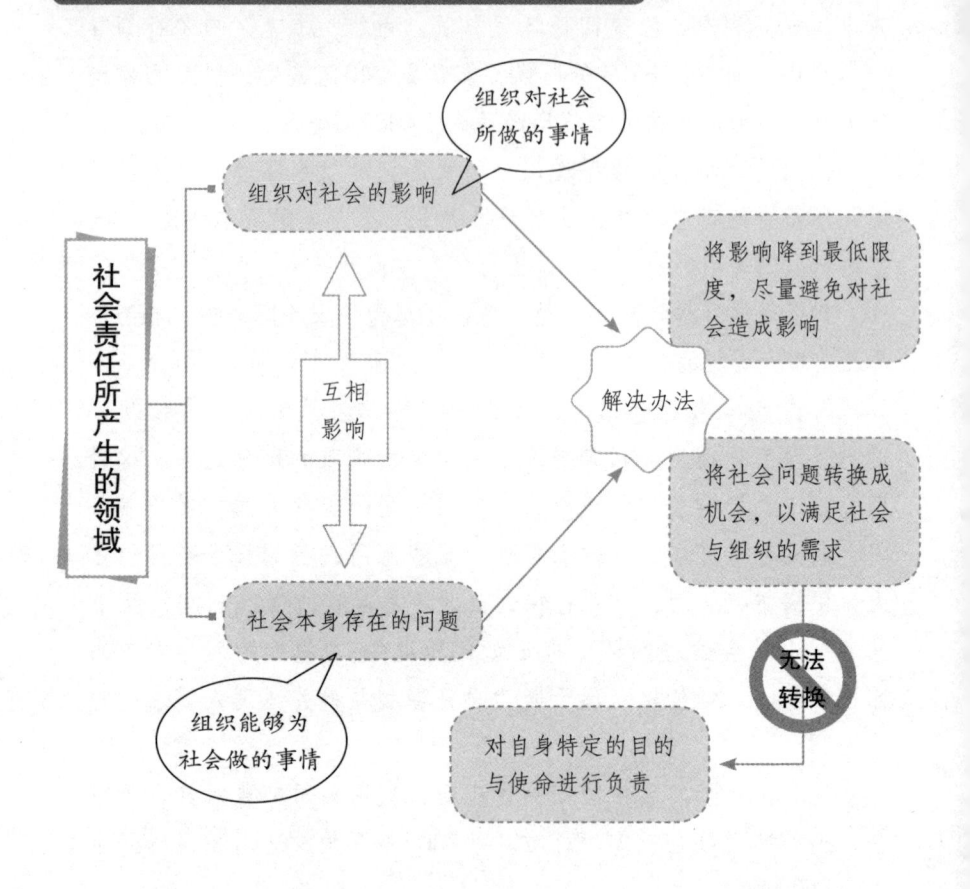

社会责任所产生的领域
- 组织对社会的影响（组织对社会所做的事情）
- 社会本身存在的问题（组织能够为社会做的事情）

互相影响

解决办法：
- 将影响降到最低限度，尽量避免对社会造成影响
- 将社会问题转换成机会，以满足社会与组织的需求

无法转换 → 对自身特定的目的与使命进行负责

第2章 德鲁克管理学的基本概念

我们需要什么样的管理者

作为管理者，自然就需要具备一些常人所不能及的能力。但是，并非具备了这些能力就一定会是一名优秀、合格的企业需要的管理者。那么，我们究竟需要什么样的管理者？本节将会做出阐述。

◎ 具备优秀的品德

首先，优秀的品德是合格的管理者所必备的素质。优秀的品德主要体现在忠诚上，即对员工忠诚、对组织忠诚。其中，忠诚的主要表现是：

1. 面对是非，坚持原则。

管理者所具备的优秀品德

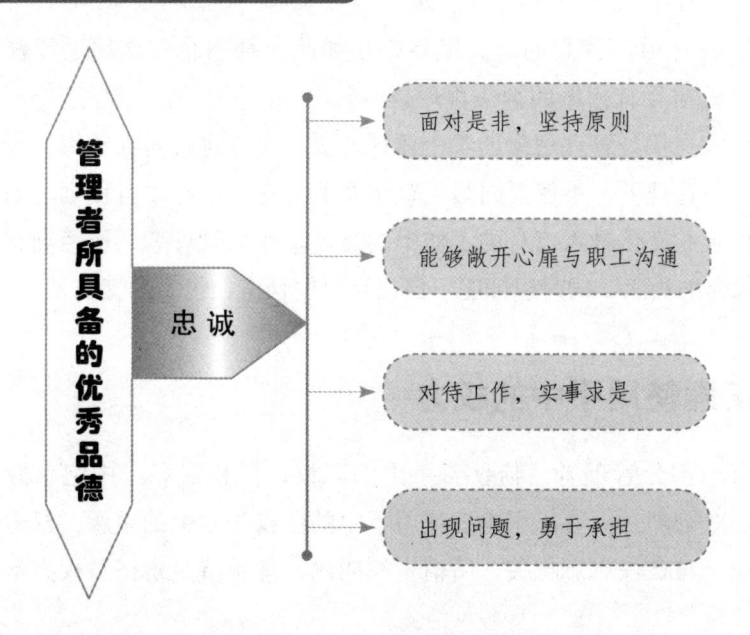

管理者所具备的优秀品德 → 忠诚
- 面对是非，坚持原则
- 能够敞开心扉与职工沟通
- 对待工作，实事求是
- 出现问题，勇于承担

2. 能够敞开心扉与员工沟通。

3. 对待工作，实事求是。

4. 出现问题，勇于承担。

自古以来，忠诚都是为人最基本的道德标准。作为管理者，就更要具备这样的道德素养。如果投机取巧，依靠欺骗员工来牟取利润，就会将像《狼来了》一样，最后落得无人相信的下场。

◎ 充分理解企业的文化

有人说过："企业文化就如同是放满了鲜花的屋子，满屋都充满着浓郁的花香。只要你走进这间屋子，不管你喜不喜欢这种香味，你都要闻一闻。"可见企业文化的影响力有多大。众所周知，武打片中武功的最高境界就是无招胜有招，管理的最高境界亦是如此，利用企业文化进行管理，便是"无招胜有招"的真实再现。

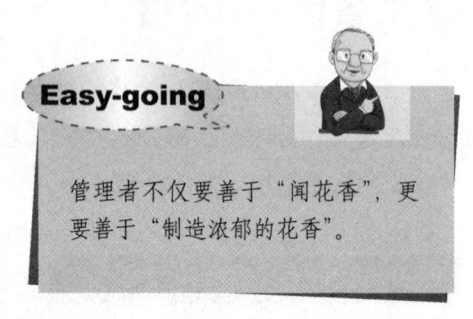

> Easy-going
>
> 管理者不仅要善于"闻花香"，更要善于"制造浓郁的花香"。

企业文化是管理理念的集中体现，更是员工进行自我约束的行为准则。作为管理者，不仅要向员工宣传企业文化，还要以身作则，当所有人都将企业文化融入自身的工作中的时候，作为管理者，已经拥有了一大批优秀的员工，同时也证明了自己是一位合格、优秀的管理者。

◎ 正确使用手中的权力

有一部分管理者，倚仗着手中的职权，以权谋私，中饱私囊。殊不知，对管理者而言，正确地使用手中的职权是永恒的主题。权力来源于组织，与责任息息相关，所谓责权明确，意思就是责任与权力是同时存在的，而对于管理者来说，可能对组织的责任要远比拥有的权力重要得多。

管理者所拥有的权力也是员工给予的，作为企业员工，自然是希望自己的领导能够带领大家为企业创造更大的价值，因为只有企业快速发展了，员工才能够得到发展。所以，管理者手中的权力实质上还包含着员工的期望，对管理者而言，应当自觉接受员工的监督。

那么，管理者应该如何正确使用手中的权力呢？其一，多讲有利于企业的话；其二，多做有利于企业的事；其三，多使用有利于企业的权力。

管理者如何正确使用手中的职权

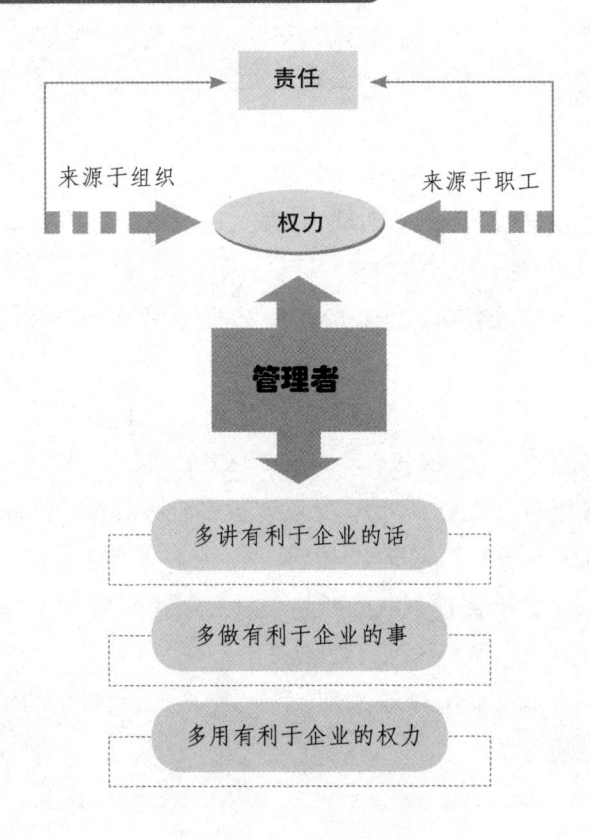

```
         ┌─────→ 责任 ←─────┐
         │                    │
   来源于组织 ⇒  权力  ⇐ 来源于职工
                  ↑
                  ⇕
                管理者
                  ⇓
         ┌──────────────────┐
         │ 多讲有利于企业的话 │
         └──────────────────┘
         ┌──────────────────┐
         │ 多做有利于企业的事 │
         └──────────────────┘
         ┌──────────────────┐
         │ 多用有利于企业的权力│
         └──────────────────┘
```

◎ 具有良好的协作意识

对企业特别是对服务行业企业而言，不仅仅需要规范的流程、系统的程序，更需要具有良好的协作意识。协作意识是对员工的基本要求，也是对各部门之间的工作要求，更是与客户之间的合作要求。随着企业之间日益激烈的竞争趋势，越来越多的企

Easy-going

缺乏协作精神的企业，即使实力再雄厚、能力再出众，也不过是一盘散沙，毫无竞争力可言。

小贴士

"五官"大会

在"五官"大会上，眼、耳、口、鼻都说自己的位置最高，只有脚的位置最低，言语中充满不屑。

它们的议论被脚听到了，面对眼、耳、口、鼻的嘲讽，脚一言不发。

刚好，有人请客吃饭，口欢呼雀跃，但是脚却始终不挪动一步。

耳想要听音乐，眼想要看电影，但是脚哪里都不去。口、耳、眼都很无奈。

鼻洋洋得意，说道："你们之所以被脚制服，是因为你们对脚有所要求。而我并没有对它提出什么要求，它是奈何不得我的。"

脚听到了，径直走到肮脏的垃圾堆面前，站着久久不动。漫天的恶臭钻进鼻孔，鼻不停地打喷嚏。

协作精神如同企业赚取的利润一样重要，良好的协作意识，就如同是企业的生命。

业更加注重整体能力的提升，只有整体素质提高了，企业才有可能持续地发展。

企业若想提高整体的能力，一方面要提高管理者与职工自身的素质，另一方面更要注意提高彼此之间的协作意识。而良好的协作意识是一名优秀的管理者必须具备的。

◎ 具有强烈的服务意识

服务意识不仅仅体现在服务行业中，现在优质的服务水平已经成为企业主要的竞争优势之一，更是进入市场的许可证。

作为管理者，除了要以身作则、具有强烈的服务意识，也要不断加强员工的服务意识。如果每一位管理者都能够做到这样，并让服务意识成为企业的一种文化，那么，企业将会拥有无比强大的竞争力。

◎ 不断学习

几乎所有的企业都在强调建立学习型组织的重要性，然而，却有部分管理者打着这样的旗号，无所事事或者悠闲地度过工作之余的时光，宁愿抱着电脑寻找乐趣，也不愿拿着书汲取知识，更不用说是参与某方面的培训了。

并非成为管理者就可以终止学习、终止成长。俗话说："活到老，学到老。"职位越高，所承担的责任就越大，需要学习的东西就越多。如果拿忙碌、劳累等因素为自己的停滞不前找借口，那么早晚都会被从管理者的位置上请下来。

Easy-going

管理的过程，就是管理者不断学习、提高的过程。学无止境，提升亦无止境。

2 德鲁克管理思想精髓

综上所述，我们所需要的管理者不是目光短浅、胸无大志、狭隘自私的人，而是一个品德优秀、有强烈的服务意识及协作精神、责任至上、重视自我提升的人。

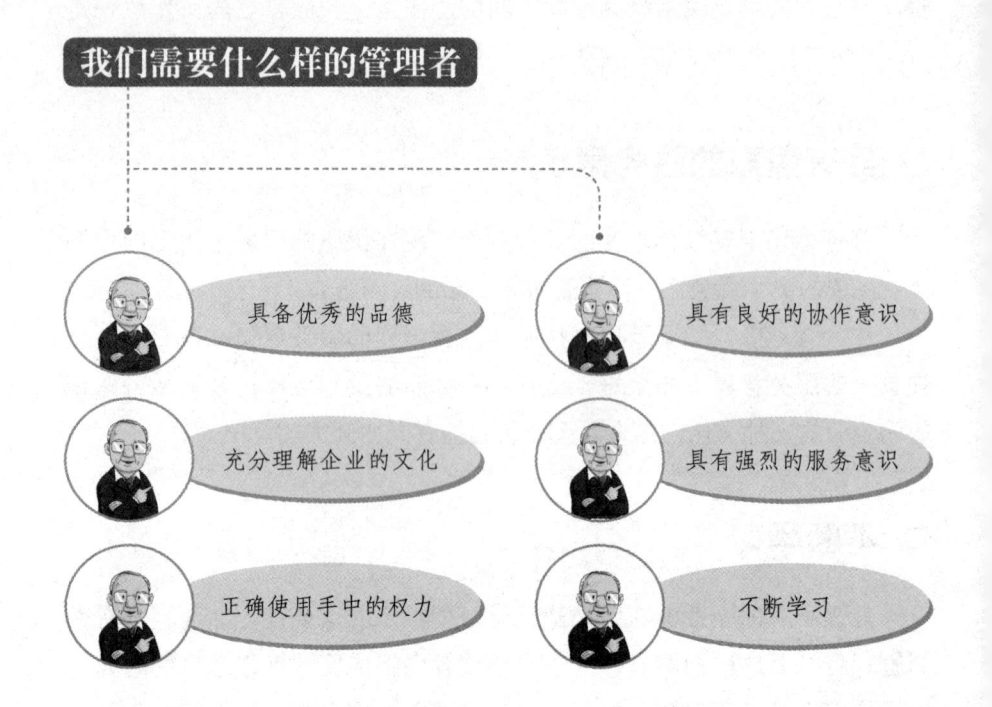

我们需要什么样的管理者

- 具备优秀的品德
- 充分理解企业的文化
- 正确使用手中的权力
- 具有良好的协作意识
- 具有强烈的服务意识
- 不断学习

第3章

德鲁克设想的完美管理者

我们在第1章已经提到过,"管理大师"德鲁克习惯称Executive为管理者,意思就是监工或者是工头。德鲁克还指出"由人来管理的概念是错误的,而是该由当下的事件进行管理"。那么,德鲁克眼中的管理者究竟是以何种模样存在的呢?本章将会对德鲁克所设想的完美管理者进行详细的分析。

本章教你:
▶德鲁克眼中的管理者是什么样子?
▶管理者必须做出的承诺是什么?
▶各个管理层的关系如何?
▶管理者需要什么样的信息?

谁才是管理者

通常情况下，只要提到管理者，很多人都会认为对员工工作负责任的人便是管理者。在本节我们所提到的管理者则是这样的：不仅要为员工的工作负责，还要对企业的发展状况承担责任。

◎ 管理者概述

从字面意思上来说，管理者就是分配任务、做出决策、指导别人完成工作，通过对别人工作的协调，从而达到实现组织目标的目的的人。

Easy-going

德鲁克说："管理者的效率，往往决定着组织的工作效率。"

对企业而言，他们所需要的管理者必须具备高尚的品格、协作服务意识、能将自己与企业文化融为一体并将其发扬光大、责任至上、不断学习的精神。那么，在组织内部，究竟谁才是管理者呢？

员工对管理者的定义就是组织内部的高层人员。在员工看来，凡处于管理阶层的人，必定具备丰富的经验、阅历及知识技能。然而，德鲁克却认为："在我们的企业组织中，一个人只要在他的工作中做出了影响组织整体绩效的决策或成果，那么他就是一个管理者，而不论他是否有下属。"

也就是说，并非处在管理的位置就可以称得上是管理者，所有负责执行、决策、对组织工作成果有贡献的人，都可以像管理者一样工作和思考。在组织内部，上级只是负责下达命令而已，至于该如何去

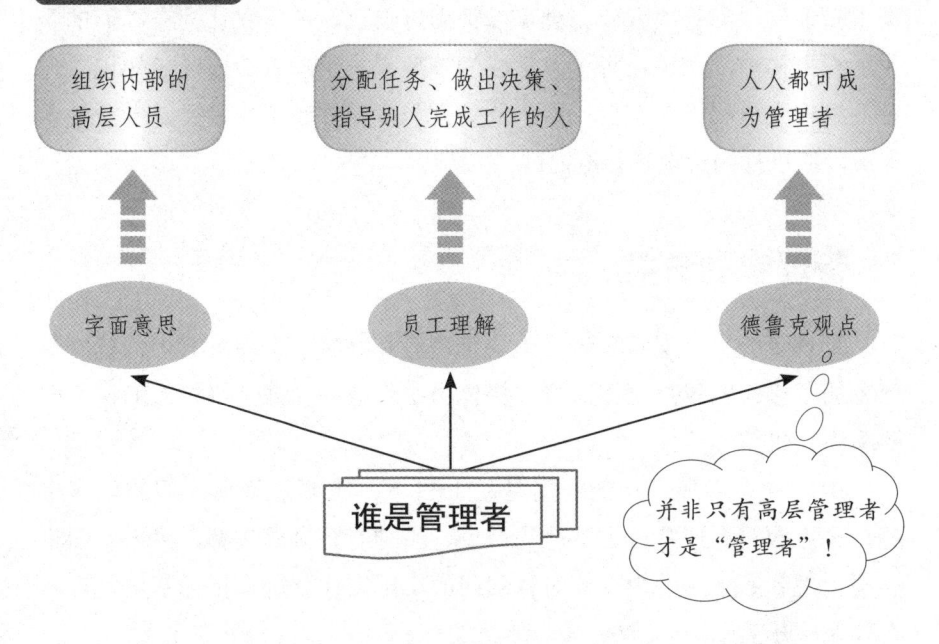

第3章 德鲁克设想的完美管理者

谁是管理者

```
组织内部的           分配任务、做出决策、        人人都可成
高层人员             指导别人完成工作的人          为管理者
   ↑                      ↑                      ↑
 字面意思              员工理解                德鲁克观点
```

谁是管理者

并非只有高层管理者才是"管理者"!

做,完全是由接受命令的业务人员根据实际情况进行决策的。从这一点来看,业务人员自然可以称得上是管理者。

小贴士

战场上的管理者

美国一家报社的记者曾采访过一位越南战争中的步兵上尉。

记者:"在战场上,面对混乱的人群,你是如何指挥下属的?"

上尉:"我不可能去指挥他们。虽然我是他们的上尉,是他们的负责人,但是在战场上,我的士兵因为遭遇敌人而束手无策的时候,我肯定由于距离远或者其他原因而无法告诉他该如何去做。我的任务就是训练他们在战场中如何应对各种情况的发生,至于究竟该如何处理,还是要由他们自己根据当时的情况做出决定。"

德鲁克说过这样一段话："管理者能否管理好员工,从来就没有被真正验证过,但管理者却完全可以管理好自己。所以我认为在我们的企业组织机构中,应该让每个人都成为管理者。管理者应该泛指知识工作者、经理人员和专业人员。由于业务人员既是知识工作者又是专业技术人员,所以称为管理者并不为过。"

◎ 管理者的分类

管理者分为基层管理者、中层管理者和高层管理者。其中,基层管理者的工作职责就是直接监督、指挥员工作业,保证上级指派的任务能够顺利完成。

中层管理者所存在的作用是承上启下,主要是管理组织的日常事务,一方面对高层管理者下达的命令、精神有正确的理解,另一方面将高层管理者所下达的内容针对各部门的实际工作状况,指挥基层管理者有效地展开工作。

高层管理者的责任是巨大的,需要对整个组织负起责任。其主要的职责就是加强组织与外部环境的联系,并对重要事件进行决策。

管理者的分类

管理者的分类	作用	
高层管理者	作用	负责及重大决策
中层管理者	作用	承上启下
基层管理者	作用	负责完成具体的工作任务

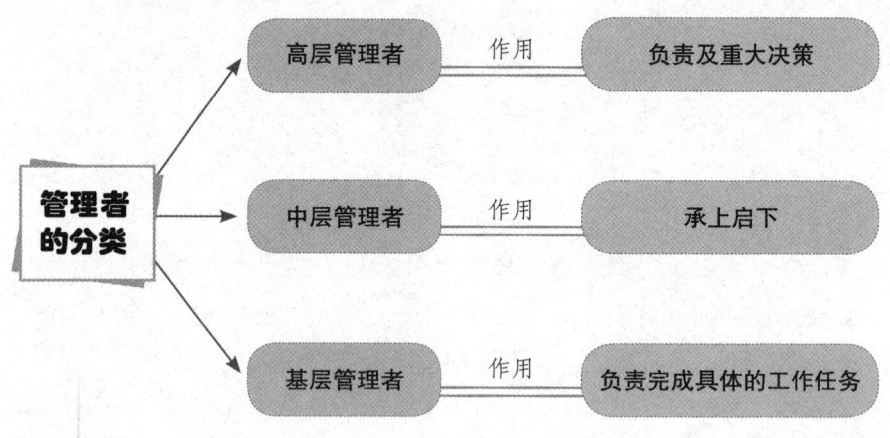

◎ 管理者所具备的技能

不管是什么企业的管理者，或者是处在管理层的什么位置，都需要具备以下管理技能。

1. 技术技能。

技术技能主要指的是管理者要有方法、过程、技巧地工作，范围包括专业知识、灵活使用工具的技巧、对某一专业问题的分析能力等。

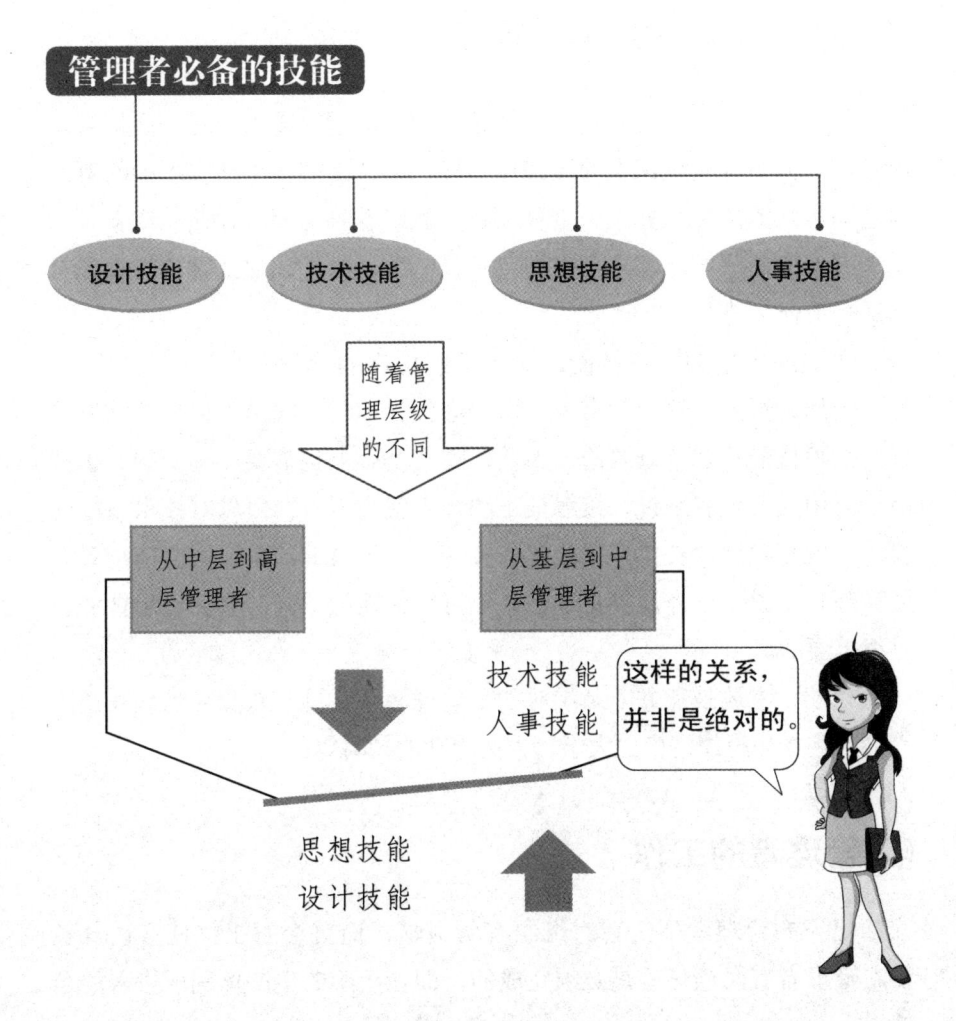

管理者必备的技能
- 设计技能
- 技术技能
- 思想技能
- 人事技能

随着管理层级的不同

从中层到高层管理者

从基层到中层管理者

技术技能
人事技能

思想技能
设计技能

这样的关系，并非是绝对的。

2. 人事技能。

人事技能是一种与人共事、建立良好关系的行政能力。比如激励下属、得到同事的认可、受到上司青睐等，这些都是管理者所必须具备的人事技能。除此之外，人事技能还包括领导能力、合作能力、处理问题的能力等。

3. 思想技能。

思想技能就是管理者将组织看作一个整体进行管理的能力，即能够顾全大局，迅速判断出问题并及时进行掌握、控制的能力。

4. 设计技能。

简言之，设计技能就是发现问题、解决问题的能力。对于高层管理者来说，他必须要像伟大的设计师一样，具备能够找出切实可行的解决问题的方法的能力。如果一个管理者只能够看到问题的存在，或者只知道造成问题的原因，却拿不出切实可行的解决办法，那么这样的管理者无疑是不合格的。

上述所列举的四项技能，对于不同层次的管理者来说，其重要性是不同的。对基层管理者来说，由于会频繁地与一线员工接触，掌握熟练的技术技能是非常重要的，当然，在此基础上也需要具备一些人事技能；对中层管理者来说，接触员工的频率就会很少，所以对技术技能的要求也就相对地比较低，但是思想技能与认识技能却是很重要的；对高层管理者来说，设计技能是一种必不可少的能力，同时具备思想技能也是很重要的。

当然，上述技能并非是绝对的，管理者在实施时难免会受到其他因素的影响，如组织规模的大小、人员流动的频率等。

◎ 管理者的工作

优秀的管理者不仅会对组织有所贡献，而且会对工作任务认真负责。管理者有两项任务是必须完成的，即让组织的生产体制所投入的全部资源低于产品的生产数量、处理好组织当下的核心目标与未来发展状况之间的协调关系。

然而,如果想要完成上述任务,就必须执行下面的工作内容。

计划——制定目标;

组织工作——组织目标所需要的人力、物力、财力等;

激励与沟通——针对目标内容,与下属进行及时的交流,并调动下属达成目标的积极性;

培养人才——选择合适的人进行教育、培训等;

衡量与评估——对执行者实施目标的过程及最终绩效进行评估与衡量。

综上所述,管理者的工作是一项综合性很强的活动。也正因如此,管理者对组织的管理成果及贡献程度,也可以因此而表现出来。

Easy-going

优秀的管理者不仅会对组织有所贡献,而且会对工作任务认真负责。

为什么要成为卓有成效的管理者

> 卓有成效的管理者是企业必不可少的人才资源,但是当今社会对管理者的有效性的关注却少之又少,原因之一就是很少有人知道管理者的有效性是知识工作者(即管理者)的一项特殊技能。

◎ 有效性的比较

20世纪初,很多组织的构成都是以体力劳动者为主,管理者的工作内容不过是发号施令而已,对有效性的要求也远没有今天这样迫切。并且管理者所管理的人员数量也只不过是全体工作人员的一小部分。如果非要说他们是卓有成效的管理者,那么我们只能以假设定论。

这种情况在医院也是存在的。在还不具备先进医疗器具的时代,自然不会有质检员、营养师、化验员的存在。医院除了医护人员,就只剩下清洁工、厨师和勤杂员工了,除了医生可以被称为知识工作者(即管理者),

Easy-going

体力工作者也开始充分发挥自己的主观能动性,向知识工作者靠近。

医务人员就是他们的助手。然而现在,美国普通的一家医院平均每10位病人,具备专业知识的医务人员就达25人。

对于体力工作者来说,他们最注重的是效率,也就是将一件事情做好的能力,比如砌一面完整的墙、挑十担石子等。除此之外,体力工作者的劳动绩效通常是通过数量、质量或者是日期来计算的,比如编织了几个箩筐,其质量是否达标等。如今,对体力工作者绩效的衡量已经有

有效性的比较

有效性的比较

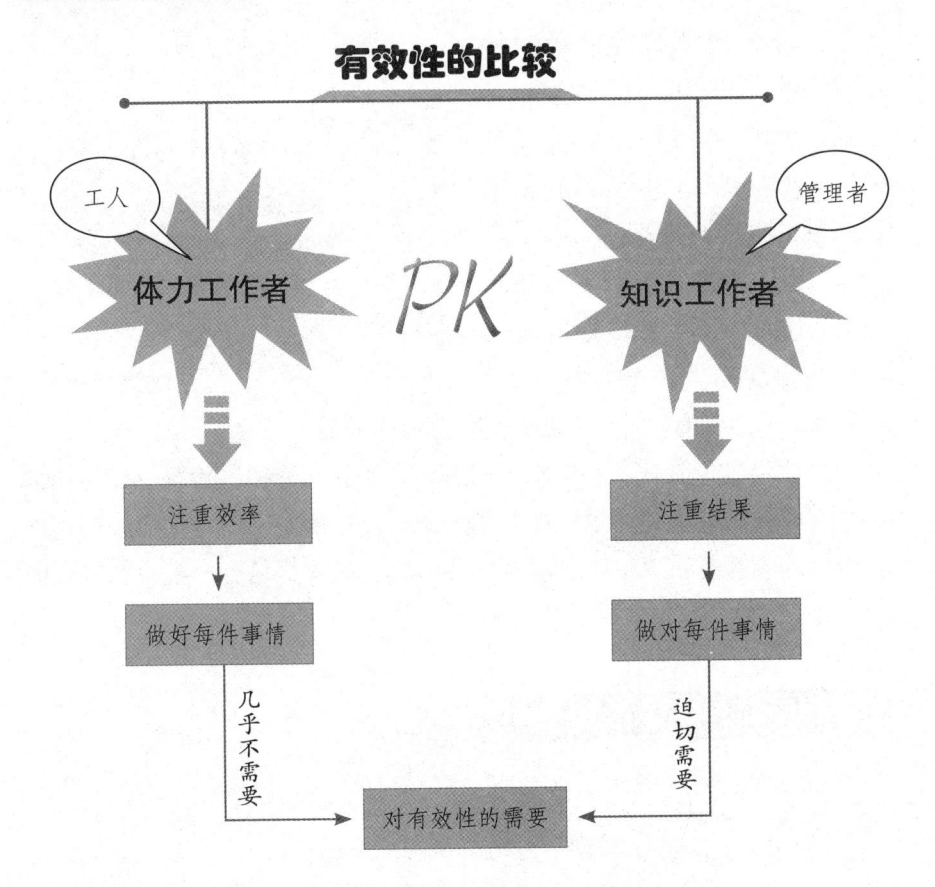

```
工人 → 体力工作者    PK    知识工作者 ← 管理者
         ↓                      ↓
       注重效率                注重结果
         ↓                      ↓
      做好每件事情            做对每件事情
         ↓                      ↓
       几乎不需要             迫切需要
              ↘            ↙
              对有效性的需要
```

了很大的改善，即可以通过测定体力工作者工作效率的方法，提高体力工作者的工作效率。

事实上，有很多知识工作者并非都在组织中为别人工作，更多的是自立门户、自行创业。他们的工作内容是否有效率，只会对他们自己造成影响。但是现在，几乎任何一个组织都是由众多的知识工作者构成的，规模颇大。这些知识工作者在组织中使用最多的就是自己的智慧、技术等能力，而并非是劳力。他们是一个组织的主干力量，力求做对每件事情，即只有他们真的对组织有所贡献，才可称得上是有效。

3 德鲁克管理思想精髓

◎ 管理者为什么要卓有成效?

在现代商业社会,我们赖以生存的产品和服务,如穿衣、吃饭、泡吧等,都是由与之相关的组织所提供的。所以,我们生活质量的改变与提高,与各个组织对产品、服务的管理质量是息息相关的。而管理的质量则完全取决于管理者,"做该做的事情""做对的事情"是让管理者变得有效的关键。

Easy-going

卓有成效的管理者是企业发展迅速的重要保证之一,而一个强大、优秀的企业必将存在卓有成效的管理者。

由此可见,管理者在组织中起着十分重要的作用。德鲁克始终相信"卓有成效的管理是可以提高人们的生活质量的"。他曾在给中国管理者的致辞中写道:"中国发展的核心问题,就是要培养一批卓有成效的管理者。"

管理者卓有成效的原因

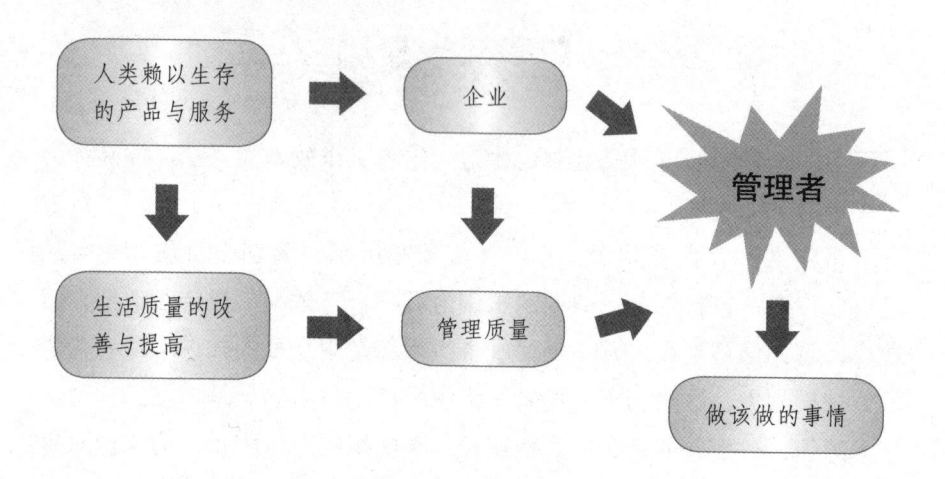

人类赖以生存的产品与服务 → 企业 → 管理者

↓ ↓ ↓

生活质量的改善与提高 → 管理质量 → 做该做的事情

第3章 德鲁克设想的完美管理者

◎ 做好该做的事情

对管理者而言，工作的有效性、对组织的贡献，这些都是他们工作的动力。如果他们在工作中缺乏有效性，那么对组织要有所贡献的热情就会日益消失，最终成为消磨时间的人。

做好该做的事情指的就是做正确的、可行的事情，但并非只是有形的事情，如生产一块肥皂、加工一个部件等，而是一些诸如重大决策、信息、创意的事情。简言之，管理者所做的事情就是不同于体力工作者所做的有效的事情。

除了具备一定的技术技能，管理者还需要在组织中扮演好人际、信息、决策这三种角色。

人际角色是在管理者处理与组织成员之间的利益关系时所扮演的角色，包括代表人角色、领导者角色和联络者角色。

信息角色是指管理者不仅是组织信息传递的核心，而且是组织信息

> **小贴士**
>
> **美国对管理者的投入**
>
> 虽然美国的管理者还有很多需要学习的地方，但是美国对管理者的投入却是其他国家望尘莫及的。
>
> 培养一位自然科学家，美国需要投入约20万美元。即使是简单地培养一位没有非常特殊技能的大学生，也需要投入5万美元以上的资金。这种庞大的教育投资，怕是只有非常富足的国家才能够承担。
>
> 所以，美国最大的优势就在于此。当然，这种优势的发挥还取决于管理者的工作是否卓有成效。

管理者应该做的事情

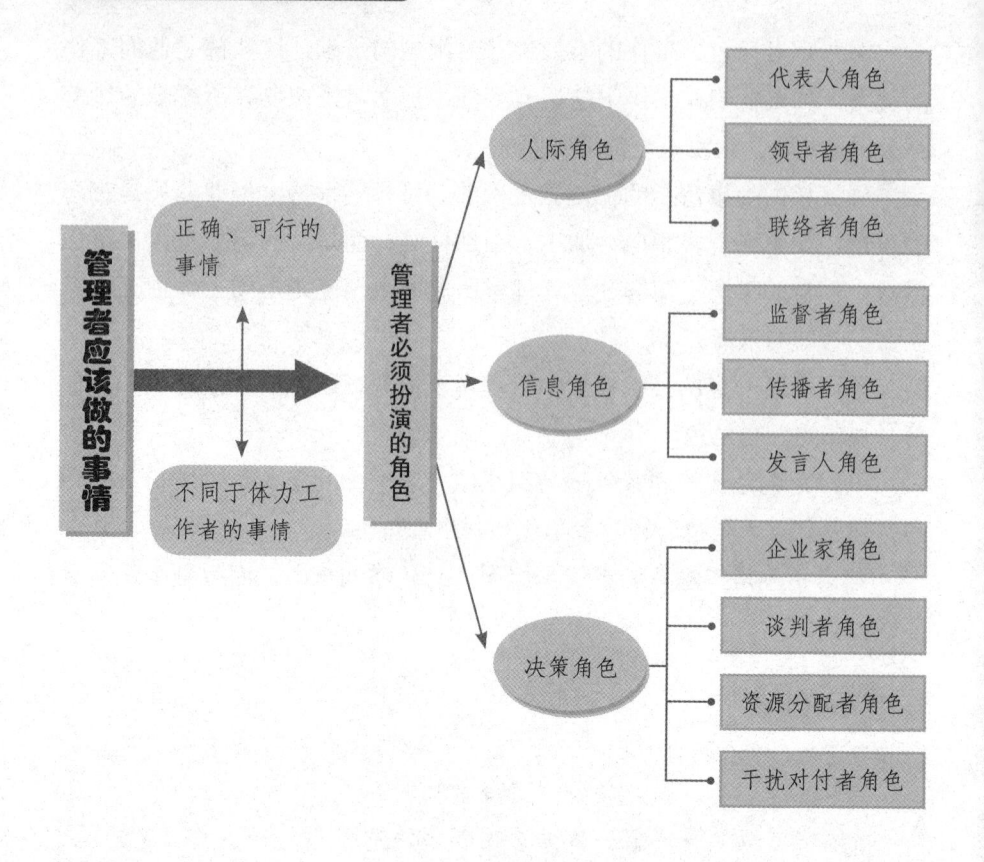

```
管理者应该做的事情
├── 正确、可行的事情
└── 不同于体力工作者的事情
        │
        ▼
管理者必须扮演的角色
├── 人际角色
│   ├── 代表人角色
│   ├── 领导者角色
│   └── 联络者角色
├── 信息角色
│   ├── 监督者角色
│   ├── 传播者角色
│   └── 发言人角色
└── 决策角色
    ├── 企业家角色
    ├── 谈判者角色
    ├── 资源分配者角色
    └── 干扰对付者角色
```

传递的主要渠道，整个组织都依赖管理者所扮演的信息角色而存在。信息角色又包括监督者角色、传播者角色和发言人角色。

决策角色是指管理者需要做出重大决策，包括企业家角色、干扰对付者角色、资源分配者角色和谈判者角色。

不可否认，在企业的发展过程中，管理者的作用是不可小觑的。作为企业的管理者，只有扮演好上述几种角色，并适时地对角色进行定位和转换，才能够使企业获得更高的利润，达到最终的目的。

第3章
德鲁克设想的完美管理者

小贴士

管理者在考虑什么？

顾涛是一家钢铁公司的销售经理，他的办公室里挂着一个大牌子，牌子上写着三个大大的"思"字。顾涛有一个习惯，就是当他在思考问题的时候，会坐在办公室里，将两只脚高高地放在办公桌上，一边抽烟一边盯着天花板某处。

一次，销售部门又新招了几位业务员，在经过顾涛办公室的时候，刚好看到顾涛正对着天花板吐烟圈的模样。其中一位新人就很不屑地嚷了句："当领导的就是闲，谁知道他是不是在考虑产品的销售问题呢？"

其实，管理者有没有在思考问题，谁都无法搞清楚。但是，管理者就是以这种方式工作的。思考就是他们的工作，很多重要的决策、伟大的贡献都是在这个思考的过程中产生的。

管理实战

"知识库"变成了"垃圾库"

北京一家高新技术企业在企业内部推行知识管理，然而这个决策并没有在公司顺利贯彻下来，甚至给企业造成了不小的负担。

这家企业老总在EMBA的学习中接触了知识管理，觉得如果在公司推行这一策略，势必会对公司有很大的帮助。于是就在公司发起知识管理的项目，并且将其交给人力资源经理全权负责。然而这个人力资源经理之前没有了解过知识管理，所以这个项目对他来说是一个陌生的开始。为了完成好任务，他开始自学，并且参加一些培训班。就这样，他凭借自己的想法制定出了知识管理的实施规划,指出共享是知识管理的核心,企业应该购买知识管理软件平台,然后要求研发工程师定期提交相关的知识成果。

知识管理软件正式投入使用以后,人力资源经理制定了一系列相关制度,要求每个研发工程师和销售人员必须每周都向上提交知识文档,并且对文档的数量也做了具体的要求。这个决策无疑给研发部和销售部带来了较大的工作压力,因此两个部门抱怨连天,根本不愿意去做。当事情反映到老总那里时,他明确表示支持人力资源经理的做法,称知识管理就是要共享,公司内部必须推行。

很快三个月过去了,人力资源经理向老总汇报工作,称知识库中的记录已经初具规模。但是研发部门的人员却表示,虽然知识库库存丰富,但是他们基本上不会去看,也就是说这个知识库没有太多的实用价值,于是知识库变成了垃圾库,最后不了了之,平白消耗了公司的资源。

这个决策之所以会得到这样一个结果,在很大程度上可以说是老总的决策失误。他接触到知识管理,想要在公司推行,但是对这件事情的认识很片面,没有全面的认知和预期,指定的人力资源经理也对这方面的操作完全不懂,于是导致公司内部对这一问题无法达成共识。

虽说这个决策没有给企业造成巨大的损失,但是不利影响却是显而易见的。由此可知,对于企业来说拥有一位有大局观的管理者十分重要。

管理者必须做出的承诺

《袁氏世范》中训诫:"有所许诺,纤毫必偿,有所期约,时刻不易,谓之信也。"所谓承诺,就是指一个人对别人所讲的充满希望或憧憬的事情,最终是能够实现的。对组织而言,承诺是管理者通过通知或其他的行为方式所做出的一种可实现的贡献。

◎ 做出承诺需注意的因素

管理者的承诺是一门艺术,需要注意以下三个方面的因素:

1. 承诺的具体程度。

管理者所做出的承诺,不能过远,也不能太过简单,缺乏挑战性。因为不管是哪一种情况,都会扼杀员工的积极性,丝毫不会起到激励的作用。

2. 承诺的时机。

一般情况下,管理者选择承诺的时间应当是员工人心安定、对工作热情积极的时候。

3. 承诺期限的长短。

如果所承诺的内容十分详细,那么所设定承诺实现的时间应该短一些,否则将会适得其反。如果所承诺的内容概括性很强,比如为下属勾勒一幅美好的蓝图,在这种情况下,承诺的期限可以适时地延长,主要目的是

Easy-going

有了承诺,管理才能够真正具有有效性。

做出承诺需注意的因素

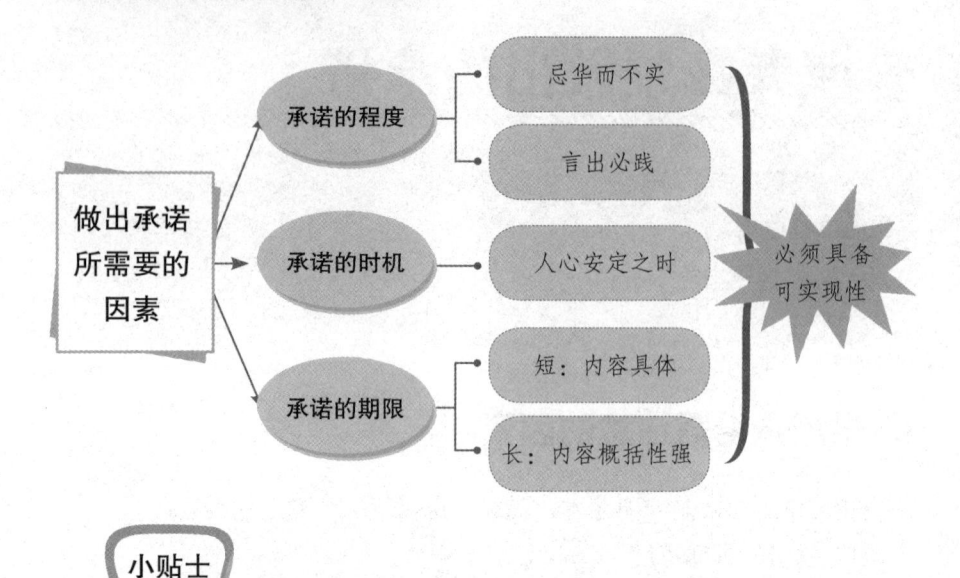

做出承诺所需要的因素:
- 承诺的程度
  - 忌华而不实
  - 言出必践
- 承诺的时机
  - 人心安定之时
- 承诺的期限
  - 短：内容具体
  - 长：内容概括性强

必须具备可实现性

小贴士

渔夫与富商的故事

有一位富商在渡河的时候，船舱漏水，不慎跌入水中。有位渔夫听到了富商的呼救，连忙划船而至。富商说："我腰缠万贯，如果你把我救上岸，我会给你纹银100两作为报酬。"等到渔夫将他救上岸，富商却死不认账，只给了渔夫5两银子。渔夫感到十分不悦，说富商出尔反尔，不守信用。但富商却说道："你不过是一个渔夫，可能一生还没有我一天挣的钱多。忽然多出5两银子来，难道你还不满足吗？"渔夫只得悻悻离去。

不曾料想，数月之后，富商又在原处翻船，碰巧闻声赶到的还是那位渔夫。渔夫见是不信守承诺的富商，立即掉头离去。于是富商被活活地淹死了。

不信守承诺的管理者，就如同是故事中的富商，一旦遭遇危机，只能坐以待毙。

第3章 德鲁克设想的完美管理者

要将下属与组织的共同利益结合在一起，提高组织的凝聚力。

总而言之，管理者在做出承诺之前，必须要保证承诺做出之后一定会实现。失信是对员工和组织最大的伤害。因此，管理者对自己的行为负责，就是对员工负责，对组织负责。

◎ 管理就是管理者的承诺

第一，承诺目标。

对于目标的结果，管理者需要做出应该如何做以及应达到什么程度的承诺。但是有很多的管理者却认为这是个简单的问题，根本就不需要大费周折地向所有人公示。抱有这种想法的管理者，其所在组织的目标必定只是一种形式，得不到员工的理解与支持，自然最后达成目标的效果也就不理想。

因此，如果想要实现目标，管理者就必须针对目标所要达到的成果做出明确的承诺，这样员工才会积极地执行目标，并努力实现目标。

第二，承诺措施。

承诺措施就是指管理者需要对目标执行过程中所采用的有效措施做出承诺，以确保目标的最终实现。这里所讲的有效措施除了能够促进目标的达成，还需要贴近员工自身的实际情况。

如果管理者不能够在目标执行过程中给予员工有效的帮助，那么其最终的目标将很难达成。

因此，为了保证最终目标的有效性，管理者所采取的执行措施必须与员工达成一致。

第三，承诺合作。

管理者与被管理者之间的合作问题，自始至终都是管理首要解决的

> Easy-going
>
> 确保目标的最终实现是至关重要的。

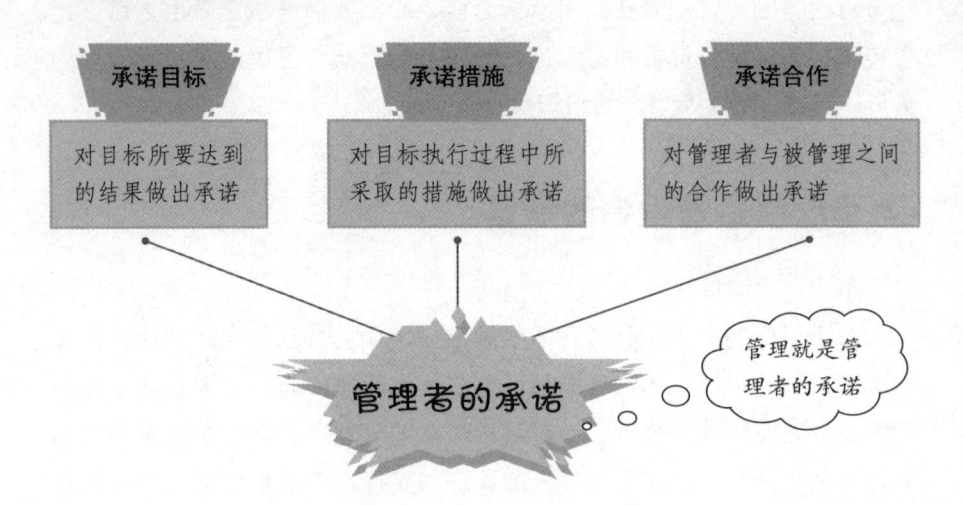

管理者的承诺

```
┌──────────────┐  ┌──────────────┐  ┌──────────────┐
│   承诺目标    │  │   承诺措施    │  │   承诺合作    │
├──────────────┤  ├──────────────┤  ├──────────────┤
│ 对目标所要达到│  │对目标执行过程中│ │对管理者与被管理│
│ 的结果做出承诺│  │所采取的措施做出│ │之间的合作做出 │
│              │  │承诺           │ │承诺          │
└──────────────┘  └──────────────┘  └──────────────┘
```

管理者的承诺

> 管理就是管理者的承诺

问题。承诺合作就是管理者对员工要做事情的分工与协调。因此，管理者需要与员工及时地沟通，保证员工愿意服从工作安排，并支持承诺的发生。

◎ 管理者信守承诺的方法

老子说过："轻诺必寡信。"信守承诺是一个人为人处世的根本，也是企业稳步向前发展所必须遵循的行为准则。那么，管理者如何信守承诺呢？其需要做到以下几点：

1. 无心去做，不如不说。

即使是高层的管理者，也不能许下自己根本不想做或者无法做到的承诺。对于不想去做的事情，要么只字不提，要么就说到做到。信口雌黄的管理者永远得不到下属的尊敬。

2. 懂得拒绝。

作为管理者，特别是中层管理者，对于下属或者是上级的意见，如

管理者信守承诺的方法

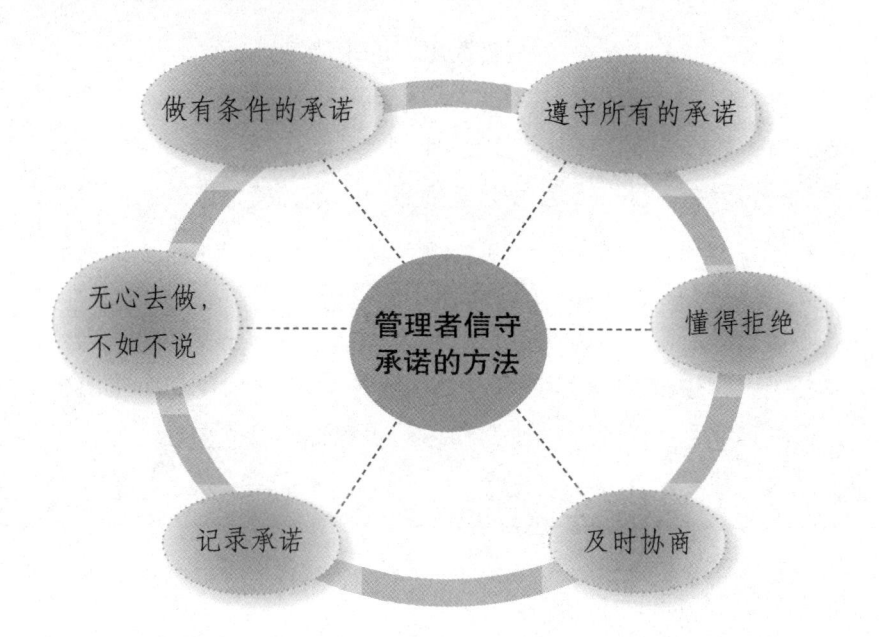

```
              做有条件的承诺      遵守所有的承诺


    无心去做,                                    懂得拒绝
    不如不说          管理者信守
                      承诺的方法


              记录承诺            及时协商
```

果不在自己的能力范围之内,要果断地拒绝,不要勉强地接受。拒绝可能会因此有暂时的损失,但是却可以赢得长久的尊重与信赖。

3. 做有条件的承诺。

当下属所提出的要求无法全部达成的时候,管理者就可以做出有条件的承诺,即对能够达成的要求进行承诺。

4. 遵守所有的承诺。

不管管理者承诺了下属什么事情,只要已经做出承诺,就必须要做到。

5. 记录承诺。

记录承诺就是将自己承诺的事情一一记录下来,时刻提醒自己,不要成为一个只会开空头支票的管理者。

> **小贴士**
>
> **"食言而肥"的来历**
>
> 春秋时期,孟武伯是鲁国的一个臣子,他最大的毛病就是喜欢夸海口,处处承诺,却从不实现。
>
> 一日,鲁国第二十六任君主鲁哀公设宴招待群臣。在宴席中,孟武伯看到自己最讨厌的郭重在与其他大臣谈笑风生,便走上前去说道:"郭大人,您怎么越来越胖了?"
>
> 鲁哀公听到了,对孟武伯的行为十分不满。未及郭重开口,鲁哀公便大声说道:"食言多也,能无肥乎!"在场大臣都听得出鲁哀公是在讽刺孟武伯平时的食言作风。孟武伯一时间面红耳赤,难堪至极。

6. 及时协商。

如果无法实现自己已经承诺的事情,就需要及时地与被承诺者进行沟通,共同寻找解决的办法。如果等到过了最终期限才进行补救,无异于亡羊补牢,为时已晚。

第3章 德鲁克设想的完美管理者

正确的管理层级关系

> 在陆战棋游戏中，其管理层的组成是：司令 > 军长 > 师长 > 旅长 > 团长 > 营长 > 连长 > 排长 > 工兵，并且每一管理层的管理者都并非只有一位。本节所讲的管理层级关系指的就是整个管理层各个级别之间的关系。

◎ 管理者的层级

在管理者的分类中，我们就已经提到可以将管理者分为三个层级，即高层管理者、中层管理者和基层管理者。为了更好地帮助大家理解管理者之间的层级关系，我们先对其做一下简单回顾。

管理者的层级

- 高层管理者：决定着组织的兴衰存亡
- 中层管理者：将高层管理者的命令转化成具体的任务下达给基层管理者
- 基层管理者：接受命令，负责对一线员工的管理

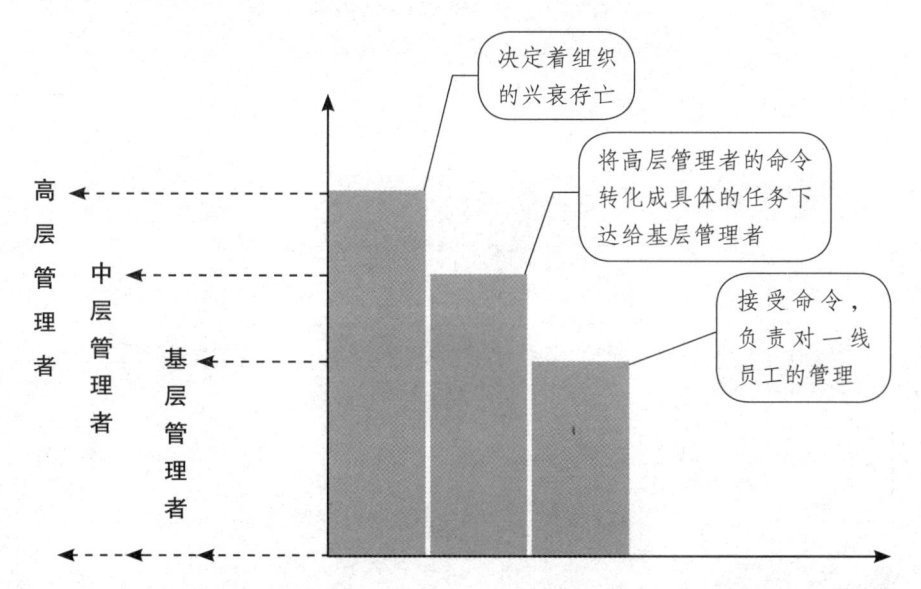

119

高层管理者：管理层的最高阶层便是高层管理者，他们一方面要负责组织内部的运作，另一方面还要对外部的竞争因素做出决策，如企业的董事长、医院的院长等。

> **Easy-going**
>
> 高级管理层是为了确保组织切实达到成效而存在的一个由高层管理者组成的团队。

中层管理者：一方面要执行上级领导的命令，另一方面还要将上级命令转化成具体的任务详细分配，下达给基层管理者，这就是中层管理者，如销售部经理、车间主任等。

高级管理层的任务

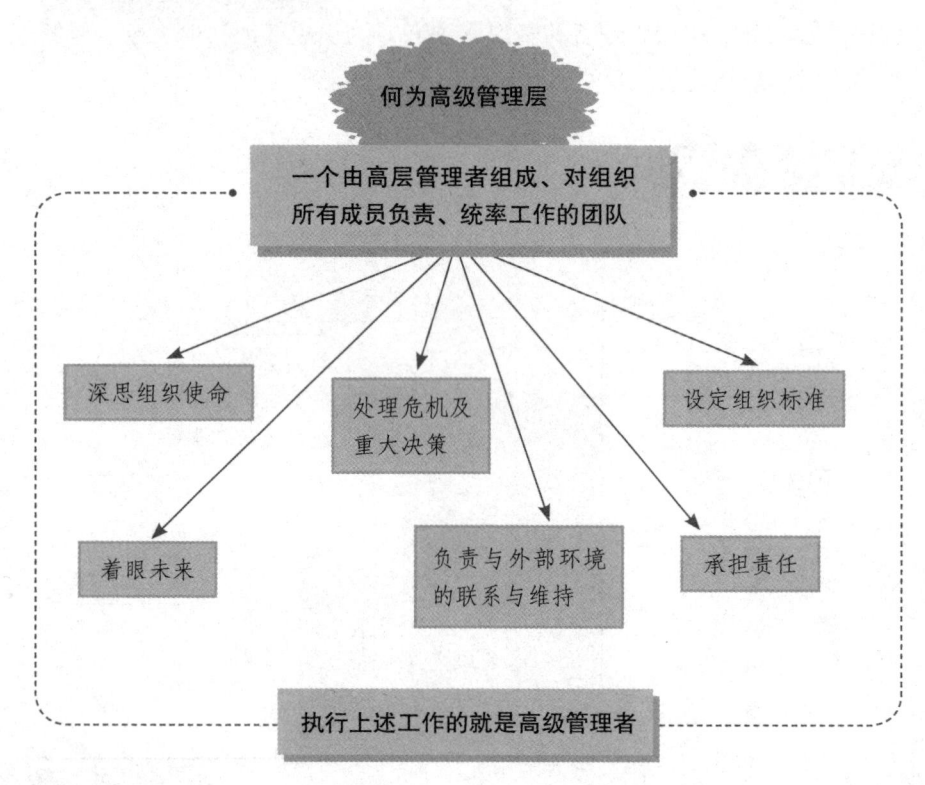

何为高级管理层

一个由高层管理者组成、对组织所有成员负责、统率工作的团队

- 深思组织使命
- 处理危机及重大决策
- 设定组织标准
- 着眼未来
- 负责与外部环境的联系与维持
- 承担责任

执行上述工作的就是高级管理者

基层管理者：基层管理者就是直接对一线员工进行管理的人，如班长、线长等。其主要工作内容就是传达上级命令、分配任务。

◎ 高级管理层

所谓高级管理层，并非指的是代表权力的领导，而是一个由高层管理者组成的团队，是对组织所有成员负责的团队，是统率

Easy-going

传统的管理层级，人人依赖组织，缺乏自主能动性。

传统的金字塔管理层

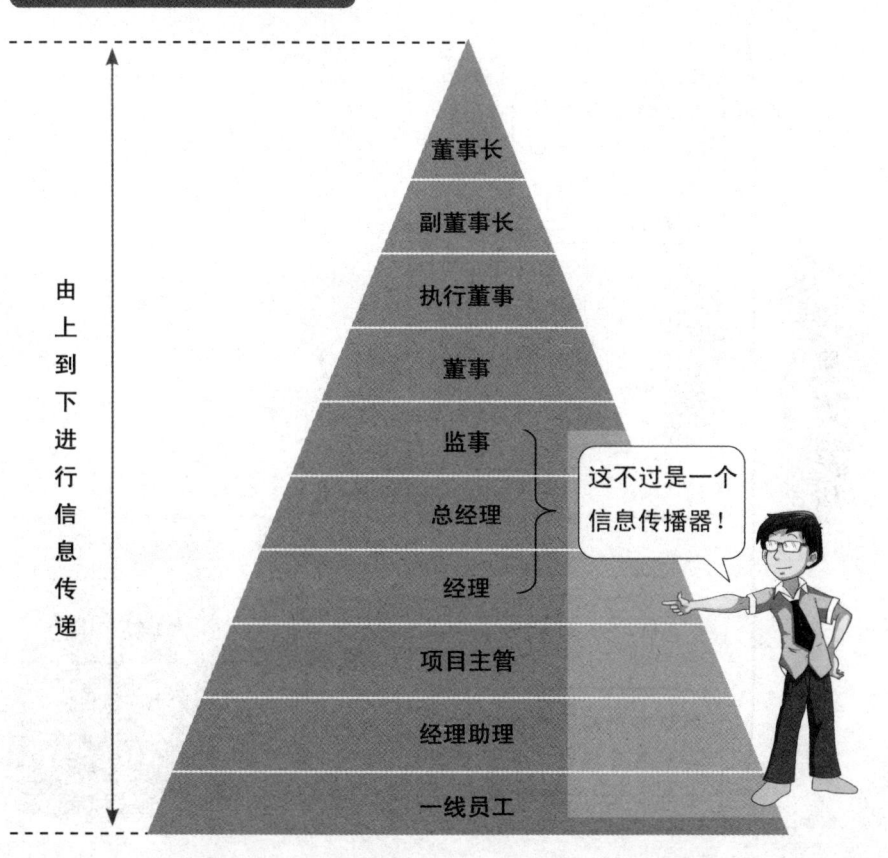

由上到下进行信息传递

- 董事长
- 副董事长
- 执行董事
- 董事
- 监事
- 总经理
- 经理
- 项目主管
- 经理助理
- 一线员工

这不过是一个信息传播器！

3 德鲁克管理思想精髓

工作的团队。

高级管理层的工作十分特殊，但又十分重要。除了要认真思考德鲁克所提出的三个经典问题，企业未来的发展趋势也是高级管理层所要负责的工作。还有，组织管理标准的制定也在高级管理层的工作范畴之内，他们

Easy-going

德鲁克提倡的中间管理层是对管理层级进行压缩，为提高企业效率而建立起来的富有弹性的新型管理模式。

德鲁克所提倡的中间管理层

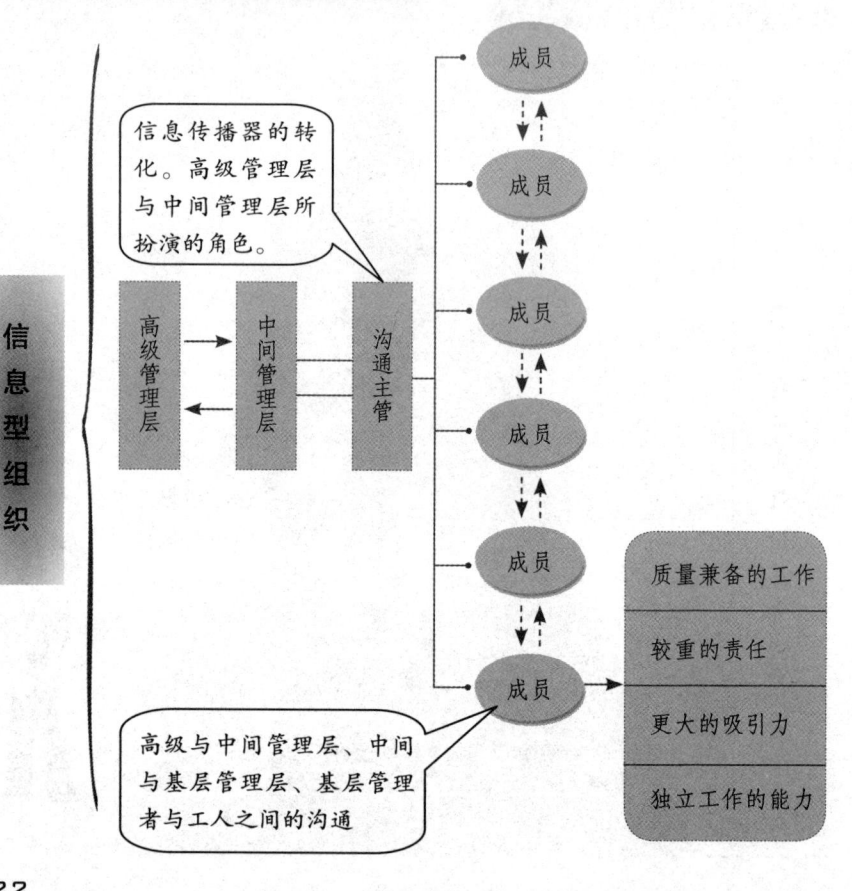

信息型组织

信息传播器的转化。高级管理层与中间管理层所扮演的角色。

高级管理层 → 中间管理层 → 沟通主管

成员 ⇅ 成员 ⇅ 成员 ⇅ 成员 ⇅ 成员 ⇅ 成员

高级与中间管理层、中间与基层管理层、基层管理者与工人之间的沟通

- 质量兼备的工作
- 较重的责任
- 更大的吸引力
- 独立工作的能力

通过管理目标的制定衡量出组织核心目标与实际活动之间存在的差距。

当然,与外部环境的联系与维持也是高级管理层独有的工作,比如对于各个组织之间或者是政府机构正式的必须参与的活动,高级管理层就需要扮演礼仪性的角色。重大决策、遭受危机等重大事件,高层管理者也必须要具备承担、处理的能力。

◎ 传统的管理层

在传统组织中,信息的传递方式都是由上级逐一向下级以命令式的方式进行的。德鲁克对这一传统的信息传递方式进行了严厉批评,他说:"中层管理者虽然被称为管理者,但是也不过是单纯地接收高层管理者的命令而已,他们如同一个信息传播器。如果是这样,倒不如通过计算机等系统来处理信息,要比人工更快速。"

确实是如此,在现在很多组织中,高层管理者往往比中层管理者拥有更多的信息资源,中层管理者远远比基层管理者知道的信息多,一线员工所得到的信息就更加有限。如果因为层级的不同,所得到的信息量也会不同,那么在组织当中,完全不存在信息共享的优势。

◎ 德鲁克提倡的中间管理层

上文所说的"信息传播器",其实是德鲁克对传统的中间管理层的看法。过去,很多组织都会采用上文中的管理结构。但是,德鲁克却提出了将中间管理层变为信息型组织的理论。德鲁克认为,传统的管理层级最主要的问题就是在信息的传递上。

德鲁克所提出的信息型组织的理论,也称为扁平化组织,它克服了传统的金字塔管理层级中的很多问题,如改为水平传递信息,组织成员之间均可平等地共享信息资源。运用这种模式的中间管理层,一方面可以促进组织内部的沟通，另一方面可以充分地利用组织资源，中间管理层可以发挥出最大的效力。

如今，已经有很多企业学习德鲁克所倡导的理论，开始进行改变。也就是说，今后管理层所扮演的角色，至少是在信息传递方面，不会再沿袭过去的模式，只是一个简单的信息传播器。

管理者的能力评析

> 管理者就好比是一位掌舵者,他的每一次决策都决定着组织的兴衰存亡。所以,管理者必须具备一定的能力。并不是声名显赫的管理者就能够管理好组织,优秀的管理者是在管理实践中产生的,不是单靠"专门学习"就可以的。

◎ 管理者的工作能力

管理者的工作能力包括以下内容:

1. 业务管理。

(1) 能够胜任本职工作,具备一定的专业知识与技术;

(2) 有足够的专业经验和分析判断能力;

(3) 对岗位所涉及的有关国家政策法规及对组织工作的要求了然于胸。

2. 组织管理。

(1) 办事公正,合理安排、使用人才,不搞裙带关系;

(2) 善于调动下属的积极性与创造性;

(3) 对工作严格管理和考核,奖罚分明;

(4) 有效指导下属工作,提高工作质量和效率。

3. 综合管理。

(1) 具有胜任本职工作的计划和协调能力;

(2) 具有胜任本职工作的书面和口头表达能力;

(3) 具有处理实际问题的判断和应变能力。

4. 工作开创。

(1) 善于发现问题,不断对自己和下属的工作进行改进;

（2）善于解决困难，打开工作新局面；

（3）善于把握工作方向，积极制定工作目标和改进措施并能提出合理化建议。

5. 团队建设，培养下级。

（1）给下级锻炼发展的机会，提高下级的能力；

（2）善于营造团队的工作氛围，提高团队的凝聚力；

（3）善于激励下级。

◎ 管理人员能力评价表

说明：下表通过将管理人员能力划分为22项，对个人能力所达到的程度分为三个不同的等级，评价者可根据自身所处管理层级与侧重点的不同，选择不同的能力项对自身所具备的能力进行综合评估。

类型	要求	个人程度	备注
分析能力	对所出现的问题或者可能出现的问题有准确的分析能力，并能够分析出与问题相关的其他因素	A.较差 B.一般 C.良好	
综合能力	将不同的能力综合在一起，分析出最大的优势，并加以论证、说明	A.较差 B.一般 C.良好	没有准确的数据
预测能力	目光长远，能够对即将发生的变化做出决策，并能够制订出详细的战略计划，做到未雨绸缪	A.较差 B.一般 C.良好	
决策能力	在信息不全、选择面窄等情况下，能够做出最终的决策，并做好承担风险的准备	A.较差 B.一般 C.良好	
规划能力	对设定的目标有详细的论证及说明，根据核心要求制订行动计划，并最终达成目标	A.较差 B.一般 C.良好	可能计划赶不上变化

第3章 德鲁克设想的完美管理者

续表

类型	要求	个人程度	备注
领导能力	能够驾驭下属、受下属尊敬及热爱。观点、方案、计划等都能够被接受、执行，并有能力对工作进行追踪	A.较差 B.一般 C.良好	
组织能力	有能力领导一个组织机构，制定目标、工作方法和相关制度，并组织实施	A.较差 B.一般 C.良好	
执行能力	有能力正确传达上级指示、核定行动计划、制定出具体的切实可行的方案的	A.较差 B.一般 C.良好	
先行活动能力	有能力明确制定工作目标，并创造实现工作目标的各种条件	A.较差 B.一般 C.良好	
授权能力	有能力将一项具体的任务授权给另一位同事或下属完成	A.较差 B.一般 C.良好	根据下属的不同情况安排工作任务
参与能力	参与到相关工作中的能力	A.较差 B.一般 C.良好	
沟通能力	倾听别人意见、阐明自己的观点、观察别人的反应、整理意见，并做好协调工作	A.较差 B.一般 C.良好	
适应能力	面对环境的变化、危机影响等因素，能够在第一时间辨别方向、抓住机会，险中求稳、稳中求胜	A.较差 B.一般 C.良好	
谈判能力	在有意见冲突的时候，能够根据自身论据有力地证明自己的观点，并对别人的意见进行分析，找到协调的方法	A.较差 B.一般 C.良好	
坚持能力	不管面对什么样的困难和障碍，都能够持之以恒，并制定长期的战略目标	A.较差 B.一般 C.良好	

续表

类型	要求	个人程度	备注
责任能力	对组织遭遇的任何困境，都具备敢于承担责任的勇气	A.较差 B.一般 C.良好	
创新能力	有能力结合实际创造出新的解决问题的办法	A.较差 B.一般 C.良好	
检验能力	对工作结果进行检验、评价，并对其最终检验结果进行公示、更正或者弥补	A.较差 B.一般 C.良好	
伦理能力	有自觉地按照正确的伦理观念，处理企业内外部各方面利益关系的能力	A.较差 B.一般 C.良好	有正确的世界观、价值观
情绪控制能力	充分了解自己及别人的情绪，并有控制自己及别人情绪的能力	A.较差 B.一般 C.良好	
激励能力	激发下属保持积极性、热情、自信的能力	A.较差 B.一般 C.良好	
学习能力	根据工作需要，及时补充知识的能力	A.较差 B.一般 C.良好	在学习过程中接受新知识的速度

有效会议与无效会议

作为管理者，可避免地要参加各种会议。虽然会议也是管理者的管理工具，但是却占据了管理者大量的时间。即使是非常善于安排时间的管理者，仍然需要花费大量的时间与精力在会议与报告上。会议如果内容管理不当，很容易成为无效的会议，不仅没有实质性的作用，还会浪费大量时间。

◎ 无效的会议

法国文豪巴尔扎克说过这样一句话："我不是在咖啡馆，就在前往咖啡馆的路上。"这句话用在管理层人员身上，就是："我不是在开会，就是在前往开会的路上。"董事会议、部门会议、绩效会议等，各种各样的会议可谓让管理层人员分身乏术。

Easy-going

不同类型的会议需要不同形式的准备工作并取得不同的结果。

然而，更让人惊叹的是，往往所处的阶层越高，所承担的责任就会越大，需要通过会议进行处理、决策的事情就越多。曾有调查显示：中层管理者一周的时间中，平均有三天都用在会议中。

针对这种现象，"管理大师"彼得·德鲁克明确指出：成为有效管理者最重要的事情之一就是不开无效的会议。德鲁克特别强调，没有成效的会议只是浪费时间而已，只有有成效的会议，才能够创造出更高的效能。

3 德鲁克管理思想精髓

◎ 会议的类型

德鲁克曾在《哈佛商业评论》上发了一篇文章,他讲到:会议必须有效果,与会者要具备高度的自律能力,会议主持者要判断出所召开的会议是什么类型的会议,不得随意更改会议的形态,还要保证与会者都能够切中会议要点。

除此之外,召开会议的目的达到之后,就应该立即宣布会议结束,不宜再提出与会议无关的问题进行讨论。但是会议之后的追踪调查工作还是要执行的。德鲁克认为,让会议具有有效性的首要条件就是决定会议的类型。

不同的会议类型

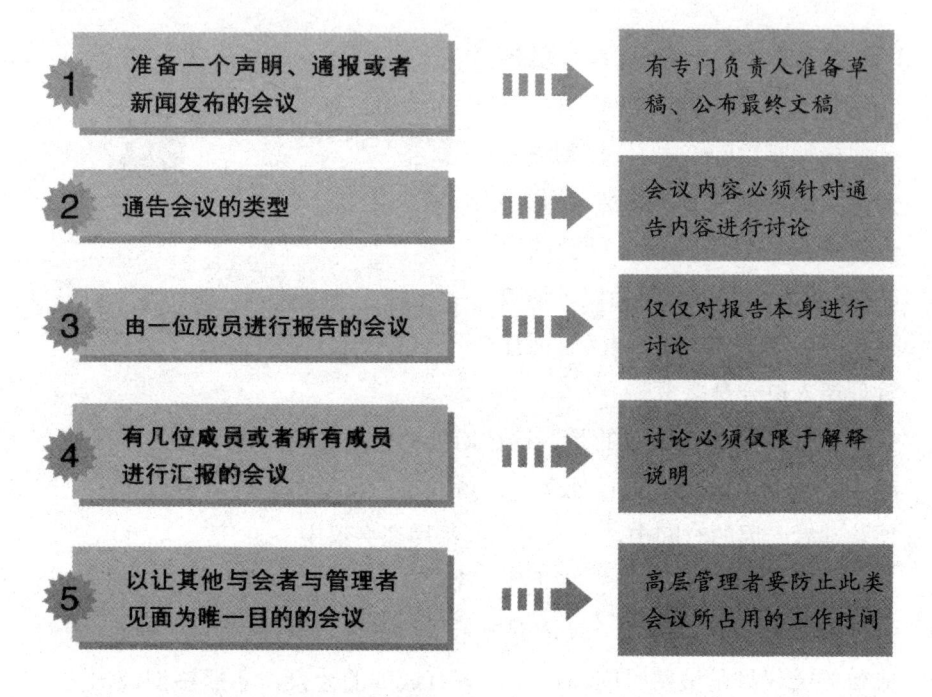

	会议类型		要求
1	准备一个声明、通报或者新闻发布的会议	➡	有专门负责人准备草稿、公布最终文稿
2	通告会议的类型	➡	会议内容必须针对通告内容进行讨论
3	由一位成员进行报告的会议	➡	仅仅对报告本身进行讨论
4	有几位成员或者所有成员进行汇报的会议	➡	讨论必须仅限于解释说明
5	以让其他与会者与管理者见面为唯一目的的会议	➡	高层管理者要防止此类会议所占用的工作时间

按照会议类型组织会议的具体要求如下:

1. 准备一个声明、通报或者新闻发布的会议。

由专门的负责人提前准备草稿。在会议结束时，预先指定人员必须负责公布最终的文稿。

2．通告会议。

比如通报一次有关组织变革的会议，会议内容必须仅限于对组织变革的通报和讨论。

3．由一位成员进行报告的会议。

仅仅对报告本身进行讨论，不涉及其他。

4．有几位成员或者所有成员进行汇报的会议。

讨论必须仅限于解释说明。在这种类型的会议上，所有报告都必须提前限定时间。

小贴士

艾佛烈·史隆的故事

德鲁克对通用汽车公司的掌舵者艾佛烈·史隆十分赞赏，称他是最具效率的企业领导人。

一周的时间内，艾佛烈·史隆大部分的时间都在开会，召开正式的委员会议需要三天时间，还有三天时间用于召开部门会议。不管是什么类型的会议，艾佛烈·史隆都会在会议开始的时间宣布召开会议的目的。在会议进行过程中，艾佛烈·史隆会认真聆听每位与会者的报告、意见等，除了详细说明一些模糊的问题、会议结束后做出总结，艾佛烈·史隆从不发言。

在通用汽车公司，所有人都知道艾佛烈·史隆在会议中从来不做任何笔记。但是，会后艾佛烈·史隆会写一份简短的备忘录，然后寄给每一位与会人员。备忘录的内容就是会议的总结，包括对同一问题再次召开会议进行研究、完成期限、负责人等。

德鲁克说："艾佛烈·史隆所写下的每一张备忘录都是杰作，这让他成为最为优秀的高效主管。"

5. 以让其他与会者与管理者见面为唯一目的的会议。

高层管理者要防止此类会议所占用的工作时间，从这个层面上来说，高层管理者才能卓有成效。

不同类型的会议，其准备工作也会有所不同。比如宣布组织要进行变革之类的重大会议，会议的重点就是宣布的内容，以此展开讨论。

如果是有关专题报告之类的会议，会议的重点就在报告的事项上，

卓有成效管理者的会议

卓有成效管理者的会议

- 为了宣布什么？
- 为了某项决策？
- 为了明确任务？

召开会议的目的是什么？

注重贡献

> 卓有成效的管理者知道他们能从会议中得到什么，也知道会议的目的是什么或应该是什么。

说明会议目的 → 控制会议内容 → 刺激与会人员发言 → 适时进行补充、澄清 → 总结评价

所讨论内容必须围绕报告的内容进行；如果是有很多人都会提出报告的会议，就不需要像其他会议一样争相讨论，即使要进行讨论，所讨论焦中仅仅是大家不清楚的事项。当然，也可以在每位与会者报告完毕之后就其报告内容进行短时间的讨论，所有与会成员都可以发表意见或者提出问题，但是必须在会议之前设定好每个人的报告时间与讨论时间。

> **Easy-going**
>
> 重视贡献，就是重视有效性。

◎ 使会议富有成效

会议是组织与群体互相交流意见的一种形式，属于常见的群体活动。召开会议的目的就是进行信息传播、思想交流、解决问题，因此会议是否有效就在于目的是否达成。

对于优秀的管理者而言，很容易从会议中获得很多东西，自然对会议的目的也了然于胸。但很多管理者都会忽略掉一条规则，就是你可以主持一场会议、聆听别人的意见、互相讨论，但是不能一边主持会议，一边侃侃而谈。总而言之，会议的最终焦点就是贡献。

对贡献的重视是组织的一项原则，能够使管理者对各项工作之间的联系有正确的判断，继而将冗杂的工作内容按照轻重缓急的方式进行处理。重视贡献，可以很好地解决管理者面对的一些基本问题。

◎ 如何解决大量的无效会议问题

1. 会议通知。

会议通知是在会议召开之前，向与会人员所发出的通知，内容包括会议涉及的问题、新的议案等，让与会者提前做出思考，以便会议召开时，与会人员已经有了自己的深思熟虑的方案。

会议中最重要的一个环节，就是将与会议目的有关的所有问题都在会议上提出来，而不是会议中保留，会议后窃窃私语。之所以在组织中会有很多矛盾，就是因为大多的问题与意见都是道听途说，而非通过会议解决，自然会造成思想不统一的后果。

因此，问题必须在会议中当场解决、部署、追踪，并做好记录。

2. 会议记录。

会议记录就是对会议内容进行完整记录，通常采用速记的方式。会议记录一般由专门人员负责，不管是什么类型的会议，会议记录者都要进行统一整理。以销售部门的会议为例，当出现互相推卸责任的事情时，如果没有专门人员进行记录，那么这种情况就会被忽略、掩盖，高层管理者就无法充分掌握问题的始末。这种类似的管理障碍会使管理者无法准确、快速地部署工作。

完整的会议记录是一种高效的管理方式，也是管理者明晰下属思想与行为的最佳途径，更是组织稳步发展的生命线。

3. 会议纪要。

由于会议类型不同，仅靠会议记录是远远不能保证会议的有效性的，而会议纪要就可以针对会议最终形成的决议进行备忘。高效的会议管理，离不开会议纪要。会议纪要是会议管理中最具备决议与追踪性的文件，是确保会议是否有效的关键，其样本如下图所示。

会议纪要是针对会议的最终事项做出的落实与追踪。比如生产部门的主管提出"新一批生产设备何时才能到位？"采购部门的主管回答说是"5月20日"，这些内容都将会被列入会议纪要中。然后，根据会议纪要展开落实跟踪工作。这些工作是在会议结束后进行的，由专门的负责人根据会议纪要的记录发给采购部主管一份追踪单，提醒他在5月20日必须让新一批生产设备成功到位。最后，由生产部门、采购部门的主管统一签字之后，送至高层管理者查阅。如果在规定的时间内，高层管理者没有看到追踪单，那么两个部门的主管将会受到相应的惩罚。

第3章 德鲁克设想的完美管理者

解决无效会议的方法

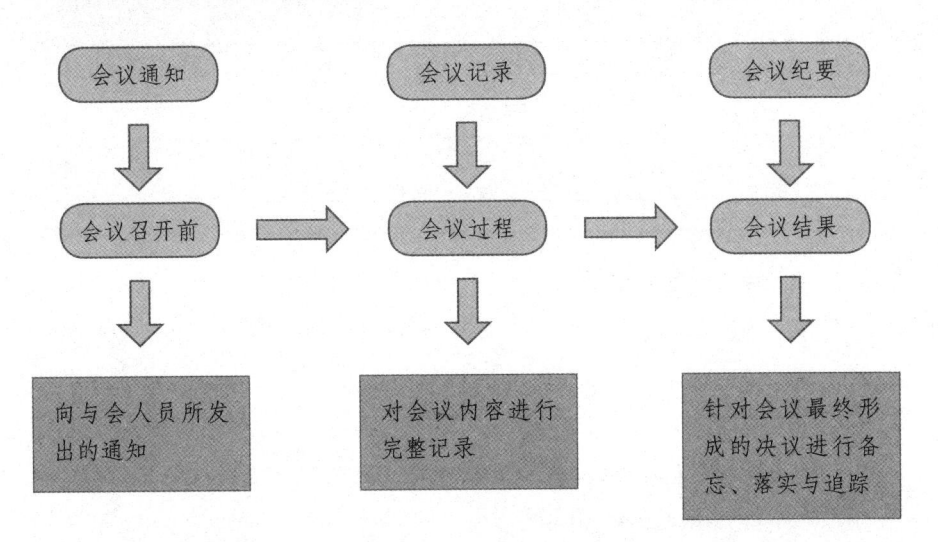

```
会议通知            会议记录            会议纪要
   ↓                  ↓                  ↓
会议召开前  →       会议过程   →        会议结果
   ↓                  ↓                  ↓
向与会人员所发     对会议内容进行     针对会议最终形
出的通知           完整记录           成的决议进行备
                                     忘、落实与追踪
```

时间：

地点：

主持人：

参加人员：

会议纪要人：

会议记录事项：

第一条：

第二条：

第三条：

会议决议事项：

第一条：

第二条：

第三条：

135

待解决问题（开列成表单）：

序号	问题	问题追踪号	责任人	完成时间
1				
2				
3				
…				

会议中其他观点：

第一条：

第二条：

第三条：

（会议纪要人据此按问题追踪号签发出《会议决议问题追踪单》，实施追踪并将完结单附在会议纪要中）

会议主持人签字：

会议主管签字：

会议纪要人/责任追踪人签字：

当今管理者需要的信息

> 概念与工具是相互依存、相互作用才存在的,一方会导致另一方的改变。现在,这样的改变就发生在企业的概念与信息的工具上。本节所讲述的内容,就是管理者为获取所需要的信息而使用的工具,以及对这些工具的基本概念进行的研究。

◎ 从成本会计到产出控制

在重新设计商业企业与信息方面,各个组织对其研究都非常深入。但是在组织的信息系统中,会计系统是最传统的信息系统。实际上,现在已经有很多企业从传统的成本会计法过渡到了作业成本法。

成本属于商品经济的范畴,是商品价值必不可少的组成部分。成本会计法就是管理者需要成本会计人员协助管理、控制企业的经营。而作业成本法是比传统的会计系统更精确的成本核算方法。作业成本法代表不同的业务流程概念以及不同的衡量方法,尤其是对于制造企业而言,更是如此。

传统的成本会计法是20世纪70年代以前,首先由通用汽车公司提出的,它认为制造活动的总成本是各项工作的成本之和。但是,影响企业竞争力和盈利能力的成本是整个流程的成本。作业成本法的基本前提是:制造一个一体化的流程。当物资、材料和零配件到达工厂的装卸平台时,这个流程就开始了,而且即使在最终用户拿到成品之后,这个流程也不会因此停下。

传统的成本会计法衡量的是工作的成本,如螺纹的切割工作;而作业成本法还包括非工作的成本,如机器故障导致生产停滞的成本、等待所需资源的成本等。传统的成本会计法是不记录非工作的成本的,

3 德鲁克管理思想精髓

但是这一成本却常常会超过工作的成本。而作业成本法不仅可以更好地控制成本，还能更好地控制成果。

管理者需要的信息之一

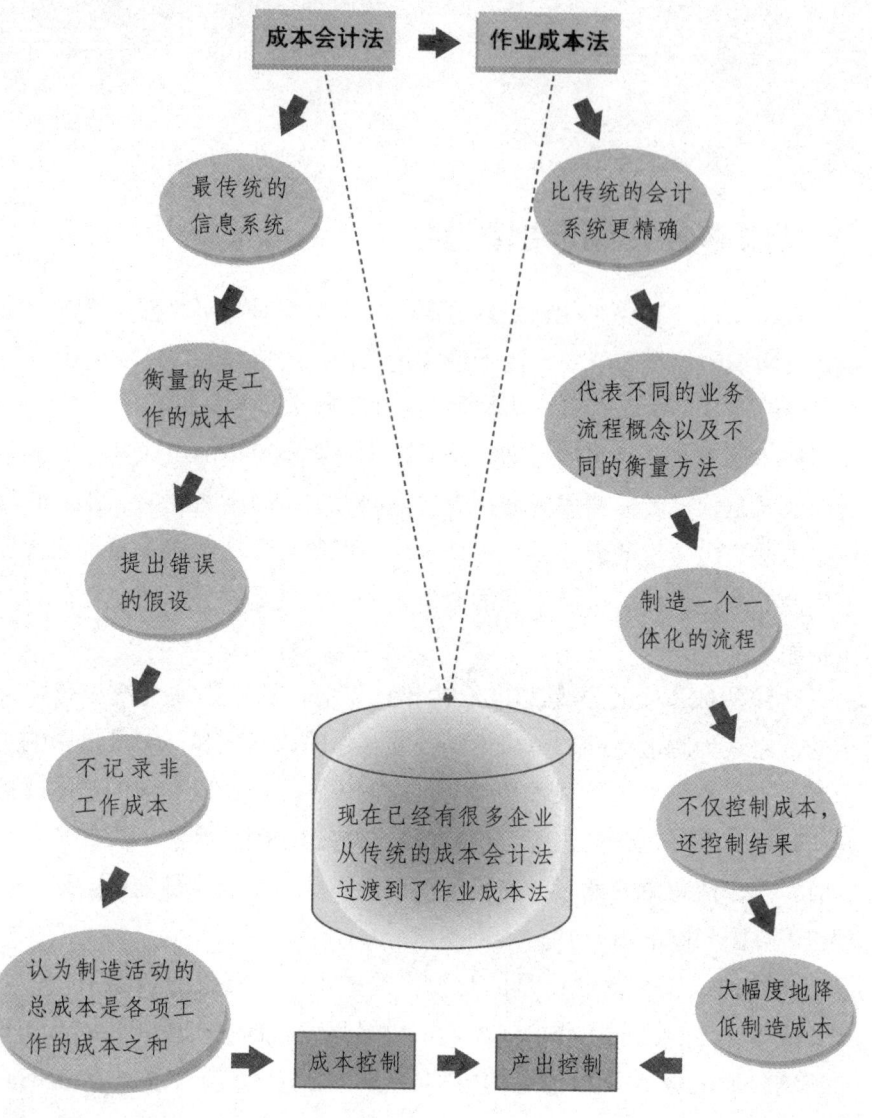

```
成本会计法  ➡  作业成本法
    ↓              ↓
最传统的        比传统的会计
信息系统        系统更精确
    ↓              ↓
衡量的是工      代表不同的业务
作的成本        流程概念以及不
                同的衡量方法
    ↓              ↓
提出错误        制造一个一
的假设          体化的流程
    ↓              ↓
不记录非        不仅控制成本，
工作成本        还控制结果
    ↓              ↓
认为制造活动的   大幅度地降
总成本是各项工   低制造成本
作的成本之和
        ↓           ↓
      成本控制 ➡ 产出控制 ⬅
```

现在已经有很多企业从传统的成本会计法过渡到了作业成本法

通过采用作业成本法，可以大幅度地降低制造成本，受影响最大的可能就是服务业了。对大多数制造公司而言，需要进行成本计算，但仅仅依靠成本会计法是不够的。然而，像银行、零售店、学校、医院、电视台等服务行业，实际上就没有成本信息，也就不需要进行成本计算。

服务公司不能像制造公司一样采用传统的成本会计法来计算各项工作的成本，这不是因为成本会计法对服务业来说是一种错误的技术，而是由于传统的成本会计法提出了错误的假设。成本会计法首先必须考虑的假设是服务业的成本只有一项，即整个系统的成本。在任何特定的时期内，这项成本都是固定的。固定成本与可变成本之间存在明显的差别，是传统成本会计法的基础，但是这种差别在服务业毫无意义。除此之外，传统的成本会计法还认为资本可以代替劳动力，这个基本假设对服务业也毫无意义。

作业成本法恰好是以"在特定时期内，所有成本都是固定不变的，而且各种资源之间没有代替性，因此必须计算整个工作的成本"这样的假设作为出发点的。将这样的假设应用到服务业之后，就能够获得成本信息并控制产出。比如零售店，当在货架上摆满产品之后，其货架上产品的成本就是固定不变的，管理工作的目的就是在特定的时间内最大限度地提高货架产品的产出。

◎ 从虚构的合法假设到经济现实

要想在竞争日益激烈的全球市场中立于不败之地，企业管理者必须对所在的整个经济链的成本进行计算、评估，并与经济链中的其他组织一起控制成本，以及最大限度地提高产出，达到获得最大效益的目的。所以，企业管理者不能只对组织内部活动的成本进行计算，还要对整个经济流程的成本进行计算。即使是最大的企业，可能也不过是经济链整个流程中的一个环节而已。

在商业历史中，频繁出现这样的案例：短短的几年时间，一个不知道从什么地方冒出来的无名小卒眨眼之间便击败了市场公认的强者。究其原因，人们会习惯性地把它归结为绝妙的策略、先进的技术、有效的市场营销措施等。但是，一个不争的事实是，在每一个案例中，新进入者总是拥有巨大的成本优势，这才是其制胜

Easy-going

到目前为止，美国、日本和欧洲的所有廉价商品零售商都采用以价格为导向的成本核算模式。

的真正原因。事实上，那些新成立的公司取得最终胜利的原因一直都是类似的，一方面它们对自身拥有的成本了如指掌，另一方面还掌握并控制着整个经济链的成本。

在这一方面，最引人注目的要属丰田汽车公司，它掌握和控制了供应商与经销商的成本。当然，这些供应商与经销商都是丰田企业联盟的成员。通过这个企业联盟构成的生产与营销网络，丰田汽车公司控制了汽车制造、销售和维修的总成本，使这些成本合并到一个成本流程中。

小贴士

可口可乐公司

对于股东、债权人、雇员和税务当局来说，公司这个法律实体是现实存在的。但是，在经济层面上，它却是虚构的。

30多年前，可口可乐公司是一家特许经营企业，独立的瓶装厂负责生产可乐产品。现在，可口可乐公司控制着美国的大部分瓶装业务。但是，喝可口可乐的人并不介意，甚至只有几个人知道这一事实。

显而易见，无论谁拥有什么，在市场上发挥重要作用的只是经济现实，也就是整个流程的成本。

哪个企业的成本最低、效益最高，丰田汽车公司就选择哪个企业。

19世纪90年代末，英国最著名的经济学阿尔弗雷德·马歇尔提出了计算整个经济链成本的重要性。从此之后，经济学家们也逐渐意识到了它的重要性。但是，大多数商业界人士仍旧认为它只是理论上的抽象概念。然而，企业却越来越需要对经济成本链进行管理。事实上，管理者不仅需要组织和管理成本链，而且要管理其他事务，特别是要管理企业策略和产品规划。无论经济链中的各家公司在法律上属于哪个国家管辖，管理者都需要让所有这些任务融入一个经济整体中。

管理者需要的信息之二

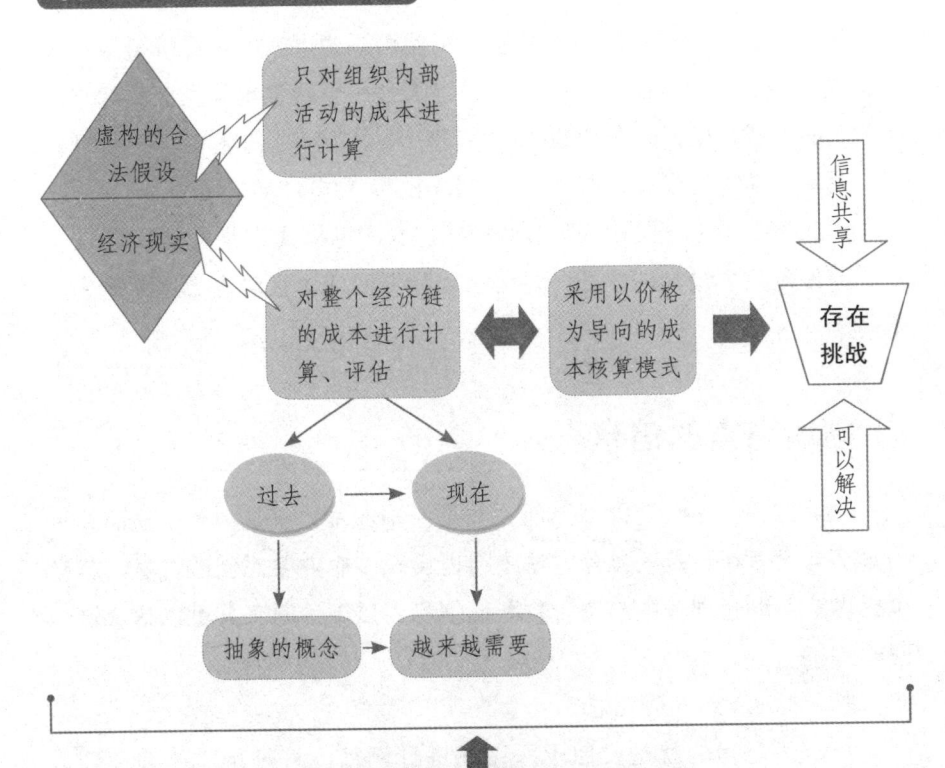

- 虚构的合法假设 / 经济现实 ← 只对组织内部活动的成本进行计算
- 对整个经济链的成本进行计算、评估 ↔ 采用以价格为导向的成本核算模式 → 存在挑战
- 信息共享 / 可以解决
- 过去 → 现在
- 抽象的概念 ／ 越来越需要

经济链成本核算模式是大势所趋

企业放弃以成本为导向的定价模式，而采用以价格为导向的成本核算模式，这个转变是促使企业开始计算经济链成本的强大动力。以前，采用这种成本核算模式的企业少之又少。现在，企业对以价格为导向的成本核算模式已经习以为常。

然而，对大多数企业而言，选择经济链成本核算的模式是非常困难的。要做到这一点，整个经济链中的所有企业都需要有相同的，至少是相容的会计核算系统。但是，在现实中，每一家企业都按自己的方式组织自己的会计系统，也都认为自己的会计系统是唯一可行的。此外，经济链成本核算模式要求各个企业信息共享，但即使是在企业内部，往往都很难达到信息共享，别说是各个企业之间了。

尽管存在着一些挑战，但是企业仍然可以想办法实施经济链成本核算模式，宝洁公司就是很好的例子。宝洁公司以沃尔玛与供应商建立密切关系的方式为模板，在300家大型零售店推广信息共享和经济链管理模式，而这些零售店在全世界分销宝洁公司的大部分产品。

无论存在什么样的障碍，经济链成本核算模式都是大势所趋，否则，即使是效率最高的企业，过去引以为傲的成本优势也会逐渐变为成本劣势。

◎ 创造财富的信息

企业的目标是创造财富，而并非是控制成本。但是，这个显而易见的事实却没有在传统的核算方法中得以反映。企业要想创造财富，就必须提供能帮助管理者做出明智判断的信息。以下诊断工具可以解决这一问题。

判断标准一：基础信息。

基础信息指的就是类似于医生在进行例行检查时所需要的基础数据，如测量体重、脉搏、血压等。如果测量的结果正常，那么将不会得到更多的信息；如果测量结果异常，就需要找到造成异常的原因，并进行处理。

判断标准二：生产率信息。

最久远的诊断性管理工具是在第二次世界大战时期出现的用于计算体力劳动者生产率的工具。现在，人们越来越多地开始采用经济增加值分析法作为诊断性管理工具。经济增加值分析法通过计算所有成本的增加值，包括资金成本，实际上经济增加值分析法计算的是生产过程中所有要素的生产率。

标杆是获取生产率信息的一种最新工具，标杆对比分析法可以使企业将自己的绩效与该行业内最佳的或者世界上最佳的企业绩效放在一起进行比较。经济增加值分析法与标杆共同组成一组计算和管理综合要素生产率的诊断工具。

判断标准三：能力信息。

企业要想有常人不能及的能力或者拥有别人难以模仿的能力，核心能力是关键。不同的组织有不同的核心能力，这取决于各个组织的特

管理者需要的信息之三

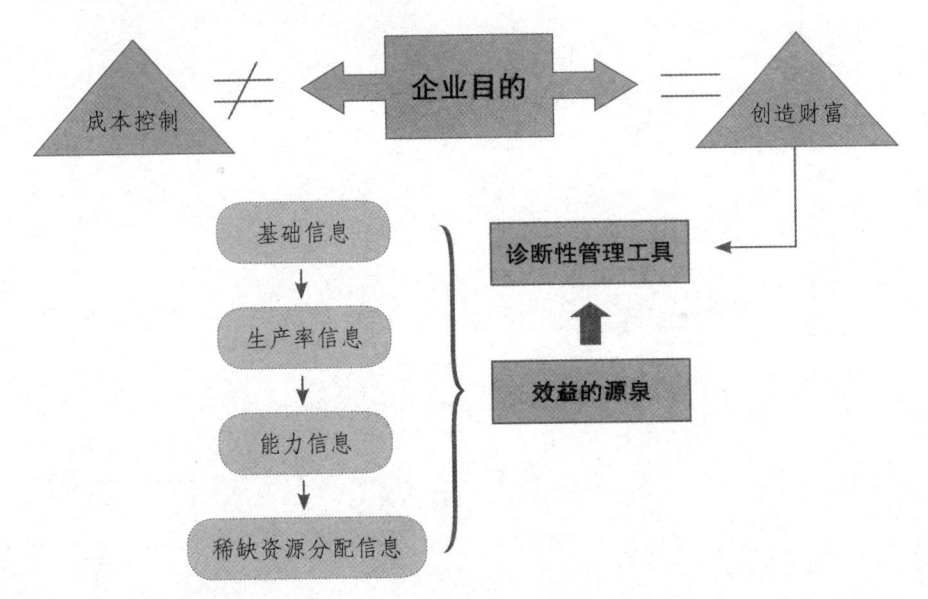

成本控制 ≠ ← 企业目的 → = 创造财富

基础信息 → 生产率信息 → 能力信息 → 稀缺资源分配信息

诊断性管理工具 ← 效益的源泉

色。但是，每个组织都需要有一个共同的核心能力——创新。

判断标准四：稀缺资源分配信息。

所谓稀缺资源分配信息，指的就是资本和利用资本的人。这两种资源把管理者管理企业过程中所拥有的所有信息都转化为具体行动，这是企业经营成败的决定性因素。

然而，资本只是组织的最关键资源，而绝不是最稀缺的资源。在任何一个组织中，最稀缺的资源当属执行任务的人。为了创造财富，管理者需要恰当地并且要谨慎地分配人力资源，对人和资本要一视同仁。

◎ 效益的源泉

上述四类信息知识让我们了解商业企业的现状。这些信息为企业提供战术上的指导。在战略上，企业需要有关自身所处环境的有效信息。在制定战略时，企业需要以各种信息为基础，包括市场、顾客以及潜在顾客、本行业和其他行业的技术等，这些信息就是效益的源泉。

在组织内部只有成本中心，那些具备利润潜力的顾客才是唯一的利润中心。

第4章
目标管理与绩效管理

我们每讲一句话都会有自己想要达到的目的,每做一件事也是如此,但是一句话、一件事想要达到什么样的效果,要有标准去衡量。所以,目标与绩效都离不开管理。

本章教你:
▶ 目标管理的功能有哪些?
▶ 如何进行自我控制?
▶ 绩效反馈需要掌握哪些技巧?
▶ 如何进行绩效评估?

目标管理的特征与功能

> 德鲁克认为：企业可以将自身想要达成的目的和任务转换成目标的形式，然后通过各部门对下属职工的要求，使企业所有员工都设定自己的目标，从而达到企业经营的总目标。
>
> 德鲁克的主张在企业界和管理学界产生了极大的影响，对最终形成和推广目标管理起了巨大的推动作用。

◎ 目标管理的特征

目标管理的主要特征有以下三个方面：

1. 以科学的目标体系为中心。
2. 实行自我控制。
3. 注重成果评价。

以科学的目标体系为中心，是一种总体的管理；实行自我控制，是一种自觉性管理；注重管理实效，是一种成果管理。

Easy-going

目标管理是参与管理的一种形式，用总目标指导分目标，用分目标保证总目标，这是一种综合计划和全面考核的管理。

随着科技的发展，越来越多的岗位需要员工在工作中投入更多的注意力，对于员工自身而言，一方面主观上应该全力以赴、全神贯注地工作；另一方面，则需要分析自己的特长，找到自己擅长的领域，专心致志，把自己擅长的事情做到最好。

德鲁克认为，如果员工愿意负责，愿意在工作岗位上发挥自己的智慧，那么这种自我控制的管理方式就可以轻易地取代企业压制性的管理

第4章 目标管理与绩效管理

目标管理的特征

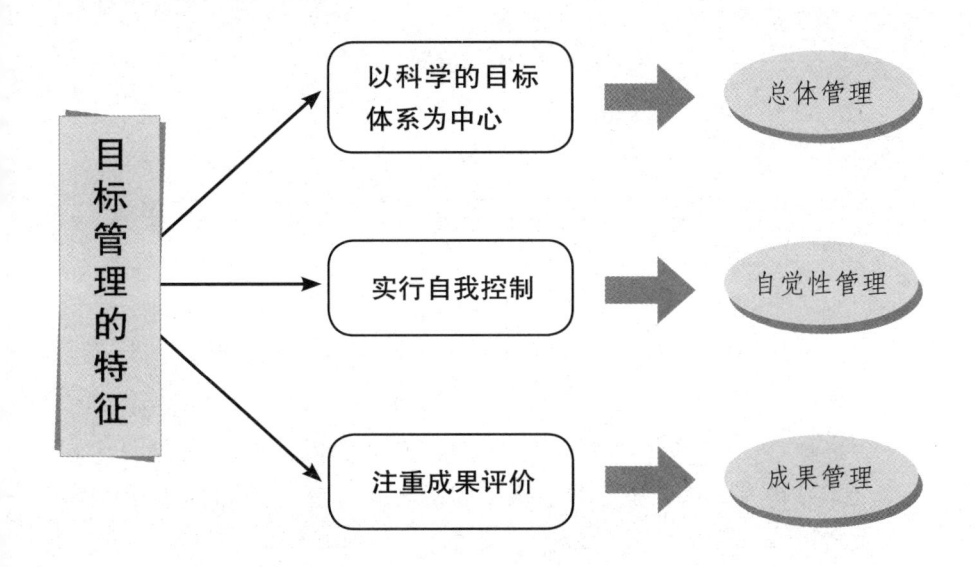

```
                    ┌──────────────┐        ┌──────────┐
              ───▶  │以科学的目标  │  ───▶  │ 总体管理 │
             │      │体系为中心    │        └──────────┘
             │      └──────────────┘
  目标        │      ┌──────────────┐        ┌────────────┐
  管理    ───┼───▶  │ 实行自我控制 │  ───▶  │ 自觉性管理 │
  的          │      └──────────────┘        └────────────┘
  特征        │      ┌──────────────┐        ┌──────────┐
              ───▶  │ 注重成果评价 │  ───▶  │ 成果管理 │
                    └──────────────┘        └──────────┘
```

模式，员工自己便能控制自己的业绩，并尽最大努力把工作做好。

◎ 目标管理的功能

现代社会，目标管理的重要性越来越受到重视。实践表明，只有一个一个的子目标顺利实现，才能保证总目标达到预期的效果。由此可见，目标实现的过程，也是优化组织、完善管理的过程。

1. 组织实施。

企业把总目标拆分成多个项目，分派给每一位员工，然后员工针对自己的工作岗位，制定一个又一个的子目标，与企业或部门的周计划、月计划、年计划相对应。

2. 衡量考核。

无论目标管理多么重视成果，也必须有衡量目标成果好坏的考核措施。因为最后的结果，是由员工的共同努力完成的，所以在对企业的贡

147

小贴士

一次面试

山姆·沃尔顿是沃尔玛公司的总裁，他曾经在公司的网站上贴出过这样一则招聘广告："本公司需要聘用一名能自我克制的男士。"

招聘广告一发出，就吸引了很多年轻男士前去求职，其中不乏名牌大学的毕业生。山姆·沃尔顿规定在面试期间，负责招聘事宜的人力资源部的工作人员必须对所有的面试者进行一次特殊的考验。

在面试期间，面试官会交给应试者一篇文章，并要求他们流利地将文章读完。有一位哈佛大学的毕业生，他得意洋洋地接过面试官手中的文章，心中很是不屑，觉得他们搞这种事情真是多此一举。

就在他开始朗读的时候，面试官放出了几只可爱的小狗。那些小狗在这个哈佛大学生的脚边蹭来蹭去，时不时地咬着他的裤腿。这位大学生经不住诱惑，不禁低头看了一眼可爱的小狗。

视线一旦离开页面，应试者就会在阅读中出现停顿。这位哈佛大学生就是这样，当他回过视线继续朗读文章的时候，由于他想掩饰自己刚才的停顿，却结结巴巴地读错了行。因此，这位自命不凡的哈佛大学毕业生遭到了淘汰。

现代企业管理有一句口号就是："将专业的事情交给专业人士去做。"就是为了让员工更加专心于自己擅长的领域。很显然，上述事例中沃尔玛公司所招聘的岗位是和目标管理实行自我控制的这一特征息息相关的。

献上，除了企业自身要对员工实行奖励措施外，员工也要对自己的工作计划、知识管理、目标推进以及沟通等方面，进行自我改进。

3. 引导作用。

2011年，清华大学的目标是要成为世界一流的大学。一年之后，不管是校内的学生，还是了解清华大学的人，都觉得清华大学就是在国际上有深远影响的大学。那些在国际上的确有影响的系部，招收国外的博士研究人员、访问学者或留学生的积极性都得到了大大的提高。清华大学在一些系部所开设的学科发展、职称评定问题、科学研究选题等方面，也都朝着国际一流的目标发展。由此可见，目标的引导作用还是很重要的。

4. 知识培养。

员工自身的成长，是企业发展的基石和阶梯。员工进行目标管理，可以完整地记录自己的工作历程，方便管理者准确掌握员工的工作状态，提前警示目标进行中可能出现的缺陷，遇到问题及时地提供内外资源等。

5. 激励和沟通。

管理的本质就是沟通，而激励则能够使员工提高工作效率。企业提出的切实可行、富有挑战性的目标，对于那些有进取精神的员工来说，

目标管理的功能

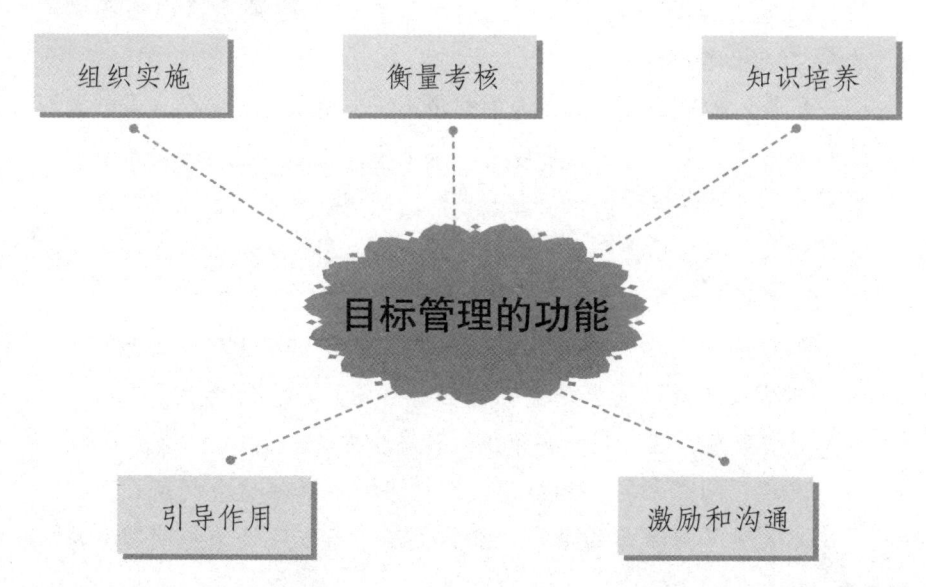

```
组织实施      衡量考核      知识培养

         目标管理的功能

   引导作用              激励和沟通
```

4 德鲁克管理思想精髓

激励作用会对他们产生巨大的推动效果。当然,员工也可以根据自己设定的目标进行自我激励,并保证及时地与企业或同事进行沟通,只有把沟通和激励贯穿于工作的全过程,才能使目标顺利地完成。例如:一所学校把自己的目标确定为成为国内最好的学校时,就对学校产生了激励;一名大学生给自己制定的目标是成为优秀的企业家时,就会对自己目前学习的管理理论与方法行为产生了激励。

管理实战

一支牙刷

加藤信三还是日本狮王牙刷株式会社的一名普通职员的时候,有一天早上他洗脸刷牙,牙齿被刷出了血,一整天他都因为牙龈的疼痛而没有食欲,自然也就没有什么工作动力。

加藤信三向同事说了自己因为刷牙出血而影响工作这件事情,其他人都是一副本该如此的表情,认为这是生活中很平常的事情,根本不值一提。

但是,加藤信三和其他人的想法不同,他认为,自己本身就是牙刷公司的员工,对于这件事情不能小视,更不能把这种事情看作平常事。自己会出现刷牙出血的事情,那么顾客是不是也会在刷牙的时候出血,并且会产生一系列连锁反应,影响食欲、健康和工作呢?这个问题不解决,肯定会影响公司的产品信誉和效益。

加藤信三从这个问题入手,发现了一个很久以来都被大家忽视的细节:牙刷刷毛都是由机器切割而成,因此顶端都呈现出一个尖锐的直角,这就是伤害牙龈的罪魁祸首。

发现了问题所在,加藤信三向技术人员反映这个问题,得到了技术人员不痛不痒的敷衍。加藤信三又不依不饶地把问题反映到了董事长那里。在董事长的支持下，加藤信三主持问题的解决工作。经过多次试验，终于找到了解决这个问题的方法，使产品受到了市场的广泛好评。

而加藤信三也因为在这次事件中的贡献，从一个小职员进入了公司的高层，并被逐步提拔，到退休之前，加藤信三已经成为狮王牙刷株式会社的董事长，而在他的领导下，狮王牙刷已经成为牙刷中最好的品牌。

在日常生活中很常见的事情，却成为加藤信三的成功契机。可见在目标管理这个平台上，系统地完成知识的存档、更新和使用，会让宝贵的无形资产发挥出更大的作用。

目标管理的 SMART 原则概述

> SMART 原则是由管理学大师彼得·德鲁克提出的。每个人都有制定目标的经历，看似很简单，如果上升到技术层面，就需要去学习并掌握 SMART 原则。

◎ SMART原则

管理学中认为目标确立应该遵循SMART原则，即目标的Specific（明确性）、Measurable（可衡量性）、Attainable（可达成性）、Relevant（相关性）和Time-based（时限性）。SMART原则是进行目标管理应遵循的基本原则和基本依据。

Easy-going

无论管理者设定的目标是长期、中期还是短期的，关键是所设定的目标必须符合实际、切实可行、能有效地带动组织发展。

S——明确原则：管理者所设定的目标必须具体表达出最终所达到的效果，而不是用一些抽象、模糊不清的词语进行表达。目标设定得越具体，工人就越能够清楚目标执行的每一个步骤，而企业也就能够朝着设定的方向稳步发展。

M——可量化原则：管理者所设定的目标必须有明确的数据，作为目标是否达成的依据。比如绩效指标是数量化或者行为化的，验证这些绩效指标的数据或者信息是可以获得的。

A——可行原则：管理者所设定的目标需是通过组织所有人员的共同努力而达成的。目标设定得过高或者过低，都是毫无意义的。

R——相关原则：员工所设定的个人目标要与自己的工作岗位相符

第4章 目标管理与绩效管理

SMART原则

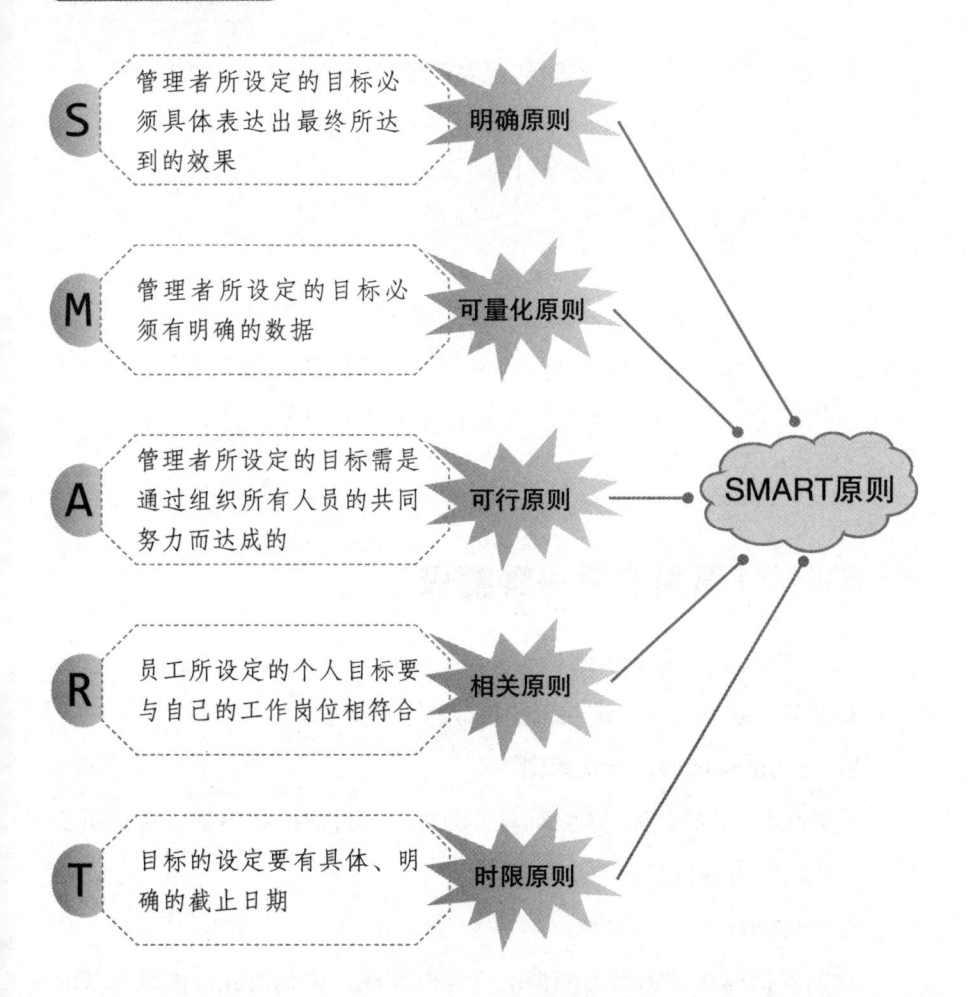

- **S** 管理者所设定的目标必须具体表达出最终所达到的效果 —— 明确原则
- **M** 管理者所设定的目标必须有明确的数据 —— 可量化原则
- **A** 管理者所设定的目标需是通过组织所有人员的共同努力而达成的 —— 可行原则
- **R** 员工所设定的个人目标要与自己的工作岗位相符合 —— 相关原则
- **T** 目标的设定要有具体、明确的截止日期 —— 时限原则

合。比如你作为一名前台接待人员，必须要会讲英语，如果你给自己设定的目标是去学习一些销售技巧，那么你就与自己所处岗位的工作职责相背离，因为前台与销售技巧这一目标的相关度很低。

T——时限原则：目标的设定要有具体、明确的截止日期。比如你要在什么时间完成什么事情，所规定的时间便是一个时间限制。

德鲁克管理思想精髓

> **小贴士**
>
> **爱丽丝漫游奇境记**
>
> "你能告诉我，我从这儿该走哪条路吗？"爱丽丝问。
>
> "那多半儿要看你想去哪里。"猫说。
>
> "我不在乎去哪儿——"爱丽丝说。
>
> "那么你走哪条路都没关系。"猫说。
>
> "只要能到这个地方就行。"爱丽丝解释。
>
> 这是电影《爱丽丝漫游奇境记》中的一段对话，当一个人找不到明确目标的时候，首先自己就不知道要干些什么，也无法得到别人的帮助。

◎ SMART原则的另一种解释

S——Specific：具体原则。

指绩效考核要切中特定的工作指标，不能笼统。

M——Measurable：互动原则。

只有进行双向沟通，才能对对方的想法、目的了如指掌。对于员工来讲，应该多表达自己的想法与观点。

A——Action：工作原则。

指绩效指标在付出努力的情况下可以实现，避免设立过高或过低的目标。

R——Reason：分析原则。

员工要对自己做好信息反馈，就是找到自己的不足之处，比如绩效未达成的原因等。不需要做自我批评，只要能及时对自己的不足进行改进就好。

T——Trust：相互信任原则。

没有信任，就没有交流。员工在同部门主管进行交流的时候，要建立在相互信任的基础之上，这样才能使沟通顺利进行，在思想上达到理解与共识。

S	明确原则		具体原则
M	可量化原则	另一种解释	互动原则
A	可行原则		工作原则
R	相关原则		分析原则
T	时限原则		相互信任原则

◎ SMART管理的意义

1．使整个组织的宗旨、方向和意义明确、清晰化，使员工更加清楚自己的目标。

2．强调结果而不是任务，这样有助于员工改进工作计划。

3．目标有助于员工把握命运，而不是只对错误做出反应。

4．改善上下级之间的关系。

5．为各个管理层评估各自的绩效提供参考。

6．鼓励维持短期利益与长期利益之间的平衡。

一般员工在制定目标的时候，通常都会走进一个误区，就是认为目标定得越高越好。好像只有目标定得高了，即使只完成了目标的80%也能超出自己的预期。殊不知，这种想法是不可行的，有这种想法的员工在思想上肯定会比较过分依赖目标，一味觉得只要目标制定了，自己付出多少都能够实现。

SMART管理的意义

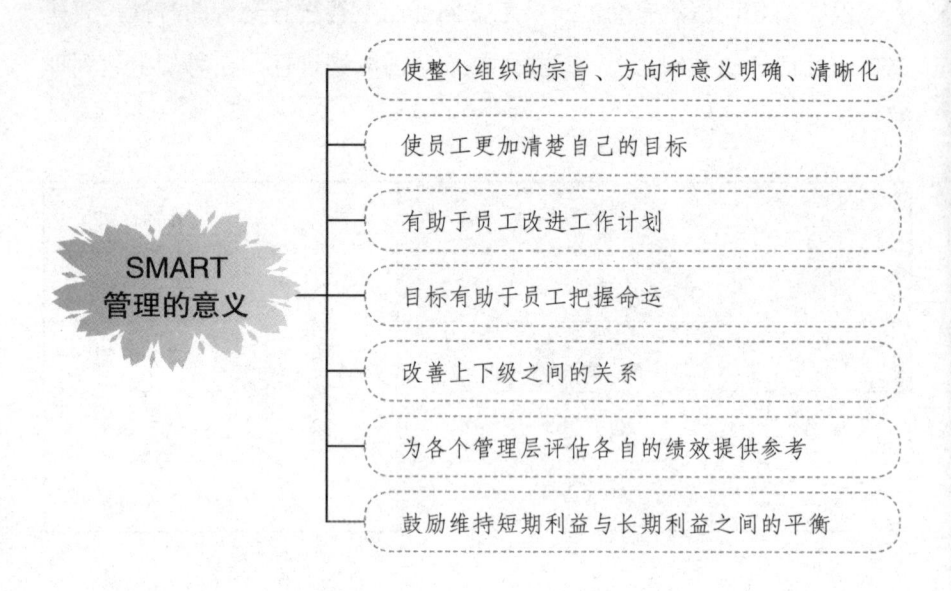

SMART管理的意义
- 使整个组织的宗旨、方向和意义明确、清晰化
- 使员工更加清楚自己的目标
- 有助于员工改进工作计划
- 目标有助于员工把握命运
- 改善上下级之间的关系
- 为各个管理层评估各自的绩效提供参考
- 鼓励维持短期利益与长期利益之间的平衡

其实,如果员工经过自身的努力之后终于达到了想要的目标,那么这个时候目标才会对员工形成一种吸引力。

管理实战

合适的目标

1952年,美国人凯蒙斯·威尔逊创建了第一家假日酒店。之后的20年中,假日酒店如雨后春笋般发展。现已经发展到千余家,遍布全美国高速公路可以通达的每个地方,声名享誉全世界,成为世界上第一家达到10亿美元规模的假日酒店集团。

随着酒店业务范围的不断扩大,凯蒙斯·威尔逊将原先的开展旅馆业务目标扩大成为新的目标——旅行业务。为了使这一目标得以顺利开展,假日酒店分别收购了一家汽车公司和一家轮船公司。然而，最后却因为能力有限与管理上的问题，1978年凯蒙斯·威尔逊被迫放弃了这些业务。

1988年，酒店集团与BASS公司签署协议。1990年，收购工作顺利完成。BASS公司为凯蒙斯·威尔逊的假日酒店集团制定了关于酒店发展的全球性品牌的战略新方针，对市场的推广事项也做了详细的调整，使假日酒店的种类及其服务种类日益扩大。

显而易见，制定目标的前提就是首先要考虑到自身所具备的资源和特长，目标太过狭隘或者过高、过远，可实现性都很渺茫。由此可见，目标切合实际最重要。

目标管理与自我控制

> 目标管理必须投入大量的精力,还需要特殊的工具辅助。在组织中,管理者并不会自动地追求相同的目标。实际上,企业有很多因素都可以对管理者造成影响,如管理者的专业程度、管理的层级结构等。因此,管理者不得不实行目标管理,而目标管理的最大好处就是能够让管理者控制自己的绩效。

◎ 管理者的目标是什么

作为管理者,必须要有明确的目标,并且要明晰目标达成的最终效果。所设定的目标中还要包括管理者期望其他组织会对自己有怎样的贡献,以帮助自己达到目标。所以,目标强调的是团队之间的合作与团队努力的成果。

管理者的目标是根据企业的整体目标确定的。曾经有一家公司的领导,每年都会给各部门主管一份材料,上面有他自己的目标,也有公司的整体目标计划,结果发挥了很大的功效。虽然由于公司规模较大,每个部门的绩效与公司的总绩效相比,就如同是沧海一粟,但是所谓"不积小流,无以成江海",把每个部门的绩效综合在一起,就会使公司的整体绩效得到大幅度提升。

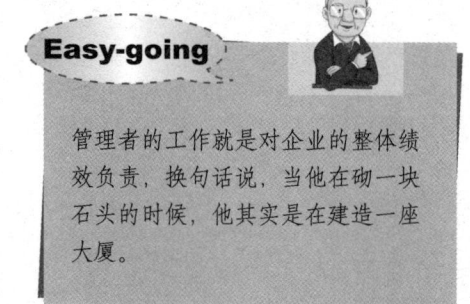

不管是哪一层级的管理者,他的目标都必须能够证明他对企业整体目标所做出的贡献。但是,并非所有的管理者都能够对任一领域有直接

Easy-going

管理者的工作就是对企业的整体绩效负责,换句话说,当他在砌一块石头的时候,他其实是在建造一座大厦。

第4章 目标管理与绩效管理

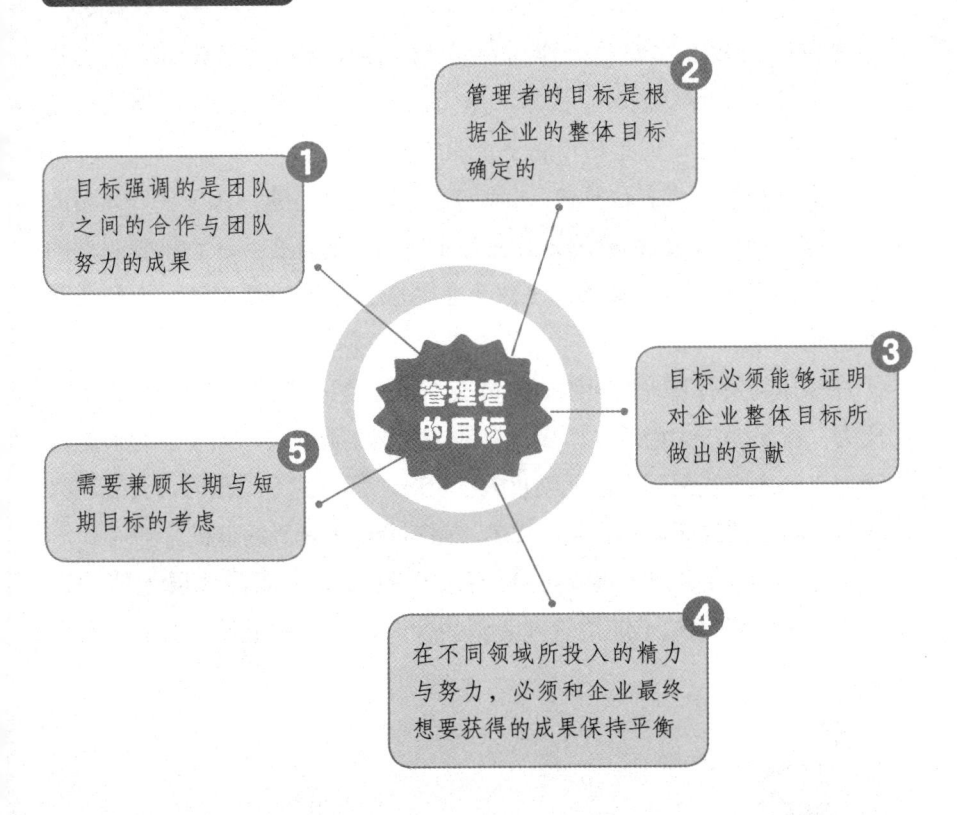

管理者的目标

管理者的目标

1. 目标强调的是团队之间的合作与团队努力的成果
2. 管理者的目标是根据企业的整体目标确定的
3. 目标必须能够证明对企业整体目标所做出的贡献
4. 在不同领域所投入的精力与努力,必须和企业最终想要获得的成果保持平衡
5. 需要兼顾长期与短期目标的考虑

的贡献。比如,生产部门的主管对提高销售量的贡献是十分有限的,如果我们并不期望任一管理者对任何领域都能够做出贡献,就该做出明确的说明。

作为管理者,需要明白自己在不同领域所投入的精力与努力,必须和企业最终想要获得的成果保持平衡,这样企业才能够发挥出效益。为了在投入的努力中获得平衡,不同领域、层次的管理者在制定目标的时候,需要兼顾长期与短期的目标。并且,所有的目标也应该包含有形的经营目标和管理者的组织与培养,以及员工绩效、态度与社会责任等无形的目标。

159

德鲁克管理思想精髓

◎ 靠压力进行管理

良好的管理方式就是：管理者要兼顾各种目标。尤其是高级管理者，对目标更要统筹兼顾。依靠"压力""危机"等经营方式所进行的管理虽然普遍存在，但是却不利于企业的发展。

没有一个管理者会这样说："我们之所以发展迅速，源于我们采用的压力管理。"但是，这种管理方式在各企业都普遍存在。压力管理强调的只是片面的工作速度与效果，不仅不是达成目标的最佳方法，而且会对管理造成误导。

在靠压力进行管理的组织中，员工不是将自己的工作搁置去应付当前的压力，就是因压力而产生消极倦怠的态度。久而久之，员工就会对这种"压力"麻木，当组织真的面临重大危机时，面对指令与压力，员工也只会认为这与以前的无病呻吟是一样的，而不会认为是真的危机。

依靠严厉的措施、苛刻的制度进行的管理，是管理层无能的象征。更说明组织不知道期待管理者做些什么，也不知道如何对管理者做出引导。

小贴士

一位员工的申诉

我们用了一个月的时间削减库存；然后，我们用一个月的时间削减成本；接着，我们用一个月的时间建立人际关系；最后我们只有一个月的时间提高对顾客的服务质量。然后，我们又重复着削减库存、削减成本……

我们根本没有时间去做我们自己的工作。管理者所思考的、讨论的、要求的都是库存与顾客的投诉问题，他们根本不知道我们是怎样完成其他工作的。

◎ 通过测评进行自我控制

目标管理的最大好处就是能够让管理者控制自己的绩效。自我控制，就意味着更强烈的工作动机。最好的表现并非是达到一定的标准，所以就会制定更高的目标。如果要通过自我控制对企业进行管理，就先要推行目标管理。

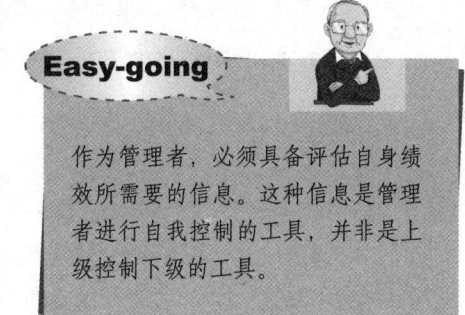

Easy-going

作为管理者，必须具备评估自身绩效所需要的信息。这种信息是管理者进行自我控制的工具，并非是上级控制下级的工具。

为了控制绩效，管理者除了明确自己的目标，还需要针对自己的目标，对绩效与成果进行衡量。任何组织都需要向管理者提供统一的相关领域的绩效评估方式，不一定十分严谨、精确，但一定要清晰、合理，

管理者如何进行自我控制

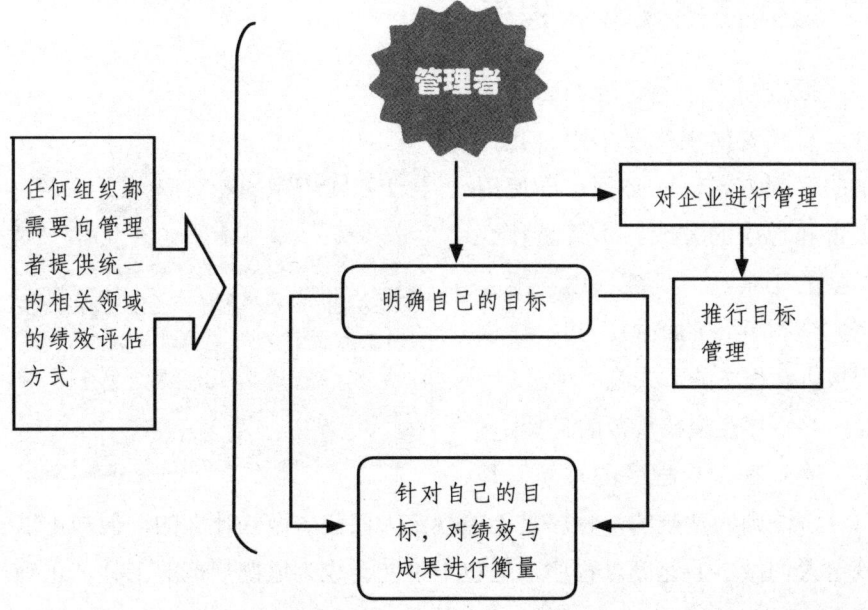

```
                         管理者
                           │
         ┌─────────────────┼──────────────────┐
         ↓                                    ↓
任何组织都需要           明确自己的目标 ──→  对企业进行管理
向管理者提供统一              ↑                 │
的相关领域的                  │                 ↓
绩效评估方式                  │              推行目标管理
                              │
                      针对自己的目标，
                      对绩效与成果进行衡量
```

161

关键是必须要与目标有关,并能够引导员工朝正确的方向努力。同时,还需要衡量出最终的误差范围。

以目标管理与自我控制为手段,能够达到比其他公司更高的绩效目标,但是每位管理者都需要为这种绩效成果承担所有的责任。

小贴士

通用公司的巡回稽查员

在通用公司,每一年巡回稽查员都会对各个阶层的管理情况进行一次详细的研究。最终的研究结果,直接呈递给该阶层的管理者。只要与通用公司任一阶层的管理者偶然接触,就能够感受到他们身上散发出的自信与责任。简言之,也就是这种加强自我控制的放大,直接影响了通用公司的工作氛围。

◎ 正确使用报告和程序

报告和程序是管理的必要工具,管理者如果想要采用自我控制的管理方式,就必须正确使用报告和程序的方式。不管是什么类型的工具,一旦被误用,就会产生适得其反的效果。其中,误用报告和程序的方式有三种。

Easy-going

企业应该采用达到关键领域的绩效所必需的报告和程序。企图控制每件事情,就等于控制不了任何事情。而试图对不相干的事情进行控制,就会误导方向。

1.程序是道德规范的工具。

企业在制定程序的时候,是以经济法则为基础的,程序是不能规定人们应该做些什么的,但却可以规定人们做事的速度。程序永远也不可能会成为道德规范的工具,正确的行为也不会依据程序而建立。

2. 程序可以取代判断。

判断是检验程序是否良好的有效方法，但是绝对不会被取代。事实上，只有经过判断、检验之后，程序才会派得上用场。也就是说，不需要判断的地方，程序才能够发挥效用。

3. 报告与程序是上级控制下级的工具。

这是最普遍的误用方式，尤其是高层管理者所得到的报告，就是用这种误用的方式得出的。比如部门主管每天都需要填很多表格，提供连自己都不需要的信息，但是却没有办法专心做自己的事情。公司为了达到控制的目的，让他做各种各样的事情，尽管心存抱怨，却依然满足公司的要求，而不是专注做自己的事情。最后，连他的上司都被这样的程序误导。

几乎所有的企业，都会存在这样的现象，错误地将报告与程序当作上级控制下级的工具，所产生的后果就是一连串的误导，不仅不是管理工具，而且成为不良的控制手段。正确的做法是企业应该将报告和程序

误用报告和程序的方式

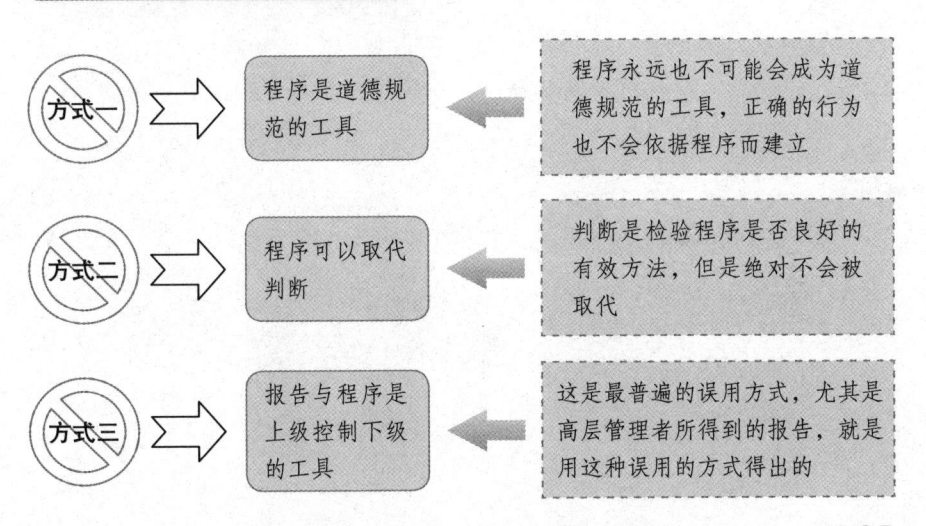

方式一	程序是道德规范的工具	程序永远也不可能会成为道德规范的工具，正确的行为也不会依据程序而建立
方式二	程序可以取代判断	判断是检验程序是否良好的有效方法，但是绝对不会被取代
方式三	报告与程序是上级控制下级的工具	这是最普遍的误用方式，尤其是高层管理者所得到的报告，就是用这种误用的方式得出的

4 德鲁克管理思想精髓

保持在最低限度，让它们节省时间和人力，只有这样，它们才能够成为工具，但是在运用的时候，也需要尽可能地简化。

管理实战

"吃"利润的程序

一位中国商人在国外为自己的公司买了一家小型工厂。这家工厂每年都会创造出25万美元的利润，商人也是以工厂这样的获利状况为基准购买的。

查看工厂的时候，商人问工厂的厂长："你们是如何决定价格的？"厂长回答说："很简单，我们每1000个单位要比你们便宜0.1美元。"商人又问道："你们对成本是如何控制的？"厂长说："我们十分清楚投资了多少财力在原料与工人上，也知道该用多大的产量赚回投入的资金。"商人最后问道："那么，你们是如何控制费用的呢？""我们从来没有考虑过这个问题。"厂长回答道。

商人听了之后，心想只要引进自己的制度，对工厂进行全面控制，就一定会为工厂节省不少资金。然而，一年之后，工厂的利润急剧下滑。虽然商人采用的是原来的价格，且销售量也没有发生变化，但是商人所采用的复杂程序却吃掉了工厂每年利润的一半。

管理者的梯队建设

优秀的管理人才是目前中国最稀缺的人力资源，由于商业经济的加速运转，越来越多的企业缺乏在某一领域的成功实践，也无法及时地构建一套可行的管理层培养机制。所以，管理者的梯队建设成为企业最重要的项目。

◎ 管理者必须思考的三件事情

第一件事情：让别人完成自己的目标。

管理者必须依靠团队的力量，才能够确保目标的顺利达成。作为管理者，需要带领组织所有成员展开工作，并对其工作情况进行及时监督，这是领导力的重要部分。因为企业要想达到某项目标，不是靠管理者单打独斗就可以完成的，而是需要依靠团队的整体力量。

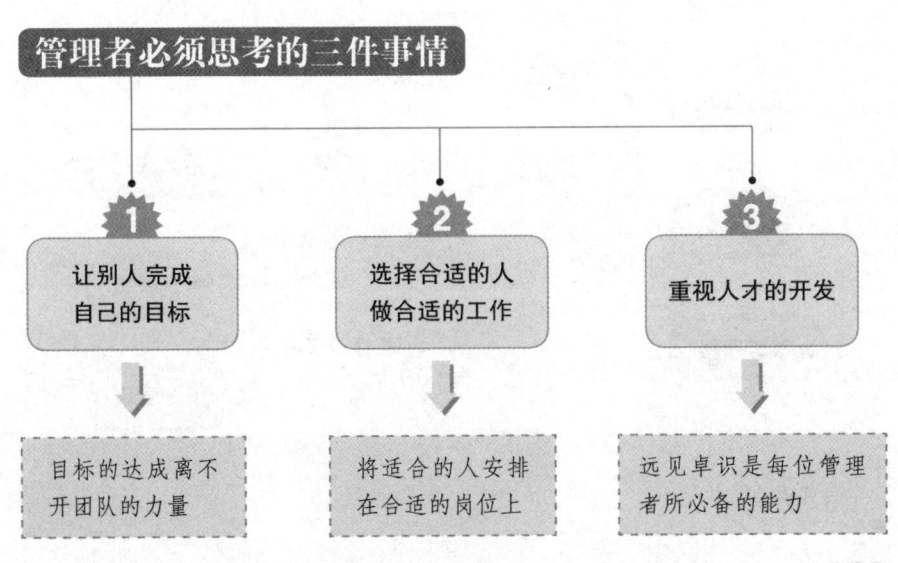

管理者必须思考的三件事情

1 让别人完成自己的目标	2 选择合适的人做合适的工作	3 重视人才的开发
目标的达成离不开团队的力量	将适合的人安排在合适的岗位上	远见卓识是每位管理者所必备的能力

4 德鲁克管理思想精髓

第二件事情：选择合适的人做合适的工作。

对管理者而言，如果没有识人的能力，将不合适的人安排在不合适的位置上，那么组织在运作过程中就会出现很多麻烦。

第三件事情：重视人才的开发。

远见卓识是每位管理者所必备的能力，因此管理者在带领团队工作的时候，对工作的结果要尤为重视。比如苹果公司，所有人都知道它非常有远见与想象力，而且它也在不断地为顾客提供更完美的产品。而人才的开发则是每位管理者都必须具备的远见卓识。

◎ 管理者的梯队建设

管理者在思考完上述三件事情之后，就需要着手梯队建设了。简单来说，管理者的梯队建设就是由下级到上级的逐步发展。在一家企业内部，其CEO下面会有好几个管理层级，现在我们假设是A1、A2、A3三个

管理者的梯队层级

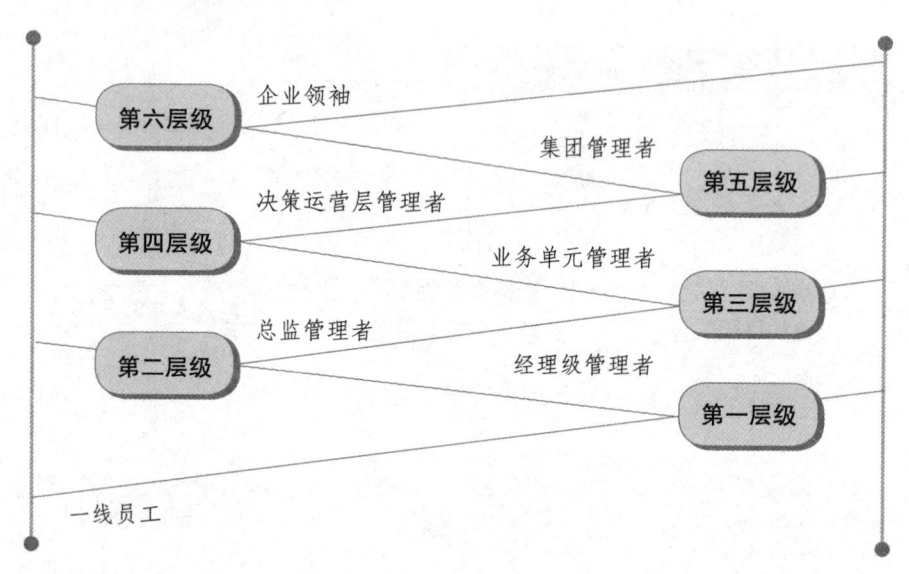

- 第六层级 —— 企业领袖
- 第五层级 —— 集团管理者
- 第四层级 —— 决策运营层管理者
- 第三层级 —— 业务单元管理者
- 第二层级 —— 总监管理者
- 第一层级 —— 经理级管理者
- 一线员工

层级。

在A1层级下面就是一线员工，然后从中选出一位领导者；在A2层，也会衍生出不同的管理者；超过了三个层级，就是CEO了。有一些企业在三个层级之后便是CEO，也有一些企业是在更多的层级之后，但不管有多少层级，都在CEO的管理之下。

> **Easy-going**
>
> 在组织当下的管理者梯队流程上实施变革，或者建议进行变革，以应对经济社会的快速变化而带来的挑战。

这就是管理梯队的形成，对于一线员工的关注也是十分重要的，因为他们是未来管理者梯队建设的基础。

不管是什么样的企业，都离不开团队的共同协作。因此，在企业管理中，首要任务就是让员工的能力得到充分发展。管理梯队就是由发现、培养普通员工到管理人员，再逐步培养其成为一线经理、总监等核心管理岗位接班人。只是员工能力与岗位的匹配，这个问题就比较难以解决。有很多企业耗费大量的资源进行领导力开发，却因没有合理的开发架构等导致问题频繁出现。这就需要管理者在领导技能、时间管理等各个方面有新的转变。

管理实战

企业管理者队伍的断层现象

L公司创建10年来，一直以服务类、知识型企业的模式存在。随着业务的不断发展，L公司的管理梯队出现了断层现象，很多管理者因为某些原因而相继离开。L公司的总裁一面寻觅合适的管理者，一面又迫切希望自己的职员能够快速地成长。虽然L公司投入了大量的时间与精力安排人员培训、亲身实践，但是收效一直不理想。

实质上，这种管理者队伍出现断层的现象比比皆是，可以毫不夸张地说，任何企业都会遇到这个问题。究其原因，主要是需要进行两方面的突破：第一，突破公司"一把手"的障碍，即公司最高层管理者的障碍；第二，突破传统的经验管理转型到科学管理的障碍。只要能够突破这两个方面的障碍，就能够避免管理者队伍断层现象的发生。

绩效反馈中的技巧

绩效管理过程中的重要环节之一就是绩效反馈。绩效反馈就是考核人员（管理者）与被考核者（员工）之间的沟通，在肯定被考核者的成绩之后，对其存在的不足之处进行提示，并找到改进措施的过程。要想使绩效反馈得到良好的效果，就需要掌握绩效反馈中的技巧。

◎ 绩效反馈的目的

1. 考核者与被考核者达成双方一致的看法。

对于同一件事情，由于立场的不同，每个人都会有不同的看法。管理者对员工的工作表现也是如此，针对员工的绩效，员工可能会有不同于管理者的看法，所以，对被考核者的表现，考核者必须与被考核者达成一致的看法，才能够进行下一步的计划。

2. 让员工看到自己的优点与缺点。

每个人都有自己独特的优点，当优点得到充分发挥之后，就需要得到别人的肯定。因此，绩效反馈很重要的一个目的就是让员工认识到自己的优势或劣势，从而达到激励的目的。

3. 指出员工需要改进的地方。

不管员工的工作绩效是否优秀，都存在需要继续改进的地方，这个问题需要在绩效反馈中提出来。员工需要被认可，但是

Easy-going

绩效反馈是绩效评估工作的最后一环，也是最关键的一环，能否达到绩效评估的预期目的，取决于绩效反馈的实施。

4 德鲁克管理思想精髓

绩效反馈的目的

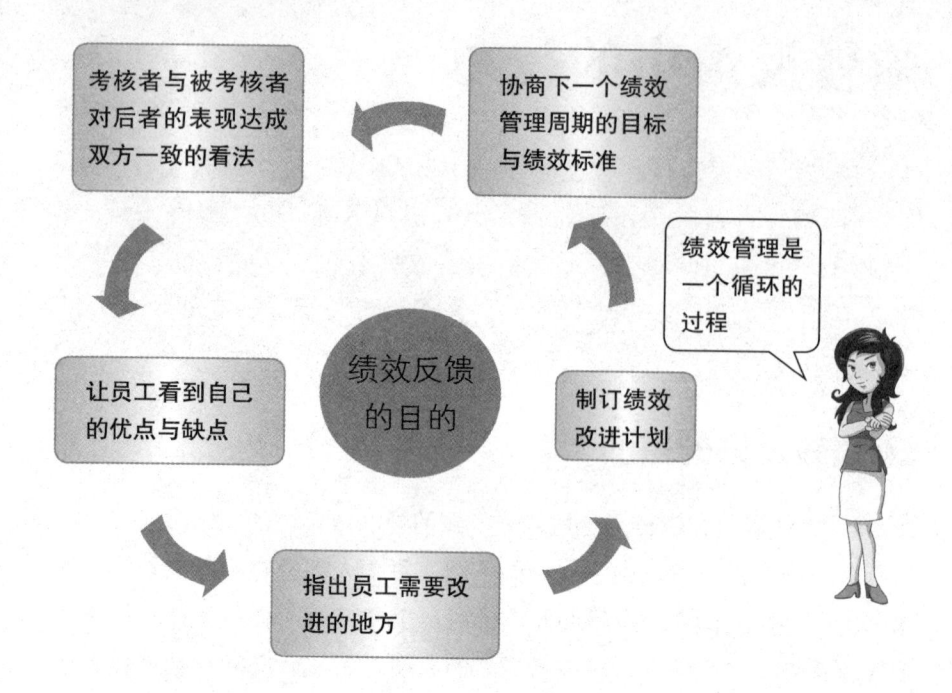

- 考核者与被考核者对后者的表现达成双方一致的看法
- 协商下一个绩效管理周期的目标与绩效标准
- 绩效管理是一个循环的过程
- 让员工看到自己的优点与缺点
- 绩效反馈的目的
- 制订绩效改进计划
- 指出员工需要改进的地方

也需要不断地进步。

4. 制订绩效改进计划。

在考核者与被考核者对绩效反馈结果达成一致的看法之后，双方可以一同制订出绩效改进的计划。员工可以提出自己的建议以及需要的资源支持，管理者则可以根据员工的想法提供自己的建议。

5. 协商下一个绩效管理周期的目标与绩效标准。

绩效管理是一个循环的过程。一个绩效管理周期的结束，也就意味着下一个绩效管理周期的开始。由于刚好谈论完绩效的改进方法，因此就可以参照绩效反馈的结果及改进措施确定下一个绩效管理周期的目标与绩效标准，这样既能保证员工的绩效得到改进，又能确保绩效管理活动的连贯进行。

◎ 绩效反馈中的倾听技巧

既然绩效反馈是一个双向沟通的过程，那么管理者在与员工尽心沟通的时候，就需要放下身段，而不要将一次沟通变成一次训话。因为管理者大部分信息的来源都出自员工，所以在绩效反馈过程中，管理者需要给予员工更多的发言机会，鼓励他们表达自己的观点，这就是绩效反馈中的倾听技巧。

然而，在现实生活中，不可避免地会对别人讲的话产生错误的理解，甚至因此而产生矛盾。所以，管理者需要避免倾听中的误差。下面列举了比较常见的几种错误。

1. 机械重复。

机械重复就是将一句话或者一件事情、一个观点进行重复。比如，员工对管理者说自己要干的事情太多而无从下手这件事情，管理者也将

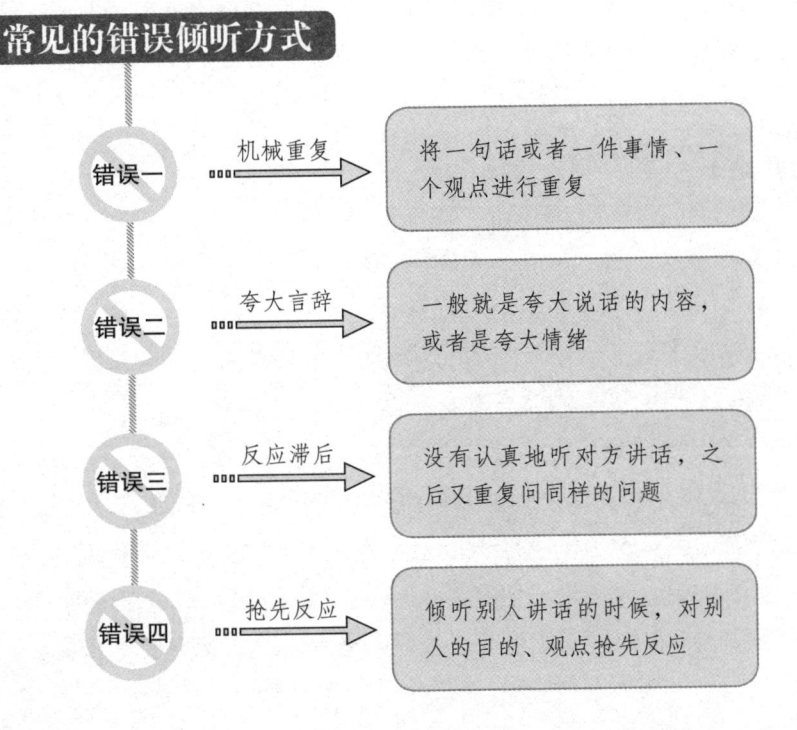

常见的错误倾听方式

错误一	机械重复	将一句话或者一件事情、一个观点进行重复
错误二	夸大言辞	一般就是夸大说话的内容，或者是夸大情绪
错误三	反应滞后	没有认真地听对方讲话，之后又重复问同样的问题
错误四	抢先反应	倾听别人讲话的时候，对别人的目的、观点抢先反应

这件事情重复说给员工,这种行为不能表明是一种积极有效的倾听,可能给员工的感觉就是:你根本就不理解我的意思,只不过像鹦鹉学舌一样重复自己都不理解的话。

2. 夸大言辞。

夸大言辞也是倾听过程中比较常见的错误,一般是夸大说话的内容,或者是夸大情绪。比如上面员工对管理者说自己要干的事情太多而无从下手这件事情,如果管理者说一句"面对这么多事情,你是不是感到十分郁闷和压抑?"可能作为下属,也不过只是想向自己的领导抱怨一下而已,但是经管理者这么一说,下属自然就会觉得很尴尬或者生气。因为,没有人喜欢被别人当作软弱、过分多愁善感的代表。

3. 反应滞后。

反应滞后就是没有认真听对方讲话,之后又重复问同样的问题。比如下属抱怨完自己所做的事情太多之后,作为管理者,转而问了一句:"你刚才说什么?"那么下属就会怀疑管理者并没有在认真听自己讲话,或者是对自己所说的话不感兴趣,继而就很难再继续沟通下去。

小贴士

言语的误差

小张请了四个老朋友一起吃饭,小赵、小钱、小王都到了,只有小孙迟迟没有来。小张自言自语道:"怎么该来的没有来?"小赵听到了,心想:该来的没有来,那我就是不该来的了!于是,小赵便走了。小张看到小赵走了,嘴里嘀嘀咕咕:"唉,不该走的却走了。"小钱听了,觉得小张的意思是小赵应该留下,那么自己就是那个该走的人了。于是,小钱也走了。小张十分后悔,慌忙说道:"其实,我根本就没有在说你们啊!"小王听了,心想:不是在说他们,就剩下我一个,那就一定是在说我了。于是,小王转身便离开了。

4. 抢先反应。

当下属话还没有说完的时候,管理者就提前做出了反应;或者是当他还有一些话还没有说出来的时候,管理者就已经代替下属表明了。也许作为管理者,会觉得这种行为刚好证明了自己的机敏与高明,殊不知这样做会让下属感到灰心丧气。倾听别人讲话的时候,最重要的一点就是要跟随说话者的信息,在适当的时候做出反应,而不是抢先反应。

◎ 绩效反馈中的表达技巧

作为管理者,在绩效反馈的过程中,除了要善于倾听员工的心声还要善于运用一些表达技巧。

1. 提一些开放性的问题。

在绩效反馈的沟通中,管理者应该多给员工一些表达的机会,尽量多问一些开放性的问题,比如"你觉得……如何?""你认为……怎么样?"等。

2. 适当做出反应。

适当的反应可以推动别人进一步表达自己的观点,也是避免发生争议的好办法。有效的反应还可以使人抓住说话者的主要观点,以便进行一次有逻辑的交谈。

Easy-going

由于绩效反馈在绩效考核结束后实施,而且是考核者和被考核者之间的直接对话,因此有效的绩效反馈对绩效管理起着至关重要的作用。

3. 学会问问题。

提问是交流中获取信息的一种重要手段。通过有效的提问,可以让对方更好地在你所关心的某一方面做进一步的解释。当管理者听到员工表明自己对某事物的看法的时候,可以直接提问以获取进一步的信息。其优点有:

(1) 使管理者得到关于员工工作和思想状况的更多信息,而这些信息对管理者而言，是非常重要的；

（2）给员工信任的机会，使员工能够更加开放地表达自己的观点，有利于最终达成共识；

（3）建立管理者与员工之间的良好关系，使沟通和谐进行。

绩效反馈中的表达技巧

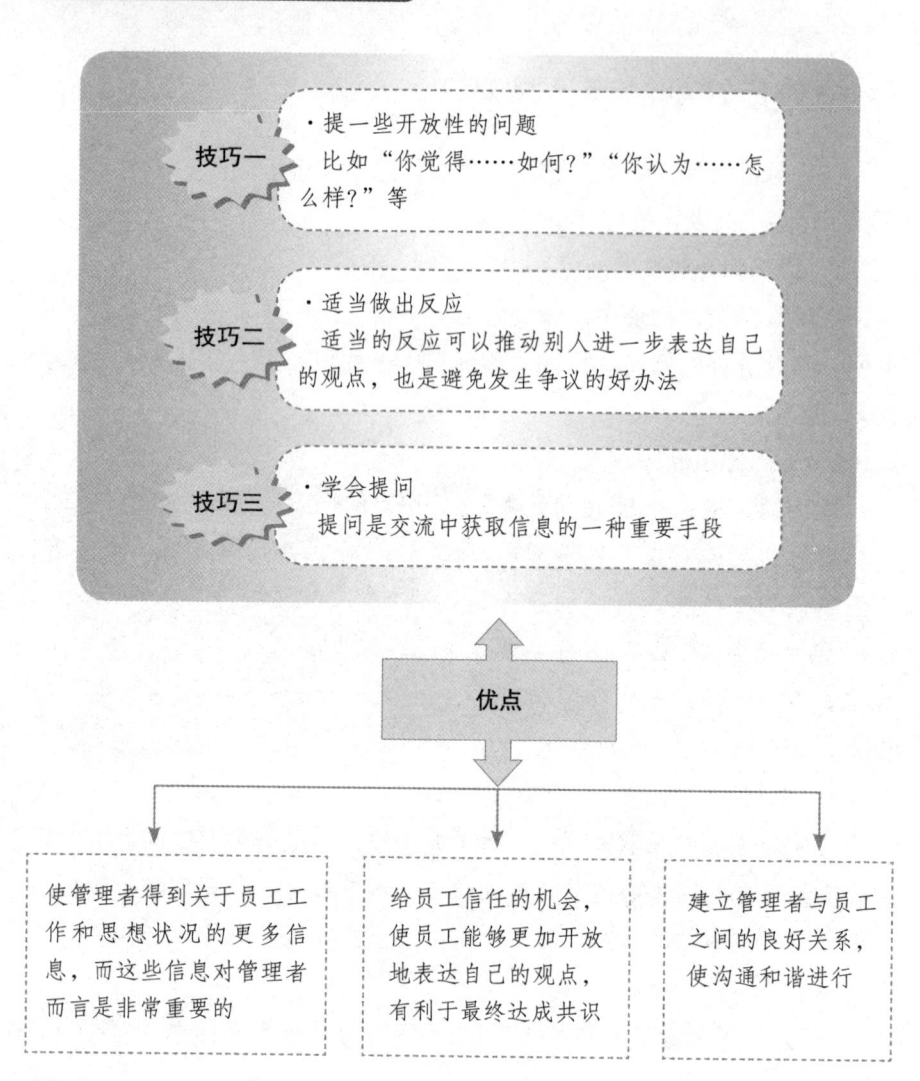

技巧一
- 提一些开放性的问题
  比如"你觉得……如何？""你认为……怎么样？"等

技巧二
- 适当做出反应
  适当的反应可以推动别人进一步表达自己的观点，也是避免发生争议的好办法

技巧三
- 学会提问
  提问是交流中获取信息的一种重要手段

优点

| 使管理者得到关于员工工作和思想状况的更多信息，而这些信息对管理者而言是非常重要的 | 给员工信任的机会，使员工能够更加开放地表达自己的观点，有利于最终达成共识 | 建立管理者与员工之间的良好关系，使沟通和谐进行 |

◎ 其他有用的技巧

1. "你们"与"我们"。

这是改善管理者与员工之间关系的一种有效的技巧。简单地说，就是用"你们"称赞员工，用"我们"批评自己。比如"你们正在做的是一项非常有价值的工作""我们的工作当中还存在着很多问题"等。

2. 寻求员工的建议。

对于真正有能力的下属，再多的称赞也比不上重视他们的建议。一方面可能会使管理者发现自己的下属懂很多，另一方面也会使下属感到领导对他的重视，更容易激励他好好工作。

3. 乐于承认自己的错误。

管理者自然不能悉数知道员工的工作情况，或者根本就不知道，在进行绩效评估的时候，就容易忽略掉一些内容。所以，最后绩效反馈的结果未必就是最准确的。面对这样的情况，管理者要乐于承认自己的

其他有用的技巧

1 "你们"与"我们"	用"你们"称赞员工，用"我们"批评自己
2 寻求员工的建议	对于有能力的人，多重视他们的建议
3 乐于承认自己的错误	管理者乐于承认自己的错误，能够与员工建立起充分的信任关系

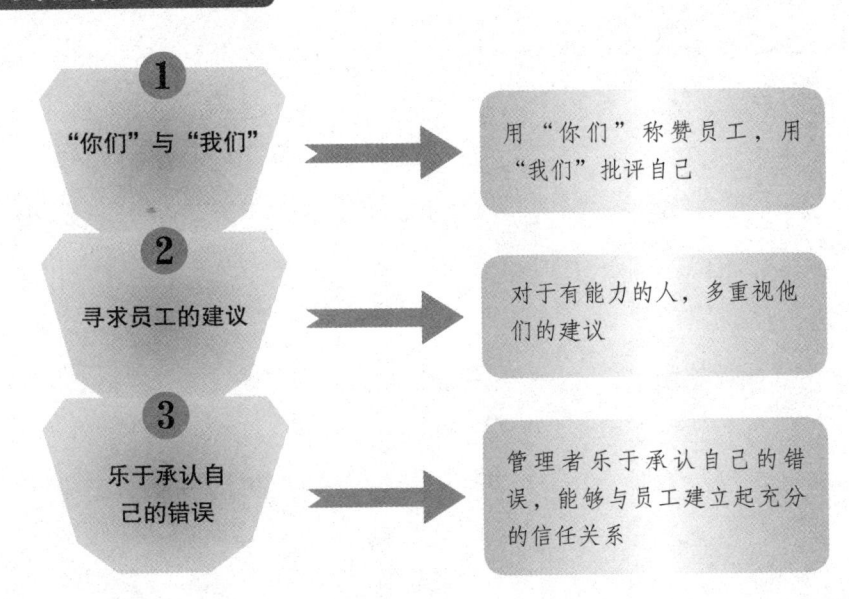

错误，并积极改正。只有这样，才能够与员工之间建立起充分的信任关系，为日后的有效沟通打下基础。

小贴士

A公司的绩效考核

A公司有员工1000多人，很早以前，该公司就开始进行管理改革，其中绩效考核是最重要的一项工作。A公司的做法是，由公司的高层领导与相关的职能部门人员组成考核小组。在第一年，绩效考核获得了比较大的成功。由于自己的意见被采纳，有很多员工都得到了公司的重视，A公司的领导觉得绩效考核中这一方案得到了全体员工的认可与支持，对此非常满意。

第二年，员工的热情明显没有第一年高涨。第三年、第四年，很多员工都觉得业绩好坏和个人毫无关系，员工仍然是员工，所以每当有领导找人谈话，大家都是敷衍了事。渐渐地，A公司的绩效考核方案被迫中止了。

绩效评估与奖惩制度

> 绩效评估是对员工及管理人员的工作绩效进行评价,以便形成客观、公正的人事决策。而奖惩制度则是根据其工作绩效、执行目标的情况,进行相应的奖励与惩罚。奖励与惩罚具有激励与控制的双重功能,二者相辅相成。

◎ 绩效评估的目的和作用

1．为确定管理人员的工作报酬提供依据。

这是企业进行绩效评估的主要目的。管理者的工作与一线员工的工作有着本质区别,其工作效果通常难以进行精确计算。因此,在确定管理人员的工作报酬时,不仅要根据其职务高低判定,还要考虑到管理人员自身的素质与对待工作的态度、努力程度、实际表现、贡献等因素。

2．为员工升迁调遣提供依据。

有一些管理人员的岗位配置并不能够充分发挥出管理者的实力,也有一些管理人员的能力在现有的管理岗位上无法得到充分的证实。相反,有一些管理人员不管被安排在什么样的岗位上,都能够大展拳脚,并表现出强烈的承担更重要工作的意愿。面对这类现象,

> **Easy-going**
>
> 制度化的绩效评估,可以使下级更加明确上级或组织对自己工作与能力的要求,从而了解努力的方向;可以使上级更加关心下级的工作及其他问题,从而更关注他们的成长;可以使上下级之间经常针对某些问题进行讨论,从而促进理解的一致性。

绩效评估的目的和作用

为确定管理人员的工作报酬提供依据	管理者的工作与一线员工的工作有着本质区别，其工作效果通常难以进行精确计算
为员工升迁调遣提供依据	绩效评估能够为制定包括降职、提升或维持现状等内容的人事调整计划提供依据
为管理人员的培训提供依据	绩效评估可以帮助组织了解每位管理者的优势、局限和内在潜力
有利于改进工作绩效	能够使员工看清楚自身存在的优劣势，也能够充分认知到自己存在的缺陷，从而加以改善
有利于促进组织内部的沟通	促进组织全体成员对组织目标的理解，也使员工与管理者之间的关系趋于融洽

就需要根据管理人员在实际工作中的表现，对组织中的人事安排进行调整。比如将前者安排到力所能及的岗位上，为后者提供晋升的机会，一些人则可以留在原有的岗位上。

3. 为管理人员的培训提供依据。

管理者的教育背景、经验等因素，不仅决定着管理者的素质，也会折射出管理者所存在的不足之处。这些不足严重影响着管理者自我能力的提升，也对其日后的发展造成阻碍。通常情况下，这种不足往往是由缺乏学习机会与亲身实践造成的，所以可以通过组织的培训加以改善。

4. 有利于改进工作绩效。

绩效评估的好处之一就是能够使员工看清楚自身存在的优劣势，在获得满足感的同时，也能够充分认知到自己存在的缺陷，从而加以改善。当然，这离不开管理人员在绩效反馈中与员工的有效沟通。

5. 有利于促进组织内部的沟通。

绩效评估自然离不开沟通。沟通一方面会促进组织全体成员对组织目标的理解，另一方面也使员工与管理者之间的关系趋于融洽，从而促进组织活动的协调进行。

◎ 绩效评估的内容

1. 贡献考评。

贡献考评是考核管理人员在任职期间对组织的贡献程度。贡献往往是与努力程度和能力息息相关的，因此贡献考评也是决定管理人员报酬的主要依据。贡献考评需要注意下面两个问题：

（1）尽量将管理人员的成就与部门、员工的成就分别进行考评。虽然这项工作真正实施起来有一定的难度，但却是十分重要的。

（2）贡献考评既是对下属的考评，又是对上级的考评。

2. 能力考评。

能力考评是指通过考察管理人员在一定时期内的管理工作，分析他们是否符合现任岗位所具备的要求，以及任职后自身素质、能力等是否有所提高，从而判断其能否胜任更重要的工作。

由于管理人员的能力只有通过日常的工作内容才能够得以表现，所以在能力考评时，只给抽象的概念进行打分是错误的。比如决策能力、

> **Easy-going**
>
> 组织进行的绩效评估，往往不是只有一种目的，而是为一系列的目的服务。所以，考评内容不是只侧重行某些方面，而是尽可能地进行全面考评。

绩效评估的内容

贡献考评
- 尽量将管理人员的成就与部门、员工的成就分别进行考评
- 贡献考评既是对下属的考评，又是对上级的考评

能力考评
- 根据管理人员的工作要求进行考评

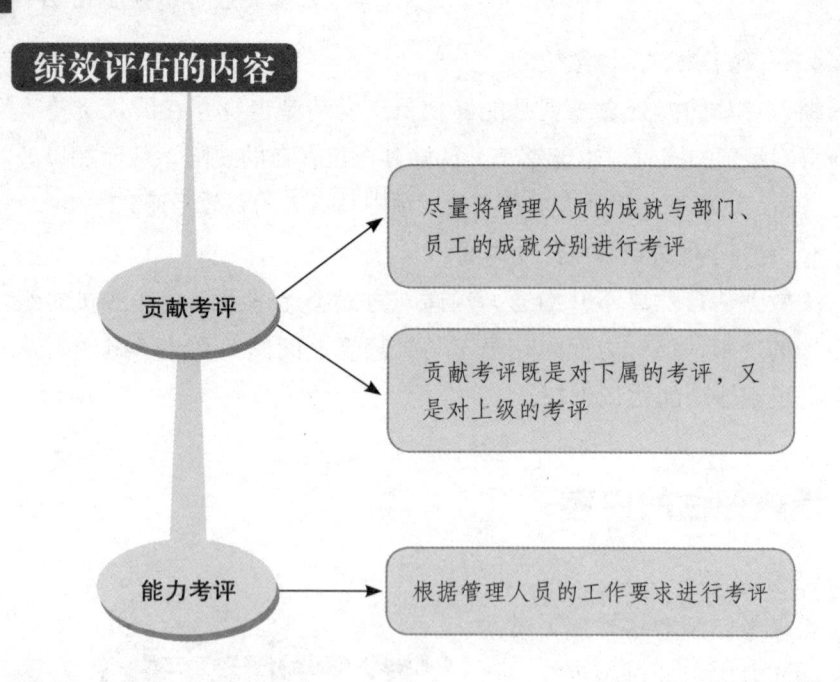

用人能力、沟通能力、创新精神等，这些都是管理人员必须具备的素质，但也都是一些抽象的概念，如果只根据这些对管理人员的能力进行考评，就会大大增加考评的难度。

美国管理学家孔茨认为："应将管理工作进行分类，然后用一系列具体的问题说明每项工作，以此考评管理人员的能力。"根据管理人员的工作要求进行考评，一方面能够得到客观的结论，另一方面就促使管理者更加注重自己的工作过程，提升自己的管理能力。

◎ 绩效评估的方法

1. 书面描述法。

书面描述法是一种最简单的绩效评估方法。评估人记录下被评估者的优劣势、绩效、潜能等，然后提出改进与提高的建议。书面描述法不需要采用复杂的格式，也无须经过培训就知道如何去做，但是有一个很

大的弊端就是,评估人的记述技能在很大程度上会影响评估的质量。

2. 关键事件法。

关键事件法就是评估人将主要精力放在有效与无效的工作与行为上,评估的是具体的行为,而不是笼统的大范围评定。

3. 评分表法。

虽然评分表法存在的历史已经十分久远,但却是最常用的绩效评估方法。罗列出一系列的绩效因素,如工作数量、质量、协作能力、创新精神等,评估者根据实际情况对表中项目进行打分。评分表法从设计到执行所耗费的总时间较少,又便于分析、比较,所以这种方法得到了普遍的采用。

4. 行为定位评分法。

行为定位评分法是近几年日益得到重视的一种绩效评估方法。这种

绩效评估的方法

书面描述法	关键事件法	评分表法
最简单的一种绩效评估方法	评估的是具体的行为	是最常用的绩效评估方法

绩效评估的方法

目标管理法	多人比较法	行为定位评分法
是绩效评估的一种手段	一种相对的而不是绝对的衡量方法	近几年日益得到重视的一种绩效评估方法

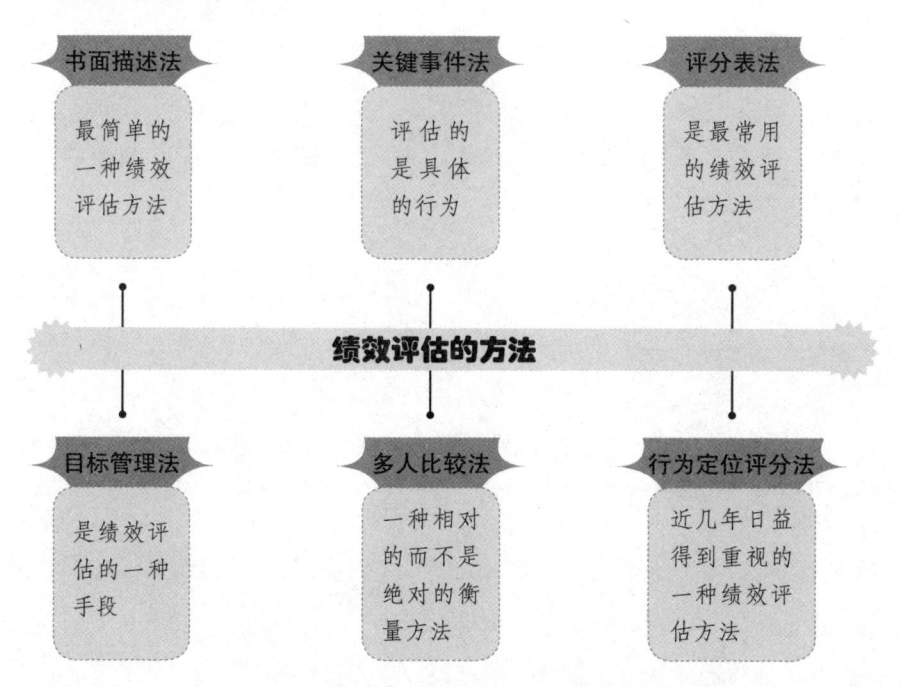

方法综合了关键事件法与评分表法的主要优势,考评者按照一定的数值尺度对被考评者从事某项工作的具体行为进行打分,侧重于具体可衡量的工作行为。

5. 多人比较法。

多人比较法是将一人的工作绩效与其他人的工作绩效进行比较。这是一种相对的而不是绝对的衡量方法。多人比较法最常用的三种形式就是分组排序法、个体排序法与配对比较法。

6. 目标管理法。

目标管理不仅用在计划工作中,而且是绩效评估的一种手段。组织内所有成员都有明确的工作指标,这些指标是他们工作成功开展的关键目标,评估的依据就是他们的目标达成情况。

第 5 章

德鲁克眼中的时间管理

时间在我们的日常生活中扮演着很重要的角色。中国古人对时间亦是众说纷纭,比如"逝者如斯夫,不舍昼夜""时光荏苒,白驹过隙""一寸光阴一寸金,寸金难买寸光阴"等。德鲁克认为人们对时间的各种阐述,都说明了时间的有限性、不可再生性与珍贵性。作为管理者,如果不能有效地利用时间,就不能够成为卓有成效的管理者。

本章教你:
▶什么是时间管理?
▶如何分配自己的时间?
▶怎样才能让每一秒都具有价值?
▶确定事务优先级别的方法是什么?

目标管理的特征与功能

虽然时间与我们息息相关,但是并非每个人都能够让时间得到充分的利用。本节所讲的时间管理,不是指在一定的时间内做完所有的事情,而是教会人们更有效地利用时间。其最主要的特点就是为预期目标做好事先的规划,指引实施者能够充分地利用时间。

◎ 时间的独特性

有位哲学家这样说过:"时间是物质运动的顺序性和持续性,其特点是一维性,是一种特殊的资源。"作为一种特殊的资源,时间的独特性有以下几个方面。

1. 无法储存。

时间不像食物、钱财、技术等可以被储存、蓄积。不管我们是否愿意,我们每时每刻都必须消耗时间。

2. 供给没有弹性。

我们每天的时间是固定不变的,每一天都是1440分钟,既不会增加一秒,也不会减少一秒。

3. 无法取代。

时间是任何行为活动都不可缺少的基本资源,因此时间是无法被取代的。

4. 无法失而复得。

所谓"一日无二晨,时间不重临",意思是说在一日之中,只会有

Easy-going

每个人每天只有24个小时,有些人将这些时间变成效率、金钱、丰硕的成果,有些人却守株待兔,凭空感叹时光飞逝。

第5章 德鲁克眼中的时间管理

时间的独特性

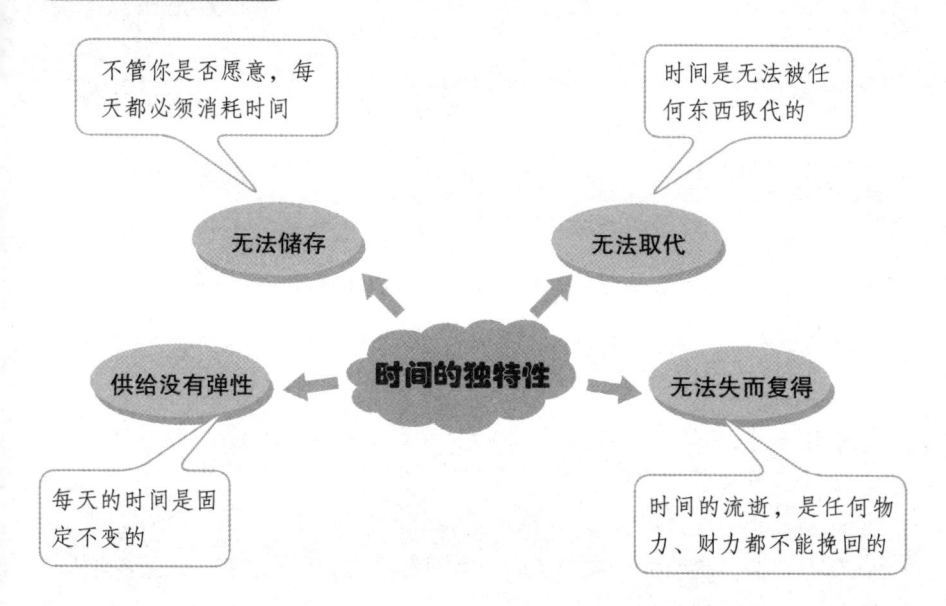

- 不管你是否愿意,每天都必须消耗时间 → 无法储存
- 时间是无法被任何东西取代的 → 无法取代
- 每天的时间是固定不变的 → 供给没有弹性
- 时间的流逝,是任何物力、财力都不能挽回的 → 无法失而复得

时间的独特性

一个清晨,尽管明天又会出现清晨,但是时间一去不复返,今天的清晨已经成为过去。时间的流逝,是任何物力、财力都不能挽回的。

◎ 时间管理的重要性

每小时60分钟,每分钟60秒,24小时就是8.64万秒。也就是说,每一天我们都拥有8.64万秒。这是一笔巨大的财富,我们必须要认真使用,才不至于让时间白白地浪费掉。有一位73岁高龄的美国人,他一生的时间安排如下图所示。

时间管理的对象不是时间本身,而是针对时间进行的"自管理者的管理"。所谓"自管理者的管理",就是引进新的生活、

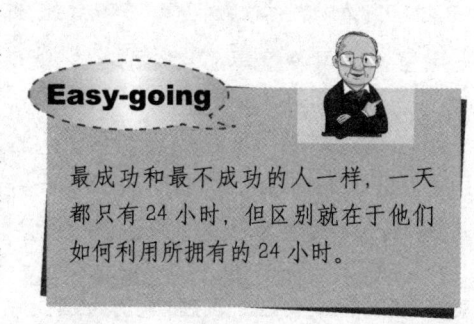

Easy-going

最成功和最不成功的人一样,一天都只有24小时,但区别就在于他们如何利用所拥有的24小时。

德鲁克管理思想精髓

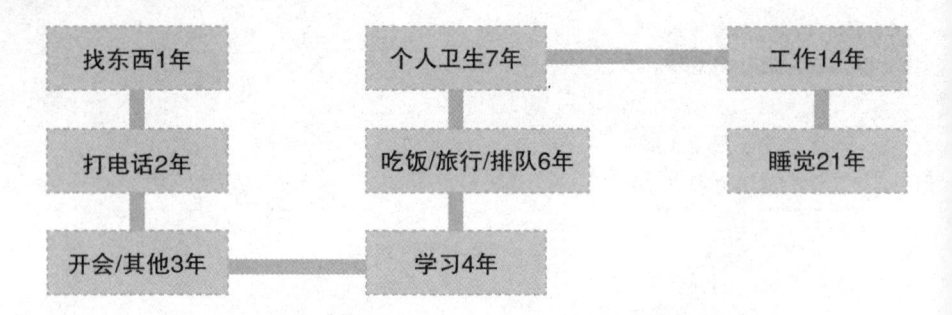

```
找东西1年 ── 个人卫生7年 ── 工作14年
   │            │            │
打电话2年 ── 吃饭/旅行/排队6年 ── 睡觉21年
   │            │
开会/其他3年 ── 学习4年
```

工作等习惯，进行自我约束，减少原有的时间浪费，提高效率，达到事半功倍的效果。

小贴士

胡适的演讲

1930年，著名文学家胡适在一次毕业典礼中，发表了一次演讲。

诸位毕业同学：

你们现在要离开母校了，我没有什么礼物送给你们，只好送你们一句话。

这一句话是：珍惜时间，不要抛弃学问。

以前的功课也许有一大部分是为了这张文凭，不得已而做的。从今以后，你们可以依自己的心愿去自由研究了。趁现在年富力强，努力做一种专门学问。少年是一去不复返的，等到精力衰竭的时候，要做学问也来不及了。

有人说：出去做事之后，生活问题亟需解决，哪有工夫去读书？即使要做学问，既没有图书馆，又没有实验室，哪能做学问？

我要对你们说：凡是要等到有了图书馆才读书的，即便有了图书馆也不会读书；凡是要等到有了实验室方才做研究的，即便有了实验室也不肯做研究。你有了决心要研究一个问题，自然会节衣缩食地去买书，自然会想出法子来设置仪器。

至于时间，更不成问题。达尔文一生多病，不能多做工作，每天只能做1个钟头的工作。你们看他的成绩！每天花1个钟头看10页有用的书，每年可看3600多页书；30年可读11万页书。

诸位，11万页书可以使你成为一个学者了。可是每天看3种小报也会费你1个钟头的工夫；四圈麻将也会费你1个半钟头的光阴。是看小报？是打麻将？还是努力做一个学者？全靠你们自己选择！

易卜生说：你的最大责任就是把你这块材料铸造成器。

学问就是铸器的工具，抛弃了学问便是毁了你自己。

再会了，你们的母校眼睁睁地要看你们10年之后成什么器。

◎ 有计划不代表就是时间管理

不是所有的计划都叫时间管理。如果只是毫无技巧地罗列任务、项目和目标，规定一个完成期限或者是完成顺序，就是"有计划没管理"。

时间管理的定义

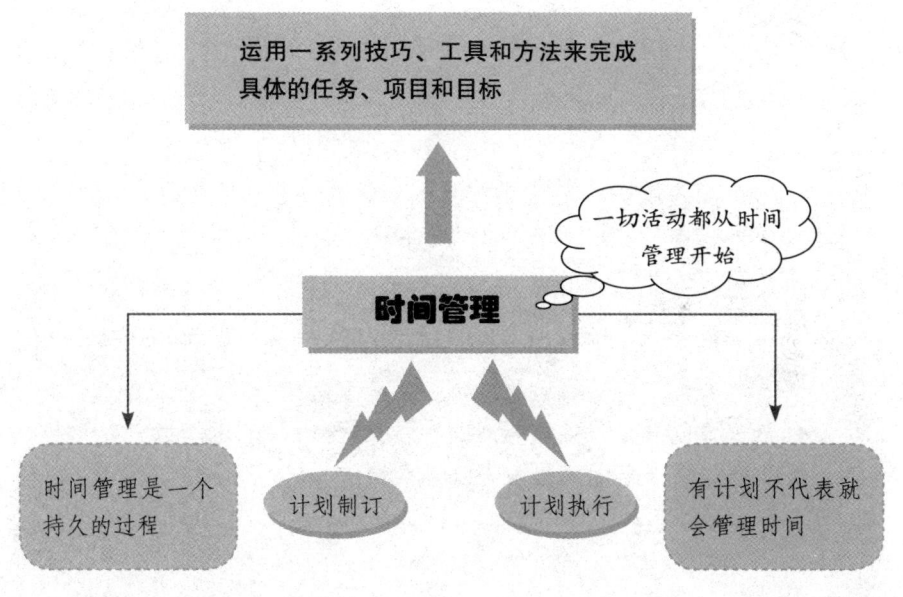

运用一系列技巧、工具和方法来完成具体的任务、项目和目标

时间管理

一切活动都从时间管理开始

时间管理是一个持久的过程

计划制订

计划执行

有计划不代表就会管理时间

德鲁克管理思想精髓

在维基百科中，对时间管理的定义是："时间管理是指运用一系列技巧、工具和方法来完成具体的任务、项目和目标。从广义上来讲，时间管理包含了计划制订和计划执行。具体的活动有很多，包括

Easy-going

时间管理不仅仅是制订一个计划。好的开始并不等于成功了一半，它只是个开始而已。

小贴士

小李的工作

小李大学毕业之后，在政府办公室寻得一份工作。在论资排辈的办公室文化的影响下，作为新人的小李，就经常被使来唤去。

"小李，帮我打瓶水！"赵主任是办公室的一把手，他推推眼镜看着小李，手里的暖水瓶、茶叶都备好了。

"小李，把地板拖一下！"钱主任是一位女性，爱干净的她一天要让小李拖三次地板。

"小李，去把报纸取回来！"孙副主任虽然快退休了，但还是非常关心国家大事。

……

这天，当大家再次对小李使来唤去的时候，小李出了办公室的门儿就再也没有回去。赵主任想要自己去打水，却不知道小李将他的暖水瓶放在哪里；钱主任看着脏兮兮的地板，就去找拖把，但是平时都是小李整理的工具；孙副主任去拿报纸，却被告知报纸已经被小李拿走了……

在各个人的驱使下，小李根本不可能有自己的工作计划，这样的工作状态对于小李而言是没有任何意义的。

制订计划、设定目标、时间花费分析、观察记录你的时间分配、安排好日程和区分事情的轻重缓急,时间管理其实就是一个有计划的流程、工具和技巧的组合。"

时间管理是一个持久的过程,阻碍时间管理就是拖延。我们都有过这样的经历,对于不得不做的事情习惯拖到最后一刻才做,以至于当我们真正开始着手去做的时候,由于时间紧迫,我们不仅有很大的压力感,而且最后的成效也会不尽如人意。

◎ 未被意识到的时间浪费

所谓时间浪费,就是指对目标毫无贡献的时间消耗。常见的时间浪费方式有六种。

1. 效率不彰。

完成一件事情,明明可以缩短时间,但是却被一再延迟,这就是效率不彰。比如开会或者打电话的时候,有些人会东拉西扯,不能言简意赅地表达出自己想要表达的意思,处理必须处理的问题,结果浪费了许多本来可以节省下来的时间。

> **Easy-going**
>
> 享誉世界的心灵导师埃克哈特·托里在他的名作《当下的力量》中说道:"过去什么事情都没有发生过……过去和未来显然并无其自身的存在……它们的存在是从现在那里'借'来的。"所以,不能抓住"当下",是造成时间的浪费一大源头。

2. 不珍惜小时间。

所谓小时间,指的就是时间比较短的零碎时间。如等人、等车、等电话等,由于这些事情的时间很短,所以就很容易被忽略。其实,将这些小时间充分利用起来,效用也是十分可观的。

3. 情绪不佳。

情绪如果得不到控制,必然会浪费掉大把大把的有用时间。比如生气、委屈、烦躁、内疚、后悔等情绪,若不及时控制它们,转换成良好的心情，就会因此浪费掉很多时间。

4．三心二意。

如果在工作的时候，不能够集中精力，外界的任何变化都能够引起自己的注意，工作效果自然不会很好，也造成了时间的浪费。

5．大包大揽。

不管是员工，还是管理者，在某些情况下都会认为自己是万能的，对他人的工作指手画脚，或者是将别人棘手的问题揽到自己身上，这样不仅会把自己搞得身心疲惫，还剥夺了别人尝试解决问题的机会。

6．随意出借时间。

当别人向我们寻求帮助的时候，可能我们心存不愿，但是碍于情面，或者是其他原因，只得占用自己的时间去帮助别人。

对于上述内容，有人可能说这些都是小问题，但是不要小看这些小问题，它能让我们的工作效率直接下降一大块。同样，我们如果能解决这个问题，就能够收到立竿见影的效果。

时间是对管理者的最大压力

作为管理者，不管是处在哪个层级，都会不得不花费一些时间在没有任何成效的事情上。但是，这些事情又是管理者必须参与的事情。所以，大量的时间都被这些事情浪费掉了。而且，管理者在组织内的层级越高，组织对其时间的要求就会越多，需要参与的事情也会越多，所浪费的时间就不言而喻了。

◎ 各种各样的时间占用

有位中层管理者说："在我任职的两年时间内，除了春节这天，我每天都会有应酬。而所有的应酬都是为了公事，每次都需要几个小时的时间，我不去又不行。"其实，这种情况在管理层比比皆是。不管是欢送老同事退休，还是与对公司有往来的政府

Easy-going

每一位管理者的时间，都有很大部分是被浪费掉的。表面上看起来，每件事似乎都非办不可，但实际上却毫无意义。

要员吃饭，管理者都不能缺席。即使明知这样的应酬对自己、公司的发展都没有任何好处，即使心中百般不愿参加，但是这就犹如一项任务，管理者必须高高兴兴地出席。

除了上述内容，还有其他任务会占用管理者的大部分时间。如果所花费的时间量没有达到一定的极限，就不会产生良好的工作效果，之前所花费的时间就是浪费，重新开始做，就又需要花费大量的时间。

例如，管理人员要写一份需要6～8小时才能完成的报告，假如管理人员每天写报告的次数是2次，每次花费15分钟，大约需要花费两个星期

管理者的时间

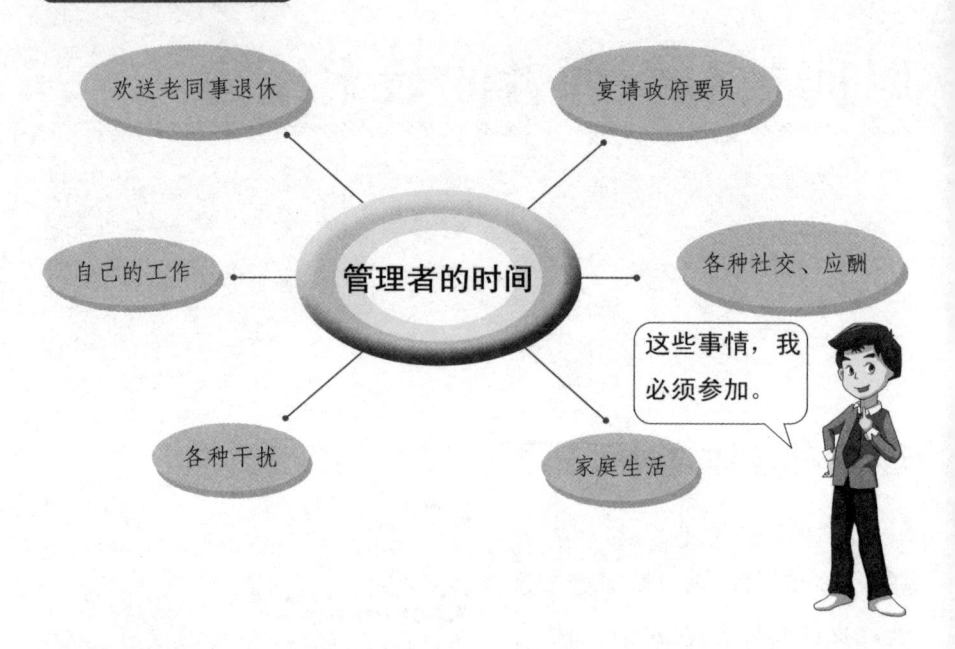

```
欢送老同事退休        宴请政府要员

自己的工作     管理者的时间     各种社交、应酬

                              这些事情，我必须参加。

各种干扰              家庭生活
```

才能够完成初稿。但是，说不定两周之后，管理人员的报告也还是一张白卷。那么，前面的时间就白白浪费了。然而，如果管理者能够关上门、关掉手机，连续花费6~8小时完成报告的初稿，管理者再进行补充、修改和整理，这样，就又可以避免时间的浪费。

◎ 管理幅度

　　管理幅度在管理理论中指的是管理者能够有效地对多个有关联的工作或人进行管理。比如会计、业务、生产这三个部门之间必须相互配合，才能产生良好的成果。但是由于公司在不同的城市甚至是不同的国家都设有分店，从这方面看来，各个分店的负责人之间就不需要必须存在某种联系。因此，即使管理者同时管理着几十家分店的负责人，也不会违背管理幅度的原则。

第5章
德鲁克眼中的时间管理

姑且不去在意管理幅度的合理性，只从人数上看，管理的人数越多，用在彼此之间的协调时间就会越多，真正用在自己工作上的时间就少之又少了。对于大型企业来说，管理者消耗的时间越多，越能够帮助企业更好地发展。所以，在大型企业中，管理者实际能够掌握的时间很少。但是，作为管理者，必须能够清楚自己的时间都花费在了什么地方，为什么花费，才能够支配剩下的少量时间。

> **Easy-going**
> 组织内人员越多，管理者就需要花费更多的时间在人事决策上。

除此之外，人数的多少也在一定程度上影响着决策的效果。人事决策是占用时间最长的一种行为，组织规模越大，人事决策就越占用时间。有些管理者在决策组织中其他事情的时候很快，也有一些管理者习惯反复考虑之后才做出最终决策，但是在人事决策上，所有管理者都必须要斟酌再三，才能够最后定案。

管理者都希望自己能够在人事方面做出对组织有利的最佳决策。实际上，有很多类似于人事决策的问题，都需要管理者花费较长的、持续性的时间才能够做出决定。比如某公司要成立专案小组，以完成一些特殊任务，但是人员的选择就需要管理者慎重选择；有一位下属对仪器检测很有研究，但是却没有受过专门的培训，是否能够晋升也是管理者深思熟虑之后才能下结论的。

管理实战

抓住时间的窃贼

1881年，25岁的弗雷德里克·温斯洛·泰勒开始进行企业管理的研究，在此之前，他其实是一名机械工程师。

1898~1901年，泰勒受雇于伯利恒钢铁公司进行咨询工作，在这三年间,他完成了著名的铁铲实验和搬运生铁实验,以此为实践基础,创立了科学管理理论。

泰勒的方法在今天看起来十分原始,他用当时发明不久的摄影机,拍摄下工人工作的过程,从中分析出有效的动作和多余的动作,找到工作效率最高的工作方法,并基于这种工作效率,制定出浮动工资制度。

1913年,亨利·福特创建的世界上第一条流水生产线,就是利用泰勒的研究成果。简单来说,就是从工人的工作流程中分析出有效的动作和多余的动作,并找出工作效率最高的工作方法,用这个方法培训员工、制定绩效标准。

泰勒正是抓住了的时间窃贼——多余动作,才成就了自己的伟大事业。

第5章 德鲁克眼中的时间管理

给自己一张时间列表

在时间的运用上,管理者最大的敌人就是自己。要想充分地利用好时间管理,就需要对自己的管理方式进行客观地衡量,然后制定出合理利用时间的计划。作为管理者,需要尤为注意时间管理。

◎ 用列表记录时间

用列表记录自己每天的时间安排情况,是作为分析时间是否合理使用的有效依据,以下两点需要注意:

1. 选择得心应手的记录工具。

> **Easy-going**
>
> 明日复明日,明日何其多,我生待明日,万事成蹉跎。
> 世人若被明日累,春去秋来老将至。
> 朝看水东流,暮看日西坠。
> 百年明日能几何,请君听我明日歌。
> ——文嘉《明日歌》

每个人都有自己的记录习惯,在制作表格的时候,可以根据个人习惯,选择最得心应手的记录工具,如小王习惯用纸笔亲自制作表格,小李习惯使用手机、电脑等。

2. 不必追求完美。

所做的时间列表是给自己看的,不必太过追求完美,也不需在表格的制作上花费太多的时间,只要能够看懂就好。比如用自己常用的符号、箭头、线条等。

◎ 用列表诊断自己的时间

时间管理没有与众不同的秘籍,关键就是持之以恒。下列内容(表

195

1~表3）会帮助你、指引你更恰当地使用自己的时间。

表1 时间使用统计清单

项目活动	每周估计花费时间（小时）	每周实际花费时间（小时）	上两项时间的差额（小时）	占每周总时间的百分比（%）
一、公务活动				
上下班				
开会				
打电话				
阅读文件、整理通信				
帮助下属				
接待宾客				
向上级汇报				
公务出差				
拜访客户				
其他工作上的活动				
小计				
二、个人活动				
整理仪容				
吃饭、睡觉				
小计				
三、家庭活动				
煮饭				
洗熨衣服				
打扫房屋				
杂务与家事				

续表

项目活动	每周估计花费时间（小时）	每周实际花费时间（小时）	上两项时间的差额（小时）	占每周总时间的百分比（%）
卖杂物				
其他的逛街活动				
缴费				
看孩子				
宗教活动				
家庭外出				
家庭沟通				
其他家庭活动				
小计				
四、休闲活动				
听广播与音乐				
看电视				
休闲阅读				
嗜好				
观看比赛				
运动				
休闲旅游				
聚会与社交				
其他休闲活动				
其他活动				
小计				
时间统计（小时）				

表2 一周时间简表

活动内容	时间	周一	周二	周三	周四	周五	周六	周日	时间小计
上下班	7:00								
开会	7:30								
打电话	8:00								
阅读文件、整理通信	8:30								
帮助下属	9:00								
接待宾客	9:30								
向上级汇报	10:00								
公务出差	10:30								
拜访客户	11:00								
其他工作上的活动	11:30								
整理仪容	12:00								
饮食	12:30								
睡觉	13:00								
煮饭	13:30								
洗熨衣服	14:00								
打扫房屋	14:30								
杂务与家事	15:00								
卖杂物	15:30								
其他的逛街活动	16:00								
缴款	16:30								
看孩子	17:00								
宗教活动	17:30								

续表

活动内容	时间	周一	周二	周三	周四	周五	周六	周日	时间小计
家庭外出	18:00								
家庭沟通	18:30								
其他家庭活动	19:00								
听广播与音乐	19:30								
看电视	20:00								
休闲阅读	20:30								
嗜好	21:00								
观看比赛	21:30								
运动	22:00								
休闲旅游	22:30								
聚会与社交	23:00								
其他休闲活动	23:30								
其他活动	24:00								

表3　一周时间总结表

项目活动	每周估计花费时间（小时）	每周实际花费时间（小时）	上两项时间的差额（小时）	占每周总时间的百分比（%）
公务活动	45	50	-5	29.8
个人活动	45	40	5	23.8
家庭活动	32	46	-14	27.4
休闲活动	40	27.5	12.5	16.4
其他活动	6	4.5	1.5	2.6
时间总计	168	168	0	100

上述清单是一位30多岁的部门经理所制作的（简称其为S先生）。S先生现在是两个孩子的父亲，由于他的妻子也有自己的工作，所以他也承担了一部分的日常家务。根据他的方法，我们也可以罗列出每周主要的事情，并进行归类。

完成上述的时间使用清单之后，就可以对自己的时间管理能力进行诊断了。可能最后的结果会让你十分惊讶，但是毫无疑问，呈现在你面前的就是你的时间支配情况。

确认自己的时间分配

- 我如何浪费我的时间？
- 我浪费了谁的时间？
- 未来有什么办法可预防或减少时间的浪费？
- 别人如何浪费我的时间？
- 我如何浪费了别人的时间？
- 我是否花费了时间追求那些对我很重要的事？

这些问题的答案应该能提供许多使你将时间使用得更理想的构想。

有人说习惯一旦养成，就很难再改变，就如同萨缪尔·约翰逊所言："习惯的束缚平常是感觉不出来的，等到发现时又已经变得难以破除了。"所以，我们应该定期查看自己的时间清单，发现机会，打破习惯的束缚，更加正确地使用自己的时间。

自我控制和时间管理

逃避现实往往比直接面对要容易得多，对于了解自己的时间分配，我们亦是存在这种惰性。如果我们愿意花上几天的工夫观察自己的行为，并制订出有效的时间使用计划，那么这将会是一件很有意义的事情。

◎ 时间规划的步骤

1. 检查未完成的工作。

将没有做或者是没有完成的工作罗列出来，记录在自己专用的纸、电脑或其他地方。这样做的目的就是清理自己的大脑，清晰地记录下所

时间规划的步骤

检查未完成的工作	清理自己的大脑，清晰地记录下所有的工作
整理工作内容	根据工作的完成情况进行分类 { 能够完成的工作 / 难度较大的工作 }
回顾与检查	对自己的工作清单进行检查、更新，对下一阶段的工作计划进行安排、制订
逐项完成	对工作内容进行逐项完成

有的工作。

2. 整理工作内容。

不定期地对自己的工作内容进行整理,根据工作的完成情况进行分类:对于能够完成的工作,确定出最短的完成期限;对于难度较大的工作,可进一步进行分类,如资料分析、以后需要处理的事情等。

3. 回顾与检查。

可以根据个人习惯,每周或每月对自己的工作清单进行检查、更新,并对下一阶段的工作计划进行安排、制订。

4. 逐项完成。

为了使工作内容达到良好的效果,着手工作之前,要根据时间的长短、精力状况、重要程度、环境等因素,逐项完成工作内容。

◎ 自我控制时间的方法

将所有的活动都记录到表格中,做起来看似很简单,但是如果没有掌握合适的方法,即使将所有活动悉数填入列表,最终的结果也未必会奏效。有效地控制时间的方法有六种。

1. 将每天要做的事情列成清单。

时间管理最重要的一个环节就是按顺序进行活动,比如完成当天的工作之后,可以将第二天的工作安排记录在自己习惯的地方,形成任务清单,方便在第二天工作的时候进行查看。

2. 重新安排未完成的任务。

对于尚未完成的工作,要做好标记。比如当天的工作量没有

> **Easy-going**
>
> 成功学大师伯恩·特雷西说过:"平庸的人往往把那些容易的事情放在最前面,而优秀的人则把那些最重要的、最能带来价值的事情放在前面。所以我们经常看到两个人可能同样忙碌,但因为对事情排列的顺序不同,所以达到的成就也就大不一样,这就是事情的区别。"

完成，就可以将它们添加到第二天的工作清单中。但是，在此之前，必须明晰自己没有完成当天工作量的原因，避免养成拖延工作的习惯。

3. 对当月及下月的工作任务进行规划。

做好每天的工作计划并非就是有效的时间管理，月计划也是不容忽视的。完成当月的工作任务之后（也可以在月初进行），可以对其进行整体的汇总，对于当月尚未完成的工作，及时地安排在下个月的工作计划中，并确保在下个月能够按时完成。

4. 设置时间提示。

时间提示就是利用电子工具等一些特殊工具来提醒我们在某一时间段应该完成的工作，如电子日历、手机中的备忘录等。

5. 保持办公环境的整洁。

如果我们的工作环境一片狼藉，所有物品都是随手乱拿、乱放，那么当我们需要某件东西的时候，我们势必会花费时间在脑海中搜寻它的摆放位置，甚至是在乱糟糟的办公室里东找西找。这个时候，我们就已经分散了本该投入到工作中的精力，也占用了工作的时间。

自我控制时间的方法

1 将每天要做的事情列成清单

2 重新安排未完成的任务

3 对当月及下月的工作任务进行规划

自我控制时间的方法

4 设置时间提示

5 保持办公环境的整洁

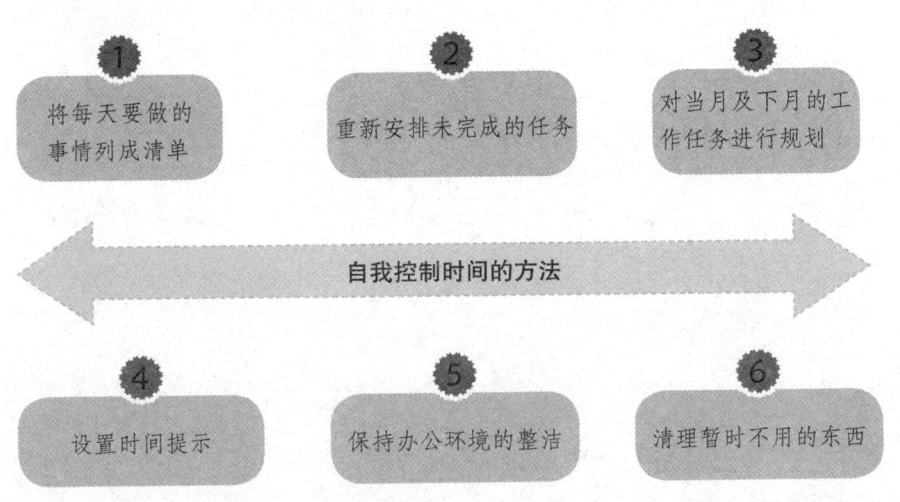

6 清理暂时不用的东西

6.清理暂时不用的东西

我们应该安排好自己的工作计划，这样可以提高自己的工作效率。如果我们把所有的东西都分门别类地摆放整齐，就不会在再这上面花费时间与精力了。那些暂时用不上的东西我们应该把它们清理好，这样一方面不会影响我们当下的工作，另一方面等那些东西要用的时候也不会找不到。

第5章 德鲁克眼中的时间管理

确定每项事务的优先级别

重要的工作内容必然会花费大量的时间与精力，而不重要的工作则反之。显而易见，目标的优先顺序就需要先处理重要的工作，延后处理不重要的工作。比如某企业管理者某天所安排的需要紧急处理的事情就是重要的工作内容，理当先解决这类工作，而后再解决那些可以推迟处理的事情。

◎ 优先的定义

我们上学考试的时候，往往习惯由易到难地进行答卷，以免一开

优先的定义

优 → 最佳的工作状态

＋

先 → 最先完成最重要的工作

优 + 先 = 优先：在最合适的时间里，做合适的事情，科学地利用时间，从而达到最佳工作状态，取得最佳工作成就

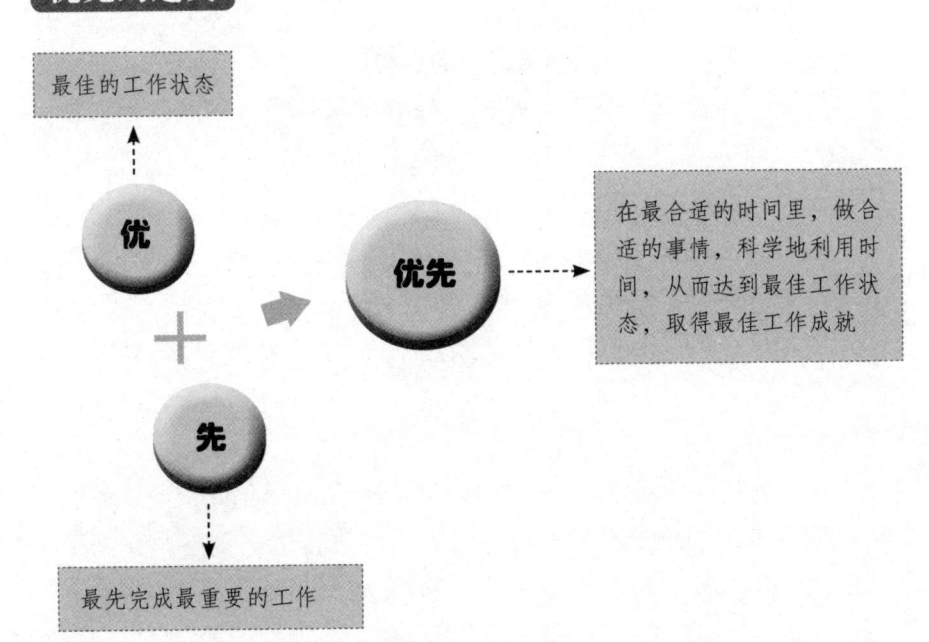

德鲁克管理思想精髓

始在较难的题目上浪费大量的时间，而导致最后连容易的题目都没有时间去做。所谓优先，就是在工作状态最优的时间里完成最重要的工作。

举个例子来说，有些人上午的工作状态往往比下午的状态好得多，但是有些人则恰恰相反。时间管理不是在"管理"时间，

> **Easy-going**
>
> 有效的管理者必须经常检讨他们和同事的工作计划，他们会问：如果我们还没有进行这项工作，现在我们该不该开始这项工作？
>
> ——德鲁克

而是如何在既定的时间内分配我们的工作时间，即在最合适的时间里，做最合适的事情，科学地利用时间，从而达到最佳工作状态，取得最佳的工作成就。

小贴士

把握好自己的生物钟

阿伦·格林斯潘是美国第13任联邦储备委员会主席，他在任职的十几年中，为了保证自己的最佳工作状态，一直保持着自己的生理时间，按时作息。

每天起床之后，格林斯潘都会泡澡2小时，让自己的身体调整在最佳状态。然而，在这两小时中，格林斯潘的身体虽然在享受，他的大脑却是在不停地运转。比如思考重大问题、阅读经济与金融类的书籍等。只要格林斯潘一到办公室，他马上就会进入最佳的工作状态。

阿伦·格林斯潘的这种控制时间的方式值得我们效仿。我们也可以根据自己的情况，对自己的工作时间进行适当调整，提高工作效率。

第5章 德鲁克眼中的时间管理

◎ 分清工作的轻重缓急

根据下表列出的各种行事准则，看看自己平时的处理方式。

序号	先	后
1	先做喜欢做的事	后做不喜欢做的事
2	先做熟悉的事	后做不熟悉的事
3	先做容易做的事	后做难做的事
4	先做只需花费少量时间即可做好的事	后做需要花费大量时间才能做好的事
5	先处理资料齐全的事	后处理资料不全的事
6	先做已排定时间的事	后做未经排定时间的事
7	先做经过筹划的事	后做未经筹划的事
8	先做别人的事	后做自己的事
9	先做紧迫的事	后做不紧要的事
10	先做有趣的事	后做枯燥的事
11	先做易于完成的整件事或易于告一段落的事	后做难以完成的整件事或难以告一段落的事
12	先做自己所尊敬的人或与自己关系密切的有利害关系的人所拜托的事	后做其他人所拜托的事
13	先做已发生的事	后做未发生的事

上述列表中的各种行事准则，严格来讲，都不符合时间管理的要求。以重视结果的实现为导向的管理，对工作的要求一般都是按照任务的紧急程度进行判断的。事情越是紧迫，其重要性越高，不紧迫的事

207

5 德鲁克管理思想精髓

情，却没有那么重要，那么最后的结果很可能就是重要的事情迟迟无法完成，甚至会让自己陷入紧张状态。

举例来说，公司各部门管理者都知道业务报告的重要性，但是假设一个月之后才会上交业务报告，有一半以上的部门都不会觉得业务报告是当天应该做的事情，更不可能认为是当天必须做的事情。因此，业务报告就会被一直拖延下去，直到一个月的时间马上过完的时候，业务报告就成为最紧迫的事情。最后，要么迟交，要么草草应付。即使是这样，可能这些部门管理者会信誓旦旦地告诉自己下次一定会提前完成任务，但是除非他们能够彻底改变工作习惯，否则依旧会重蹈覆辙。

因此，确定每项事务的优先级别是根据事情的重要程度来判定的，而非依据事情的缓急程度。所谓事情的重要程度，就是指对实现一定目标的贡献程度。当然，也不能完全否定按照缓急程度工作的习惯，但是在考虑事情的优先顺序时，应将事情的重要程度作为首选，之后再考虑事情的缓急。

◎ 四象限工作法

根据事情的重要程度与缓急的不同特点，可以将工作分解成四个象限。

1. 既紧急又重要的事情。

紧急的工作就是需要马上去做的事情，重要的事就是指所做的工作对企业、部门、个人都有一定影响的事情。比如你在销售产品的时候遭到了顾客的投诉，这个时候你就需要立即利用自身的经验来处理这一状况，一方面你需要尽量确保不使事情闹大，另一方面还要让顾客接受并认同你的处理意见。很多重要的事都是因为一拖再拖或事前准备不足，而变成手忙脚乱。

2. 只重要不紧急的事情。

再重要的事情在一定的时间内都可以完成，只要时间充裕，就可以

第5章 德鲁克眼中的时间管理

四象限工作法

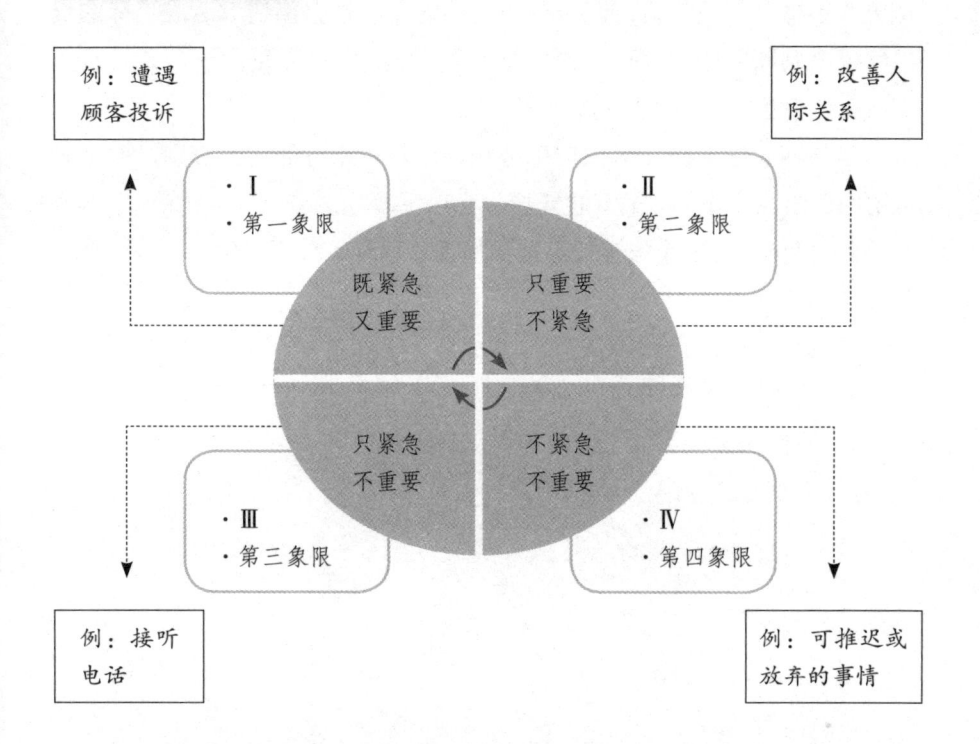

例：遭遇顾客投诉

例：改善人际关系

- I
- 第一象限

既紧急又重要

- II
- 第二象限

只重要不紧急

- III
- 第三象限

只紧急不重要

- IV
- 第四象限

不紧急不重要

例：接听电话

例：可推迟或放弃的事情

将其处理得很好。然而，我们在工作过程中，因为事情的不紧急，所以往往会忽略掉其重要性，导致不重要的事情花费了大量的时间，而重要的事情却没有做或已经没有时间去做，工作质量自然得不到上级领导的肯定。除了与工作有关的问题，还有如改善人际关系、善待自己、抓住机会等，都属于第二象限。

3. 只紧急不重要的事情。

比如接听电话、参加例会、上级突击检查等，都属于第三象限。看似我们花费了大量时间在这一象限，但是我们所做的事情，只是为了满足别人的期望与标准。

4. 不重要不紧急的事情。

这种不重要也不紧急的事情可以推迟做或者是放弃去做。

德鲁克管理思想精髓

在划分第一象限与第三象限的时候，紧急的事情很容易被误解成是重要的事情，但是它们之间是存在差别的，即根据事情对达成目标的贡献程度来判断它的重要性，如果对完成一定目标的帮助很小，或者是完全没有任何帮助，就可以将其归到第三象限。

虽然四象限工作法可以明确地划分出每项事务的优先级别，但是在运用四象限法工作的时候，也需要注意以下事项：

1．将自己的工作内容按照重要与紧急程度，在不同象限中进行合理分布。
2．第二象限的工作放在第一位。
3．既重要又紧急的工作大都是因为第二象限的原因而产生的。
4．对第三象限中的工作内容有正确的明晰。
5．根据第二象限的工作制订计划。

第6章

管理者如何做好员工管理

德鲁克说:"20世纪,企业最有价值的资产是生产设备;21世纪,企业最有价值的资产将是知识工作者及其生产效率。"在现代社会,人才是企业最重要的资产,是企业可持续发展最核心的生产力,是企业中能够发挥最大作用的群体。所以,作为管理者,就必须要对人才予以重视,尤其重要的还是吸引知识型人才,并尽可能地让他们都忠于自己的企业。

本章教你:
▶ 如何选拔人才?
▶ 如何发挥自己的优势?
▶ 管理者与员工之间的关系是什么样的?
▶ 员工如何富有成效地工作?

选拔人才的基本原则

对企业而言,从来不存在一成不变的用人标准,但人事决策却是最重要的,必须要遵循一定原则。本节就为大家详细说明人事决策的重要性及其所遵循的基本原则。

◎ 人事决策的重要性

企业要想提高绩效能力,就必须做好人事决策。通常情况下,人事决策包括员工的岗位安排、薪酬、职位的升降等内容。不要小看这些决策,它对企业而言是至关重要的。因为,从某种程度上来讲,人事决策决定着企

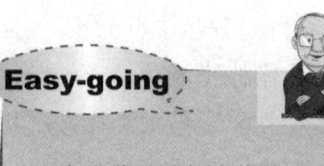

Easy-going

人事决策是最根本的管理,也是最重要的决策,影响着整个企业的发展。

人事决策的重要性

人事决策的重要性 ⟷ 企业

- 决定着企业是否能够稳步发展
- 决定着企业存在的意义、价值观以及目标的有效达成

第6章 如何发挥十分人力

> **小贴士**
>
> **亲自选拔每一名军官**
>
> 1941年,"珍珠港事件"爆发。而这个时期,美国军队中的将领都已经不符合服役年龄。年轻的军官要么缺乏作战经验,要么没有担任过重要的指挥任务。但是,第二次世界大战之后,美国军队所拥有的优秀将领,远远比历史上任何一支军队都要多。那个时候,由美国陆军总参谋长乔治·马歇尔亲自选拔每一名军官。虽然并非每一位军官都立下过赫赫战功,但是可以保证的是每一位军官都没有彻底地打过败仗。

业稳步发展的能力,也决定着企业存在的意义、价值观以及目标的有效达成。

德鲁克说:"在管理者做出的所有决策中,人事决策最为重要,因为它们决定了组织的绩效状况。因此,管理者应当尽量做好这些决策。"如果企业在人事决策上发生错误,造成的后果要比任何失败的决策内容所耗用的时间都长,影响更深远,并且难以消除。

在管理领域,任何管理者都不希望在人事决策上出现纰漏。然而,管理者在人事方面的决策不可能尽善尽美,不可避免地会出现不尽如人意的地方,但是管理者却必须要让人事决策趋于完美,让决策的结果尽量地接近100%的成功率。

◎ 人事决策的基本原则

通过调查研究,德鲁克发现管理者所做出的人事决策中,平均的成功率还不到33.3%,正确的决策最多占1/3,毫无效果的决策占1/3,还有1/3是失败的决策。德鲁克认为:造成这种情况的主要原因就在于

德鲁克管理思想精髓

管理者没有掌握好人事决策的基本方法。于是，德鲁克提出了人事决策的基本原则。

1．如果根据成就安排职务，把一个人安排在一定的工作岗位上，但是最后他却做不出什么业绩，完全无法在这个岗位上发挥出自己的能力，那么管理者的这个决策就是错误的。这种依据成就晋升而终于被提拔到不能胜任的级别的方式，是不能被采用的。

2．对职工而言，他们有权力要求自己可以拥有一位能干、优秀的领导。所以，管理者在进行决策时，一定要确保所委派的成员能够带领组织成员，更卓有成效地工作。

3．人事决策是所有决策中最重要的一个决策，与组织的最终绩效息息相关。

Easy-going

在尤里乌斯·恺撒时代，大家都认同"士兵们有权利获得能干的指挥官"这句话。管理者的责任就是要保证人们在组织中的工作卓有成效。

人事决策的基本原则

原则一 不能依据成就晋升而提拔人才到不能胜任的级别

原则二 确保所任用人员能够带领组织成员更加有效地工作

原则三 人事决策与组织绩效息息相关

原则四 不要立即给新任职的人员委派重要任务

4. 对于新任职的人员，不能立即委派其重要的任务，因为他们需要一定的适应过程。

◎ 人事决策的步骤

1. 详细考虑。

对企业而言，职位一旦确定，通常就会很久都保持不变，但是其工作内容却是千变万化的。对于一个工作岗位而言，随着社会的发展与变革，企业所任命的人员条件也会随之变化。因此，在做人事决策的时候，管理者要根据企业的情况、职务的性质等进行详细考虑，甄选合适的人才。

2. 准备候选人。

德鲁克认为，在进行人事决策的时候，可以制定3~5人的候选名

人事决策的步骤

详细考虑
管理者要根据企业的基本情况、职务的性质等进行详细考虑，甄选合适的人才

准备候选人
在进行人事决策的时候，可以制定3~5人达到合格的最低限度的候选名单

考察候选人
对候选人进行考察

征询别人意见
为避免武断决策，管理者需要向同事或前任领导等征询意见

确保工作能力
管理者要确保胜任者的注意力是在当下的要求上，而非是在任务要求上

单。当然，所挑选的候选人员也要达到合格的最低限度。

3．考察候选人。

在德鲁克的思维中，即使拟定了候选人名单，也要对其进行考察："每个人具有什么样的能力？这些能力是否可以胜任该职？"如果候选人具备与职务相匹配的能力，那么候选人就是合适的；反之，就应该立即进行淘汰。之后，管理者可在此基础上做出决策，这样才能够保证人事决策的有效性。

4．征询别人的意见。

每个人都会有第一印象、偏见喜好和嫌恶，管理者在进行人事决策的时候，为了避免因这些因素而造成武断决策，就需要征询一下别人的意见，如同事或前任领导等，交换意见之后，再对候选人做出决策。

5．确保工作能力。

在胜任者适应了新的工作之后，管理者要确保其注意力是在当下的要求上，而不是在任务要求上。对于胜任者的工作状况，管理者也要及时地进行询问，提醒其关注应该做的事情。如果发现其对新岗位的工作无法把握，则管理者需要及时提醒其做出与自己工作内容相对应的规划。

小贴士

经济复苏的奇迹

赫尔曼·阿布斯（Hermann Abs）是德意志银行（Deutsche Bank）的原总裁。在他任职期间，涌现出了一大批合格的管理者，这些管理者都是他亲自挑选的。每选拔一位管理者，赫尔曼·阿布斯都会对其进行详细考察，会找到他的领导或同事，详细询问他们的意见。事实证明，经过赫尔曼·阿布斯亲自挑选的这些优秀的管理者，为创造德国战后的"经济复苏奇迹"做出了巨大贡献。

第6章 如何发挥十分人力

管理实战

为什么辞退你?

杰克是英国某家贵族学校的老师,在他的教学生涯中,遇到一位天赋异禀的学生,全校师生都认为这名学生会有一个辉煌的未来。就在几个月前,杰克接到了这位学生的电话:"刚毕业的时候,我觉得我拥有了一次最大的机会,一家公司任命我为工程经理。但是现在,他们却要解雇我。可是我现在做的、所付出的努力都比以前还要好,还设计了三项能够获得专利的产品。"

实际上,杰克的学生并没有意识到他所从事的工作性质的变化,工作性质一旦发生改变,就会要求工作者改变自己的工作行为。以前一直做的事情,并不代表就可以一成不变地做下去,新的工作性质需要不同的工作行为、不同的工作重心和不同的人际关系来完成。

把合适的人放在合适的位置上

俗语有云，"好钢要用在刀刃上"，意思是说，重要的东西就应该用在重要的地方，这样才能充分发挥出它的最大效用。同理，对企业而言，判断一个人的能力大小，关键就是看这个人在其位置上所发挥的作用。也就是说，人才的地位与人才能力的发挥是成正比的。

◎ 选择合适的人最重要

在很多企业，都会出现这种状况：有很多人都在从事着自己并不擅长的工作。下属一旦接受管理者的安排，就会认为自己必须要在这一岗位上努力工作、努力做好每一件事情。即使是力不从心，他们还是会付出很大的努力。然而，付出的努力不一定就会得到与之相对应的绩效，因为在不适合自己的工作岗位上，永远无法发挥出自己的真正实力。

> **Easy-going**
>
> 卓越的管理者是在利用员工的优势创造价值，而企业的目的，就是让员工的弱点变得无关紧要，同时把长处发挥到极大，创造出企业的绩效。
>
> ——德鲁克

由此可见，不管是对企业还是个人，将合适的人放在合适的岗位上是非常重要的。所以，管理者在选择人才到某一岗位上时，就要独具慧眼，根据他们的优势、能力来安排相应的工作。只有量才而用，才能够取得有效的结果。

◎ 如何将合适的人放在合适的位置上

首先，管理者应当设定合理的工作岗位。德鲁克认为，一个组织中的任何岗位都不是自然而然地产生的，而是由人们来设定的。所以，管理者应当设定切实可行的工作岗位，而非是一些胜任难度较大，甚至是无法胜任的职位。

可能有一些工作岗位是企业管理者专门为某个特殊的人设定的，但也只适合某个人的一些能力。如果拿杰出人物的条件去要求其他人，就会出现工作岗位无人能做的局面。所以，德鲁克建议：如果管理者发现某一工作岗位已经连续有几个人都无法胜任，而从事这项工作的人又具备很强的工作能力，就需要考虑重新设定其他工作岗位了。

其次，管理者要了解下属的优势。了解下属的优势十分重要，管理

将合适的人放在合适的位置

设定合理的职位 → **职位**：设定职位时，不能拿杰出人物的条件去要求其他人 ← 企业的职位都是由管理者设定的。

了解下属的优势 → **下属**：他能够贡献什么？他能够出色地完成什么事情？ ← 他们的优势是什么？

发挥下属的长处 → **工作**：工作不仅要具有挑战性，而且要能够充分发挥、拓展出下属的长处及优势。 ← 确保工作内容能够让他们的长处得到有效发挥。

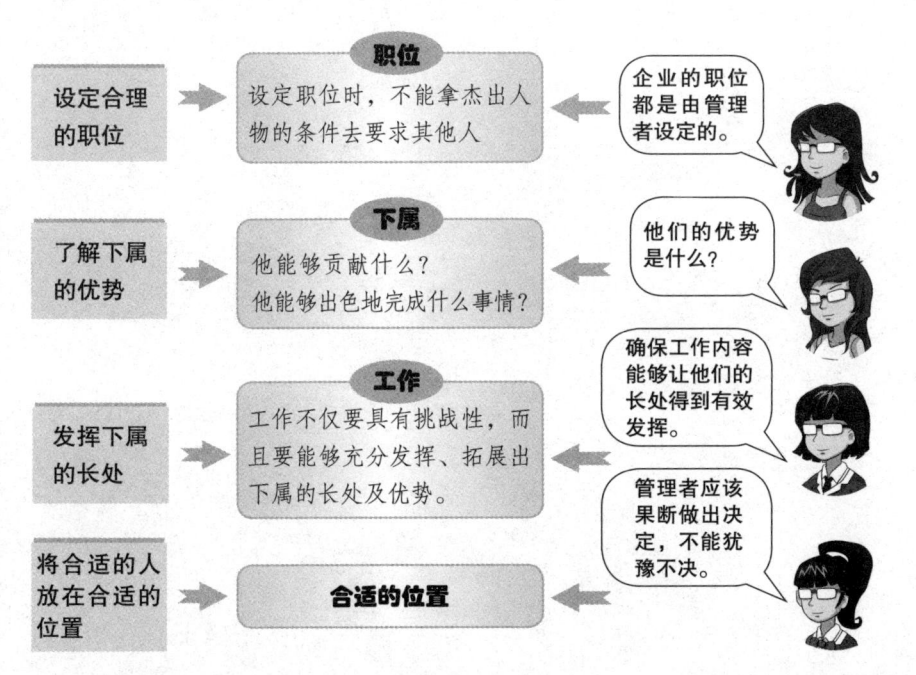

将合适的人放在合适的位置 → **合适的位置** ← 管理者应该果断做出决定，不能犹豫不决。

者选择人才的目的就是要充分利用他的优势，为企业创造更多的绩效。因此，管理者在进行人事决策的时候，一定要考虑两个问题，即"他能够贡献什么？""他能够出色地完成什么事情？"实际上，这也是在对他们的工作绩效进行衡量，对他们未来的成就及贡献进行预测。

再次，充分发挥下属的长处。了解下属的优势还远远不够，德鲁克说："应当在确保人才与职务基本合适的情况下，保证每个工作岗位既有较高的要求，又有较宽广的范围。"也就是说，工作不仅要具有挑战性，而且要充分发挥、拓展出下属的长处及优势，让他们有更大的发展空间。

最后，将合适的人放在合适的位置。管理者应该从实际出发，确保自己已经将合适的人安排在了合适的位置上。犹豫不决是管理者最大的障碍，所以管理者要果断地做出决定。

管理者应当同员工建立良好的人际关系

良好的人际关系对管理者而言是十分重要的,尤其是同员工之间的关系。德鲁克认为:"拥有正确人际关系的管理者,他们的工作也是富有成效的。"那么,管理者如何才能够与员工建立良好的人际关系?请看下面的内容。

◎ 同员工建立正确人际关系的重要性

德鲁克说过:"在一个组织中,自认为有'管理天赋'的管理者,往

小贴士

斯隆与德雷斯塔特

20世纪20年代,通用公司的总裁是艾尔弗雷德·斯隆,尼古拉斯·德雷斯塔特则是他的高级助手。他们两个人有着完全不同的性格,但是在人际关系的处理上,却有着惊人的共识。不管是上下级之间,还是与同事、下属之间,斯隆与德雷斯塔特都将人际关系建立在对组织的贡献上。由于他们经常站在别人的立场上思考问题,所以他们都能够与别人建立紧密的合作关系。在做出关键性的人事决策时,他们从来都不会担心人际关系这个问题。也正是他们在组织中拥有良好的人际关系,所以很少会有人对他们做出的决策产生异议,反而组织成员会共同努力达到目标,这也创造了通用今天如此巨大的成就。

往并没有很好的人际关系。而在自己的工作中,以及与别人的关系上都比较重视建立良好关系的管理者,却能够保持着良好的人际关系。"良好的人际关系,能够使组织中所有成员对管理者做出的决策心服口服,对管理者而言,其决策效率也就会逐渐提高。

◎ 如何同员工建立良好的人际关系

对于这个问题,德鲁克的观点是:尊重每一位组织成员,并保持一定的距离。所谓尊重,这里指的并非是单一礼节上的尊重,而是对组织成员价值的认同,是发自内心的尊重,是真诚的交流,而不是表面的应付。

Easy-going

德鲁克说:"孤独、疏远和严肃有可能和总裁的性格不相容——这和我的性格也是格格不入的,但是这样做却是我的责任。"

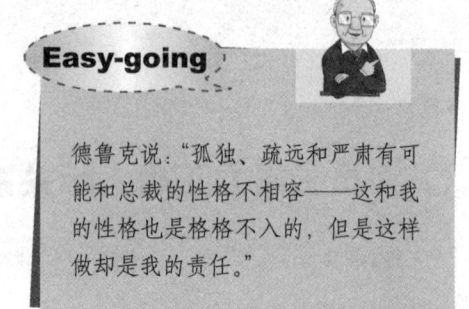

管理者在给下属安排任务的时候,要将接受者的感受放在第一位,不管是任务本身,还是管理者的言谈举止,都要尤为注意。俗话说"细节决定成败",管理者所表现出的每一个细节,都会体现出管理者是否在尊重自己的下属。如果下属感觉到领导的尊重,必然会付出更大的努力认真工作,增加企业绩效。毕竟,谁都不愿在一个保守、专制、压迫的环境下做事,只有被尊重,大家才会萌生出无穷无尽的灵感,拓展出自己的创造力,工作效率自然会得到提高。

与员工保持合适的距离是不易的,但却是必要的。管理者与员工的距离太近或太远,都会引起不小的影响。之所以这样要求管理者,是因为人事决策是管理者必须承担的责任。众所周知,人事决策所涉及的范围十分广泛,人际关系与利益抉择是其中最关键的工作。一旦管理者与所挑选的人才距离过近,就会被其他人认为决策不公;如果管理者与决定的人选关系过于疏远,也会被认为是偏颇的安排。

正确的人际关系

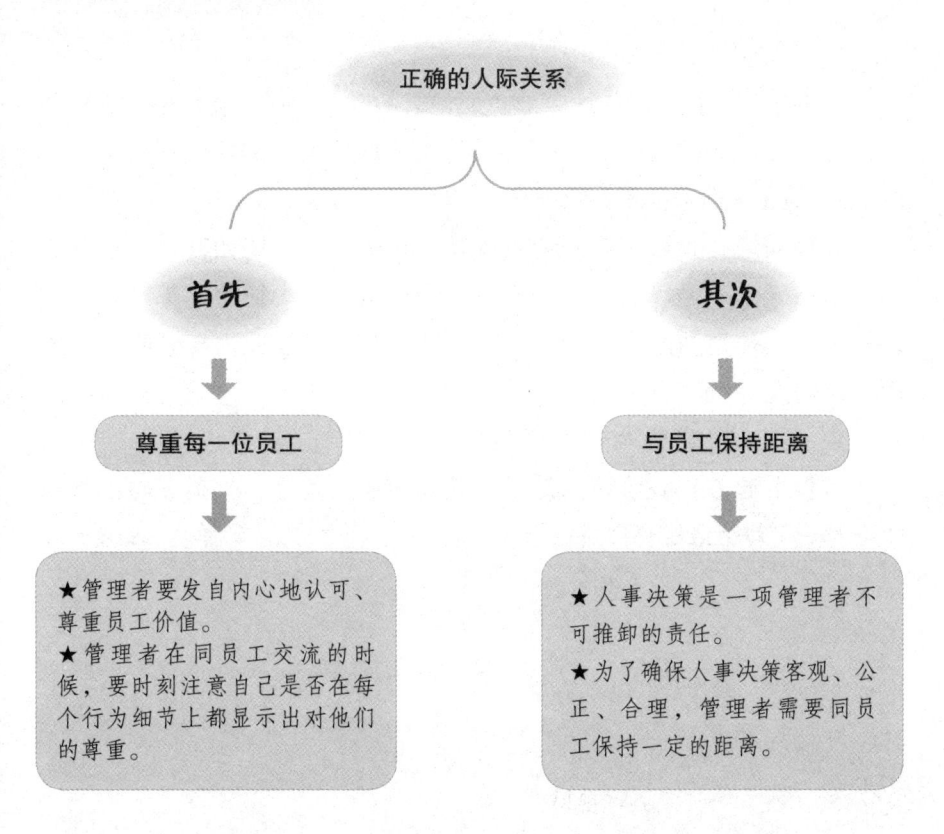

```
            正确的人际关系
           ┌──────┴──────┐
          首先            其次
           ↓              ↓
      尊重每一位员工   与员工保持距离
```

★ 管理者要发自内心地认可、尊重员工价值。
★ 管理者在同员工交流的时候，要时刻注意自己是否在每个行为细节上都显示出对他们的尊重。

★ 人事决策是一项管理者不可推卸的责任。
★ 为了确保人事决策客观、公正、合理，管理者需要同员工保持一定的距离。

为了避免这种现象，尽量保证管理者人事决策的客观、公正、合理，德鲁克反复强调说："管理者不能够根据自身好恶来挑选人才，而应当看他们能干些什么，看他们的工作表现，绝不能看他们是否顺从自己。为了选好人才，管理者需要与较为亲密的同事保持一定的距离。"如果管理者真的能够做到这一点，相信一定能够建立起一支拥有诸多人才的高效率团队。

下面是员工喜欢的几种沟通渠道：

1. 群众大会。

一般情况下，企业在发布业务信息、规章制度、表彰先进等内容时就会召开群众大会。然而，这样的会议不宜频繁召开，一季度开一次最好。

2. 电子邮件。

在企业高层管理者传达企业重要信息的时候，通常会以电子邮件的方式与员工进行交流。当然，这种沟通方式每月或者每周一次最好。

3. 员工手册或内部刊物。

这种沟通方式最主要的特点就是沟通周期长，比如针对企业规章制度所展开的沟通，企业长期目标、短期目标的沟通等，都可以通过这样的方式传递消息。一般来说，企业的员工手册或内部刊物以一季度一期为宜。

4. 员工与主管的"一对一"对话。

这种沟通方式被公认为是最有效的沟通方式之一。员工与主管的"一对一"对话最好每周进行一次。

第6章 如何发挥十分人力

充分发挥自己的长处

每位管理者都希望将工作做到卓有成效,其实最关键的就是要发现自己的优势与长处,并让其得到充分的发挥,自然会达到卓有成效的目的。

◎ 发现自己的长处

古时候,地主的儿子长大后继承父业,做了地主;铁匠的儿子长大后也继承父业,做了铁匠;渔夫的儿子长大后还是继承父业,做了渔夫。在那个时代,如果不能够继承父业,就是不孝的表现,有辱祖宗使命。在现代社会,如果人们还是与古时一样,必定会成为社会的淘汰品。相反,根据自己的特长选择适合自己的事情的人,则能够找到真正

如何发现自己的长处

发掘自身长处的最佳法宝

我的长处是什么?

回馈分析法 →
- 能够在最短时间内了解自身存在的优势
- 能够发现自身需要改变、提高的地方
- 能够提醒自己什么事情不该做,什么事情应该去做
- 让自身的长处得到合理的发挥

德鲁克管理思想精髓

的归属。

回馈分析法是发掘自身长处的最佳法宝，即当你要采取某些行动或者做出某个重大决策之前，先将你能够预测到的后果写下来，一段时间之后，将实际达到的效果与你预测的结果进行比较，你就会有意外的收获。

利用回馈分析法，可以在最

Easy-going

早在14世纪，德国一位默默无闻的神学家发明了回馈分析法，大约150年后被法国神学家约翰·加尔文和西班牙神学家圣依纳爵分别采用。他们都把这种方法用于其信徒的修行。

小贴士

我能够做什么？

美国有一家运输公司，因为某些原因受到政府的种种限制，公司的管理者都束手无策，认为公司就要面临着倒闭的危机。一段时间之后，公司忽然调来了一位主管财务的副总裁。初来乍到的他，一心只想着如何扭转公司的命运，对那些担心公司要破产的管理者的建议都抛诸脑后。他造访了位于华盛顿的"州际商业委员会"，要求对方批准他能够采取几项有效的改革措施。最后，委员会给他的答案是他所提出的措施，大部分都没有违背相关规定，等到他们将其他内容考核、试行之后，如果效果颇佳，就会支持他的建议。

在这位副总裁的努力下，一系列行之有效的措施在公司开始运行，公司业绩也得到了巨大提升，最终从倒闭的危机中走了出来，步入健康发展的轨道。

短的时间内让你了解到自身存在的优势，以及需要提高、改进的地方，更能够提醒你什么事情不该做，什么事情应该做，让你的长处得到合理的发挥。

在发现自身优势的同时，回馈分析法可以将自己该做的事情与不该做的事情都显现出来。如果在某些事情上，自己没有能力或者是连勉强都做不到，就要尽量避免。德鲁克认为："所有的资源和时间，都应该用来让一个'表现杰出'的人达到'登峰造极'。"也就是说，一个人的优势一定要用在自己最擅长的领域。

◎ 拓展自己的长处

发现自己的长处之后，就需要针对自身存在的优势，进行提高、改

如何拓展自己的长处

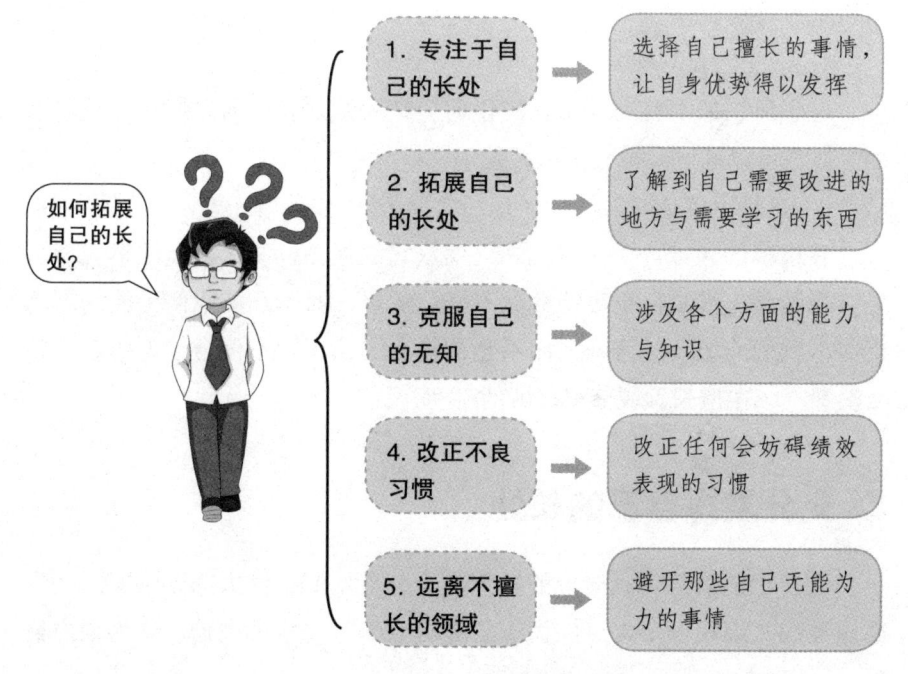

如何拓展自己的长处？

1. 专注于自己的长处 → 选择自己擅长的事情，让自身优势得以发挥

2. 拓展自己的长处 → 了解到自己需要改进的地方与需要学习的东西

3. 克服自己的无知 → 涉及各个方面的能力与知识

4. 改正不良习惯 → 改正任何会妨碍绩效表现的习惯

5. 远离不擅长的领域 → 避开那些自己无能为力的事情

进。具体做法如下：

1. 专注于自己的长处。

选择自己最擅长的事情，让自身的优势得以发挥。

2. 拓展自己的长处。

回馈分析法最大的好处就是能够让你了解需要改进的地方，或者是需要学习的东西，避免被社会大潮淘汰。

3. 克服自己的无知。

比如因为职位、荣誉、学历等因素所产生的傲慢、不屑态度，尤其是那些在某一领域特别出色的人，往往会对其他领域或者其他人的行为嗤之以鼻，这都是无知的表现。如果你身上也具备这些，就应该尽快找出来，然后设法克服。因为要想充分发挥自己的长处，需要涉及各个方面的能力与知识。

4. 改正不良习惯。

这里所说的不良习惯是指的任何会妨碍绩效表现的习惯。当然，这种习惯也可以通过回馈分析法被发现。

5. 远离不擅长的领域。

有很多的领域，要么我们缺乏驾驭它的能力，要么就是缺乏天分，就算是勉强去涉猎，也可能会做不好。所以，对于那些我们无能为力的事情，我们应该及时避开，而不是徒耗心力，否则不仅会一无所获，还会浪费本该在擅长领域获得成就的时间。

◎ 充分发挥自己的长处

让自己的优势得到充分的发挥是十分重要的。伟大的数学家阿基米德说过："给我一个支点，我就能撬动地球"。"木桶理论"认为桶内盛

Easy-going

人们在工作中创造不出成绩的主要原因是没有掌握足够的知识，或对自己专业领域外的知识不屑一顾。

水的多少决定于最短的那块板;"链条定律"认为链条的强度取决于最弱的那一环。

但是,我们既非阿基米德,也非"木桶""链条",要想充分发挥自己的能力,德鲁克指出:"精力、金钱和时间,应该用于使一个优秀的人变成一个卓越的明星,而不是用于使无能的做事者变成普通的做事者。"对于管理者而言,应该将自己的精力用在最适合的地方,发挥出最大的效用。

充分发挥自己的长处

根据工作任务的不同,选择合适的工作习惯,将精力花在自己能做成的事上,并以最有效的方式来做好这些事情。

↓

彼得·德鲁克

精力、金钱和时间,应该用于使一个优秀的人变成一个卓越的明星,而不是用于使无能的做事者变成普通的做事者。

阿基米德	木桶理论	链条定律
给我一个支点,我就能撬动地球	桶内盛水的多少决定于最短的那块板	链条的强度取决于最弱的那一环

其实，如何发挥自己的长处并不是很难。每个人都有自己的工作习惯，比如有些人上午的工作效率很高，但是一到下午就像"霜打的茄子"一样，而有些人则恰恰相反；又如撰写一份文案，是先拟定出初稿再修改，还是仔细认真考虑之后做出成稿，这些在当事者心中都有一定的计划；再如有些人在重压之下才能够提高工作效率，有些人却能够自觉自律，"不用扬鞭自奋蹄"。

可能会有人觉得这些内容不过都是表面现象，根本无法表现出自身的优势。其实，有很多的习惯往往可以反映出一个人的特点，比如对自身的看法、对社会的认知等。尽管具有表面性，但是这些工作习惯却也是提高工作效率的一种方式，因为有很多习惯都可以与各种类型的工作任务互相适应。所以，管理者可以根据工作任务的不同，选择合适的工作习惯，将精力花在自己能做成的事情上，并以最有效的方式来做好这些事情，这样能极大地提高工作效率。

Easy-going

卓有成效的管理者会努力地去保持自己独特的工作习惯，不会轻易地改变自己的个性，他会细心地观察自己的表现及工作效果，并试图从中发现一些带有规律性的东西。

组织成员的岗位调整

> 管理者与员工之间的人际关系互动,对他们的生产力有积极的影响。也就是说,管理者要关心组织成员,了解他们的需求,从而给他们安排合适的工作岗位。

◎ 了解组织成员的需求

每个人都会在某一领域有需求,美国著名的心理学家亚伯拉罕·马斯洛认为:"人类的需求分为五个层级,即生理需求、安全需求、社会需求、尊重需求和自我实现的需求。"现在,我们把马斯洛的需求层级论放在管理学中,就会发现:

Easy-going

美国心理学家亚伯拉罕·马斯洛所提出的人类需求层级理论,属于行为科学,于1943年在《人类激励理论》一文中正式提出。

生理需求——组织成员对食宿条件、薪资奖励制度的需求。

安全需求——在满足了生理需求之后,对自身安全、财产安全的需求。

社会需求——组织成员对工作环境的需求。如组织成员之间的互相帮助、团结友爱等和谐环境的需求。

尊重需求——在组织中,一旦组织成员感受到管理者对自己的尊重,或者是成员之间彼此友爱,就会产生更大的生产力。

自我实现需求——这是比较高级的一种需求,在组织内部,所有人都希望能够发挥出自己最大的优势与能力,实现最终目标。

组织成员的需求

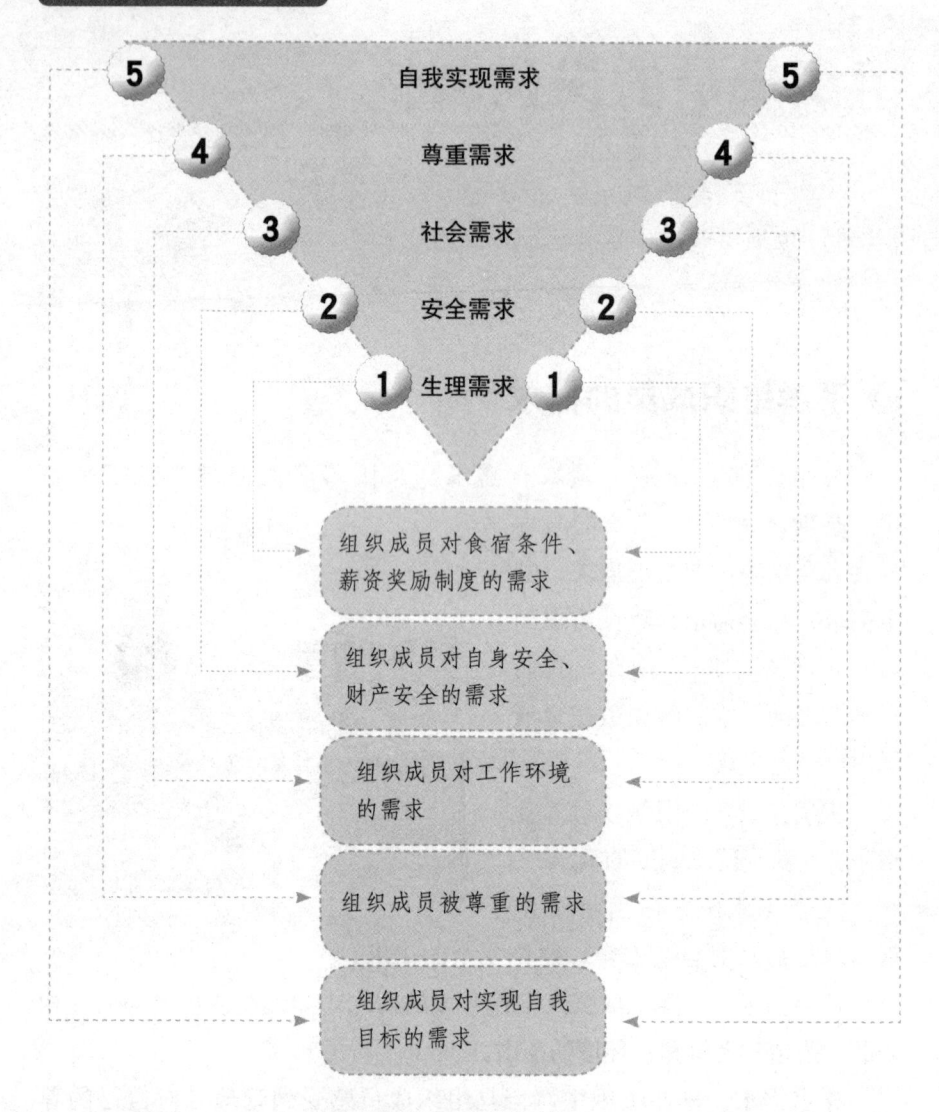

```
5  自我实现需求  5
 4  尊重需求  4
  3  社会需求  3
   2  安全需求  2
    1  生理需求  1
```

- 组织成员对食宿条件、薪资奖励制度的需求
- 组织成员对自身安全、财产安全的需求
- 组织成员对工作环境的需求
- 组织成员被尊重的需求
- 组织成员对实现自我目标的需求

◎ 根据X-Y理论进行岗位调整

X-Y理论是由道格拉斯·麦克雷格于1957年提出的，也被称为X-Y假设。具体内容如下：

第6章 如何发挥十分人力

道格拉斯·麦克雷格的X-Y理论	
X理论	Y理论
不喜欢工作，尽可能会逃避工作	工作如同娱乐一样顺心自然
缺乏安全感，没有进取心	将自己的想象力、创造力运用到工作中
只有受到强迫、控制的时候才会工作	在工作中自觉自律
管理方式	管理者应当扮演强迫者、控制者的角色	管理方式	管理者要开发组织成员的潜力，达到共同目标

X-Y理论告诉管理者，要想为组织成员安排合适的职位，并让他们的才能、智慧、技术等优势得到充分的发挥，实现组织目标与个人目标，就需要认真分析组织成员的各自特点，然后为组织成员调整出合适的工作岗位。

根据X-Y理论进行岗位调整

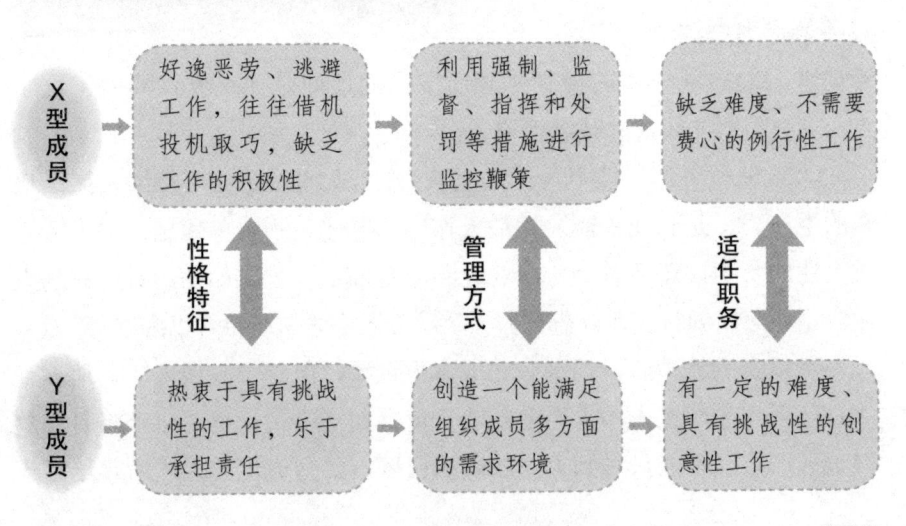

	性格特征	管理方式	适任职务
X型成员	好逸恶劳、逃避工作，往往借机投机取巧，缺乏工作的积极性	利用强制、监督、指挥和处罚等措施进行监控鞭策	缺乏难度、不需要费心的例行性工作
Y型成员	热衷于具有挑战性的工作，乐于承担责任	创造一个能满足组织成员多方面的需求环境	有一定的难度、具有挑战性的创意性工作

员工是企业最有价值的资产

德鲁克说:"管理者必须视员工为最重要的资源,而不仅仅是成本。"德鲁克认为,管理者应该纠正以往看待人才的腐朽观念,发现人才的真正价值。

◎ 人才是一种资源

在企业中,员工数量的多少往往决定着企业的成本增减。因此,有很多管理者在招聘新成员的时候,首先考虑到的不是员工自身的价值,而是是否会增加企业的成本。即使是最优秀的员工,其薪酬也是公司成本计算中必须要考虑的因素。当然,作为管理者,对企业成本的控制是理所应当的,但是如果仅仅局限于这一点,就显得目光短浅、缺乏远见了。

> **Easy-going**
>
> 人才是企业可以持续发展的必要条件,没有人才的支撑,再大的企业也不过是一个徒有其表的空壳,经受不住竞争的冲击,也无力承担社会的变革。

"管理学大师"彼得·德鲁克认为:"人才是企业可持续发展最核心的生产力,是企业中能发挥最大作用的群体。不要单纯地只将人才看成企业的负担,还要看到,企业经营的基础是人才。如果没有优秀的人才,企业何以创新?何以盈利?一个缺乏人才的企业将难以为继。"

所以身为管理者,控制企业成本很重要,但善于发现人才,培养人才,使用人才,让人才为企业创造价值更加重要。管理者应该将目光放得长远一点,不能只看到人才的薪酬问题,要知道优秀人才所带给组织

第6章 如何发挥十分人力

人才是一种资源

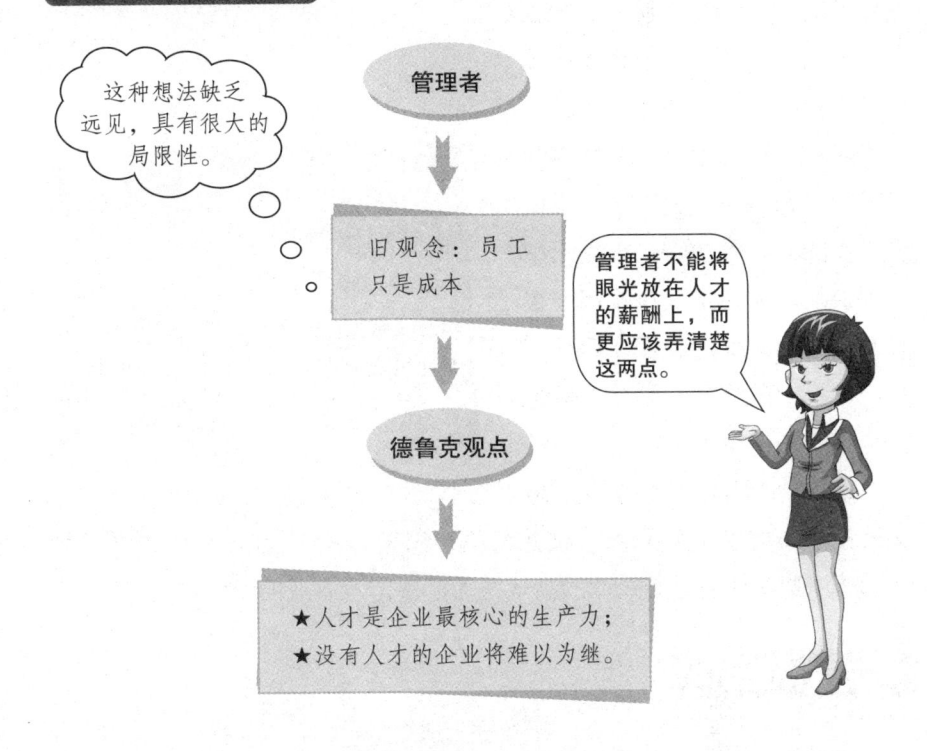

这种想法缺乏远见,具有很大的局限性。

管理者
↓
旧观念:员工只是成本
↓
德鲁克观点
↓
★ 人才是企业最核心的生产力;
★ 没有人才的企业将难以为继。

管理者不能将眼光放在人才的薪酬上,而更应该弄清楚这两点。

的盈利,远远比他现在带给组织的成本要多得多。

◎ 人才是企业最重要的资产

21世纪,经济是以高新技术产业为主导、以知识为基础的经济,简言之,就是人才经济。不管是企业之间的竞争,还是技术的创新,以及产品的增值、资源的合理配置,都需要依靠人才来实现。德鲁克说:"现在社会,人才是企业最重要的资产。"对企业而言,要想让经济增长得以实现,人才是关键。

除此之外,人才还能够使企业的人力资本不断增值,是企业发展的主导力量;人才能够推动企业的成长,将个人发展与企业发展融为一体；人才能够使自身具备的能力、才华、价值观在企业中得到充分的发挥与体现，最大限度地提高企业绩效。

德鲁克认为，知识型人才是当今社会人才的主体。所谓知识型人才，指的就是那些掌握和运用符号和概念，利用知识或信息工作的人。最初，德鲁克眼中的知识型人才特指处在管理层级的人，比如某部门经理。但是在今天，我们所称的白领精英便是新时代的知识型人才。

Easy-going

知识经济时代是一个人才主权时代，也是一个人才赢家通吃的时代。所谓人才主权时代，就是说人才在我们这个时代有了更多的就业选择权与工作的自主决定权。

德鲁克指出："企业为了能够在竞争中取胜，就应当吸收并留住知识型人才。"在激烈的市场环境中，知识型人才决定着企业的绩效能力，决定着企业的竞争实力。

人才的重要性

21世纪，人才是企业最重要的资源

- 现代经济是以人为主的人才经济
- 企业之间的竞争依靠人才
- 人才是推动企业发展的主导力量
- 人才能够最大限度地提高企业业绩

知识型人才是当今社会人才的主体

第6章
如何发挥十分人力

如何让员工富有成效地工作

组织的每位成员心中,"都有一根期待燃烧的火柴",只是需要发现它并能够点燃它的人。而管理者就是组织成员所需要的人。只有使人力资本具有生产力,企业才能够快速运作。组织成员对待工作的态度和完成任务的能力是企业运作的关键。

◎ 培养员工的工作热情

让员工热爱自己的工作,是确保他们能富有成效地工作的前提。那么,如何才能够培养员工的工作热情呢?

德鲁克认为,管理者在做好人事决策之后,应该针对不同岗位的员

如何培养员工的工作热情

要想使员工富有成效地工作,首先:

培养员工的工作热情

↓

培养方式

- 采用不同方式的激励措施
- 对员工进行适时的赞美
- 给予员工适时的关怀

工采用不同方式的激励措施,以达到让他们热爱自己工作的目的。这里所讲的激励措施不仅仅是升职加薪,还可以适时地对他们的工作表现进行赞美或肯定,让他们感受到自己被重视和认可,他们自然会更加努力地工作,以达到更高的目标。

除此之外,管理者也应当给予员工适时的关怀,用真诚去感动他们,让他们感觉到组织温暖的文化氛围,提高组织成员之间的凝聚力。

◎ 让员工具备主人翁精神

管理者除了要培养员工的工作热情,还要营造一种平等的氛围,让员工都具备主人翁精神,也就是具备"管理者的态度",即员工要像管理者一样对待自己的工作岗位、工作内容及产品。这是一种与群体工作和整体产品有关的态度。

德鲁克认为,除了管理者自身的认知,员工对组织、职位、工作、产品也有自己的想法与态度,而决定员工工作绩效的关键就是他们的这种认知态度。因为,员工不可能很容易就会与管理者达到一致的认知,他们之间所产生的认知差距,极有可能会使员工对组织使命、工作目标产生排斥,自然员工也就不会富有成效地工作。

所以,管理者若想让员工接受自己的想法、服从自己的管理,就必须让员工具备"管理者的态度",让他们觉得自己也是管理者,站在企业的角度去看待问题,并将企业的核心目标看作是自己的目标。那么,管理者该如何培养员工的主人翁精神呢?

第一,管理者在设定企业目标的时候,尽可能让组织所有成员都参与其中,让他们了解目标设定的原因、方法及其重要性和科学性。如此一来,当员工参与其中的时候,自然就会站在企业的角度去考量每一个问题,而这个时候,企业的目标便成为员工自己的目标。在实施目标的过程中,如果遇到什么问题,员工也会自主地想办法来解决,以确保目标能够得到切实有效的实施。

第二，让优秀的员工参与到组织的管理中。有些企业在这方面做得很好，他们甚至会让员工负责一部分的管理行为。员工得到了重视，就会更加重视自我的管理，充分利用自己的优势参与到组织的管理中。

如何与不同类型的员工进行沟通

> 沟通在管理范畴中是至关重要的,也是管理者发掘人才、培养人才、管理人才必经的一个过程。但是在企业中,不可避免会存在各种类型的员工,面对不同特点的员工,管理者就需要采用不同的方式与其交流。那么,管理者要如何才能够与不同类型的员工进行沟通呢?

◎ 优秀型

面对优秀的员工,管理者需要采用激励的方式与之交谈。这里所讲的优秀员工,就是自身具备其他员工所没有的素质及能力。这种类型的员工必然会在自己的职责范围内有良好的表现,因此管理者一定要对其优秀的表现加以肯定,并找到他们的优秀行为,向其他员工推广。

此外,凡是优秀的员工都会有较为强烈的个人发展欲望,管理者在与之沟通的时候,就要重点了解他们对自身未来发展的设想,以更好地为他们创造发展的机会与空间。当然,必要的话,管理者也可以与他们一起制订未来的发展计划。

最后,管理者需要注意的一点就是,优秀的员工往往会认为晋升、加薪这些事情是他们理所应当得到的。因此,管理者不要轻易地做出晋升加薪的许诺,以免最后无法兑现,不仅有损自身形象,也会让员工产生挫败感。

◎ 一般型

业绩稳定,没有明显进步,也不会有很大的倒退,这种类型的员工

第6章 如何发挥十分人力

与不同类型员工沟通的方法

类型	特点	沟通方法
优秀型	具备其他员工所没有的素质及能力；有较为强烈的个人发展欲望	采用激励的方式；不要轻易地做出许诺
一般型	业绩稳定，没有明显进步，也不会有很大的倒退	查明原因，然后对症下药
较差型	工作上没有什么成就，还时常犯错误	具体分析工作情况
高龄型	年龄大、工龄长的员工	想办法让他们接受现实所存在的差距
内向型	不善于表达自己的想法，缺乏主动性	多提一些开放性的问题，迫使他们开口讲话
焦躁型	往往脾气不好	多一点耐心听他们把话讲完，然后一起寻找问题，解决问题
野心型	有很强烈的动机	与他们一起讨论切实可行的发展方案，并帮助他们制订符合现实的工作计划

德鲁克管理思想精髓

就属于一般型。面对这种类型的员工，管理者需要帮助他们分析不会进步的原因。一般都会有如下原因：

1. 个人问题。对自我目标设定得过低，没有对自己提出更高的要求。

2. 岗位问题。可能这种类型的员工具备很大的潜力，但是却无法在现有的岗位上得到发挥。

3. 工作方法。如果找不到合适、有效的工作方法，即使在一个岗位上待了很多年，也无法提高自己的工作绩效。

4. 其他原因。比如个人困难、同事关系不和谐等。

对待这种类型的员工，管理者需要查明原因，然后对症下药。既要让员工看到自身存在的不足，又要切实为他们着想。

◎ 较差型

管理者都会有这样的感觉，与优秀的员工沟通是一件快乐的事情，

员工没有明显进步的原因

员工没有明显进步的原因：

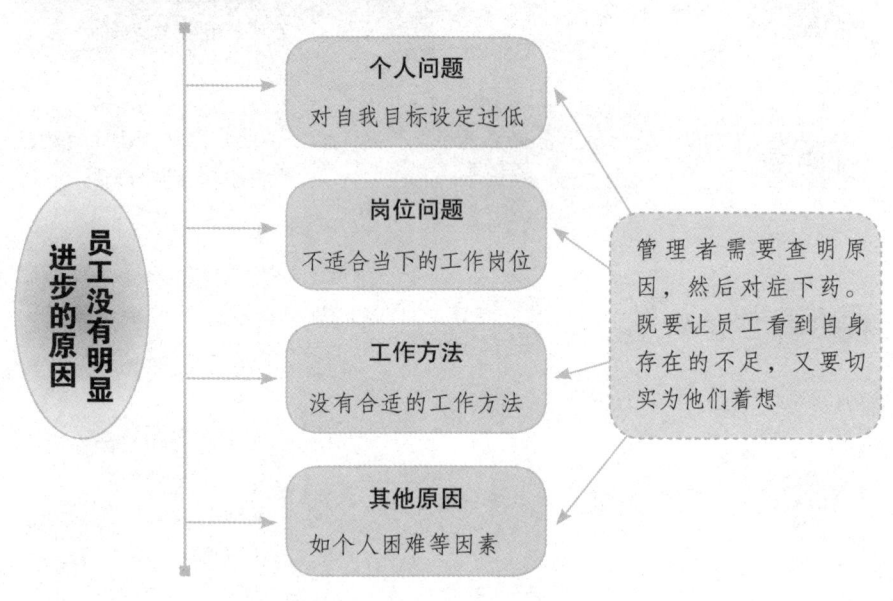

- **个人问题**：对自我目标设定过低
- **岗位问题**：不适合当下的工作岗位
- **工作方法**：没有合适的工作方法
- **其他原因**：如个人困难等因素

管理者需要查明原因，然后对症下药。既要让员工看到自身存在的不足，又要切实为他们着想。

242

而与那些工作效果较差的员工沟通起来,就会觉得十分头疼。往往在工作上没有什么成就,还时常犯错误的员工,都害怕面对自己的工作成果,但是管理者又不得不让他们正视自己的能力。一般情况下,有一部分员工会认识到自己能力的欠缺,却过于自卑,而心存"破罐子破摔"的态度;还有一部分员工认识不到自己的缺陷,不仅不会想办法改进,甚至还会与管理者发生冲突。

面对这种类型的员工,管理者就需要对他们的工作情况进行具体分析,注意不要单一地认为是员工个人的问题。

◎ 高龄型

高龄型指的是年龄大、工龄长的员工。也许他们曾经为公司创造了很多的利润,但是随着科技的发展、新技术的引进,这种类型的员工可能由于掌握新技术速度过慢等原因,无法提高自己的工作绩效。

对待这种类型的员工,管理者一定要对他们心怀尊重。首先,要肯定他们过去对公司的贡献,并给予他们亲切的关怀;其次,要让他们明白,虽然过去的贡献不能够被忽略,但是并不能够代表现在或者未来的成绩。简言之,管理者要让他们接受现实所存在的差距。

◎ 内向型

内向型的员工不善于表达自己的想法,缺乏主动性。在与管理者交流的时候,可能会由于紧张而显得局促不安,也可能会更加沉默地对待。对于这样的员工,管理者可以多提一些开放性问题,给他们创造表达自己想法的机会,或者征询他们对某一问题的建议,迫使他们开口交谈。

◎ 焦躁型

焦躁型的员工往往脾气不好,当与管理者的意见发生分歧的时候,很可能会遏制不住自己的脾气而发火。对于这种类型的员工,管理者要耐心地听他们把话讲完,而不是与对方争辩。当他们稳定情绪之后,再同他们一起寻找原因，解决问题。

◎ **野心型**

这种类型的员工往往有很强烈的动机，迫切渴望自己能够为公司做出较大的贡献，也会提出关于未来发展的很多设想和计划。面对这样的员工，管理者一方面要尽量让他们明白现实差距，另一方面也要避免让他们有被泼冷水的感觉。管理者可以与他们一起讨论切实可行的发展方案，并帮助他们制订出符合现实的工作计划。

第7章

管理者应该如何决策

管理者的决策能力,是决定企业发展的关键。管理者做出正确的决策越多,企业就能够走得越远。反之,则是一条不归路。

本章教你:
▶什么是有效的决策?
▶如何应对决策中的反对意见?
▶什么是群体决策?
▶如何界定错误的决策?

影响决策的五个要素

> 决策的意义，不是为了标新立异，也不是为了引人争议，而是为了达到有效决策的目的。管理者之所以被称为管理者，是因为他们拥有特殊的地位与才能，所以他们背负着整个组织的期望，全体成员都希望管理者能够做出对组织、绩效、成果都具有特殊影响的决策。但是，决策并非像一日三餐那样简单。

◎ 要素一：了解问题的性质

问题的性质就是指该问题是经常发生的，还是偶然发生的。如果是经常发生的问题，就需要建立一定的原则进行根治；如果是偶然出现的问题，之前从未发生过，就应该根据特殊情况进行特殊处理。

严格来讲，问题的性质并非只有"经常性"和"偶然性"这两种情况，一般情况下，可以分为四种性质。

第一，确实是经常性出现的问题。即使出现其他问题，也是一种表面现象。

第二，虽然问题是在特殊情况下发生的，但它却是一种经常会出现的问题。

第三，确实是偶然出现的特殊问题。通常情况下，这种问题发生的概率很小，一旦出现，管理者就需要分清楚究竟是真正的偶然，还是经常性问题的一次偶然出现。这也是第四种问题的内容。

第四，偶然出现的经常性问题。将经常性问题当作是偶然问题，这

Easy-going

有效的决策人常需要花费不少时间来确定问题的属性。如果类别错了，其决策必为错误的决策。

第7章 管理者应该如何决策

影响决策的五个要素

- **了解问题的性质**
  - 确实是经常性出现的问题
  - 虽然问题是在特殊情况下发生的，但它却是一种经常出现的问题
  - 确实是偶然出现的特殊问题
  - 偶然出现的经常性问题

- **考虑边界条件** → 是管理者在决策过程中最难的一个步骤

- **做出正确的决策** → 是一项能够达到某种效果、对组织及组织成员有利的一项决策

- **化决策为行动**
  - 了解决策的都是什么人？
  - 应该采取什么样的行动？
  - 采取行动的人是谁？
  - 行动应如何进行才能使执行者遵循一定的规范？

- **建立信息反馈制度** → 目的是对决策所预期的效果进行实际的验证

德鲁克管理思想精髓

是管理者经常会犯下的错误。当然，如果管理者犯下这样的错误，那么最终的工作结果也必然是失败的、无效的。

除了真正的偶然性问题，其他类型的问题都需要通过制定规则进行解决。只要有了切实可行的方案，一切类似的问题都将会得到解决。而对于真正的偶然性问题，就需要特殊对待了。

◎ 要素二：考虑边界条件

"边界条件"是一种科学术语，如决策的目标、满足的条件，这些决策应该遵循的规范都可以称为"边界条件"，也是管理者在决策过程中最难的一个步骤。

管理者要想使决策有效，更快地解决问题，就需要有详细的

Easy-going

任何人都可能做出错误的决策，事实上任何人也确实做出过错误的决策。但是，任何人做决策，都不能不顾及边界条件。

边界条件与决策

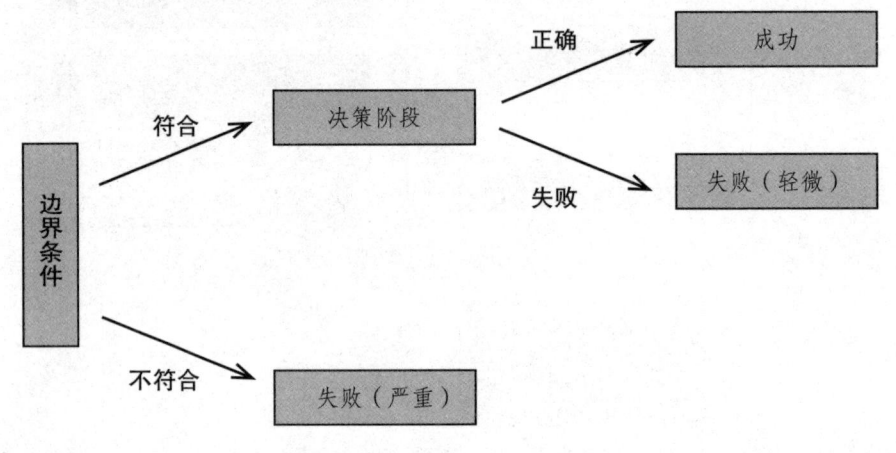

边界条件 —符合→ 决策阶段 —正确→ 成功
决策阶段 —失败→ 失败（轻微）
边界条件 —不符合→ 失败（严重）

边界条件说明。换言之，如果边界条件不够清晰、具体，那么不管管理者所做出的决策有多么了不起，其实也不过是一项没有任何效果的决策。

作为管理者，首先要明白，一项不符合边界条件的决策，最终必定会导致失败。与一项符合边界条件却错误的决策相比不符合边界条件的决策往往更加误事，尽管二者都是错误的决策。但是，边界条件的错误是可以弥补、改正的，如果做出与边界条件根本就是背道而驰的决策，就是"抱薪救火，南辕北辙"了。

◎ 要素三：做出正确的决策

这里所说的正确的决策，并非是指被组织成员接受、认可的决策，而是指能够达到某种效果、对组织及组织成员有利的一项决策。如果管理者不明白正确决策的意义，就会很容易朝着错误的方向做出决策。

作为管理者，要果断做出正确的决策。如果一直担心不被大家接

小贴士

艾尔弗雷德·斯隆的话

"我不知道我们要你研究什么，要你写什么，也不知道该得到什么结果，这些都应该是你的任务。我唯一的要求，只是希望你将你认为正确的部分写下来。你不必顾虑我们的反应，也不必怕我们不同意。尤其重要的是，你不必为了使你的建议容易为我们接受而想到折中。在我们公司里，谈到折中，人人都会，不必劳驾你来指出。你当然可以折中，不过你必须先告诉我们什么是'正确的'，我们才能有'正确的折中'。"

斯隆的这段话，可以作为每一位管理者做决策时的座右铭。

受，那么即使是正确的决策，也不会有什么效果。这世间的事情，有时候就是这么的不按常理出牌，你越是担心什么，很可能并不会存在问题，而被你忽略掉的，也许就在你毫无防备的情况下悄然而至。

Easy-going

如果管理者总是不敢提出最重要的结论，那么他就得不到有效和正确的答案。

◎ 要素四：化决策为行动

如果说边界条件是管理者决策过程中最难的一个步骤，那么将决策转化为行动，则是一个管理者需要花费大量时间与精力的另一个步骤。实际上，管理者从准备决策开始，行动已经包括在决策范围之内了。

除了确保决策的正确性，还必须要有系统的执行步骤，包括工作内容与责任的承担。管理者如果想要将决策进行有效实施，就必须明白以下几个问题：

1. 了解决策的都是什么人？
2. 应该采取什么样的行动？
3. 采取行动的人是谁？
4. 行动应如何进行才能使执行者遵循一定的规范？

其中，第一点与第四点是最容易被管理者忽略的，以至于最终导致灾难性的结果。

◎ 要素五：建立信息反馈制度

建立信息反馈制度的目的，就是对决策所预期的效果进行实际的验证。即使是最优秀的管理者，也不可避免会犯错误，决策也是一样，不可能管理者的每一次决策都是正确的，何况再有效的决策，也会被时代淘汰。

杜鲁门曾经这样评价德怀特·戴维·艾森豪威尔："可怜的艾克，他是军人，下达命令后必有人执行；现在他要坐在这间大办公室里了，只怕他发布命令之后，一件事也做不成。"事实证明也是这样的。

当然，我们不能说总统的权力没有军事将领的权力大，因为单一地依靠发号施令是没有用的，管理者在下达命令的同时必须有一个系统的信息反馈制度，便于检查组织成员执行命令的情况及效果。

最有效的信息反馈制度，就是管理者"实地考察"。然而，权力越大的人，越是没有充裕的时间做自己想做的事情，或者根本就没有时间考虑亲自检验决策执行情况的事情。随着计算机时代的来临，这种情况日益严峻。有了计算机的存在，管理者就更加没有时间与精力检查决策的执行情况。殊不知，依靠计算机所得到的数据与信息，不过是抽象的结果，而这些抽象的结果必须要通过切身实践，才能够保证它的准确性与可靠性。

什么是有效的决策

> 德鲁克说:"管理者有很多工作,决策就是其中的一项。也只有当上了管理者才有决策的权力。由于他所处的地位或他所拥有的知识,人们自然会期望管理者能做出对整个机构、对机构的绩效及成果带来深远影响的决策。所以,这就是管理者工作的意义所在。"

◎ 决策是一项管理者特有的任务

"决策理论大师"西蒙说过:"决策是管理的心脏,管理是由一系列决策组成的,管理就是决策。"所以,决策就是一项管理者特有的任务。然而,大部分管理者的决策都是凭直觉进行的。

Easy-going

作为管理者,必须理性地认识现实和市场,必须做出最有效的决策。

在全球管理界享有盛誉的管理学大师亨利·明茨伯格说:"管理者就好像一个杂耍艺人,在任何时刻都会把许多问题抛向空中。它们会在预定时间内掉下来,然后在瞬间获得能量,又重新回到空中。同时,新问题已经在边上排队等候了;不时有旧问题被抛弃,新问题被添加上来。"

诚如管理学大师明茨伯格所言,管理者所处的位置越高,所做出的决策就越具有较高的随机性。因为很多决策都需要管理者在最短的时间内做出,甚至有些时候根本就不会给管理者认真思考的时间,这种情况下,管理者只有把握好稍纵即逝的机会,果断地做出决策。

德鲁克强调,决策对于管理者而言,就是一项特殊的任务。这项任

有效的决策

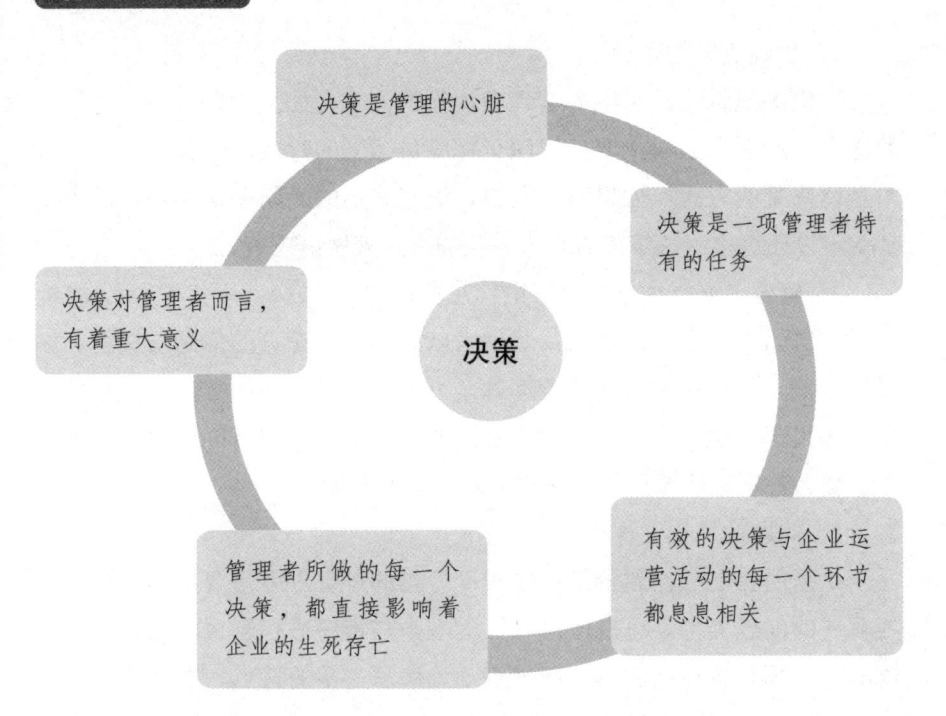

决策

- 决策是管理的心脏
- 决策是一项管理者特有的任务
- 决策对管理者而言，有着重大意义
- 管理者所做的每一个决策，都直接影响着企业的生死存亡
- 有效的决策与企业运营活动的每一个环节都息息相关

务会伴随着管理者的权力、职位直到最后，在此期间，不管企业朝什么方向发展、发展状况如何，管理者都必须要明确自己想要达到的最终目标是什么样子，以确保目标的切实可行，而要想达到这一目的，最重要的就是保证决策的有效性。

可见，决策对管理者而言，是有着重大意义的。不同的决策内容，决定着企业不同的发展规划，因此管理者都希望自己做出的每项决策都是有效的、切实可行并且能够为企业发展做出巨大贡献的。

德鲁克说："有效的管理者需要的是决策的冲击，而不是决策的技巧；要的是好的决策，而不是巧的决策。"有效的决策与企业运营活动的每一个环节都息息相关，可以说，管理者所做的每一个决策，都直接影响着企业的生死存亡。

◎ 进行有效决策应注意的问题

1. 明确决策的质量。

决策的质量往往影响着管理者决策的方式，如当管理者没有时间上的压力、所做出的决策要被组织全体成员接受的时候，管理者就可以采用全体决策的方式；如果时间紧迫，没有充足的时间来认真考虑，管理者就可以通过小组决策或者个人决策的方式来做出决策。

2. 管理者必须要掌握足够的信息和技能。

要想做出高质量的决策，管理者就必须拥有充分的信息与技能。如果信息缺乏，管理者就需要搜集各个方面的信息，增加自己的信息储备量；如果个人技术有限，管理者就需要依靠小组的智慧；如果二者都缺乏，那么管理者就需要用尽浑身解数，集思广益了。

3. 问题的结构性程度。

这里所讲的"问题的结构性程度"指的是管理者需要搞明白自己将要解决的问题类型。可以按照一定的规则与程序进行解决的问题，一般情况下，都具备目标明确、问题直观、信息完整的特点，并具有先例。

小贴士

"能人"角色

赵新先任职三九集团董事长的时候，大家都称他是一位"能人"。当然，并非只是单纯地夸赞他聪明绝顶，而是对于集团大大小小的投资，赵新先都是一个人说了算。事实证明，赵新先也的确带领三九集团有过一段时间的辉煌。但是，由于赵新先说一句话就可以算数的决策方式，导致集团高达5000万元的资金不知流往何处。最后，三九集团因财务危机面临倒闭的危险，赵新先也因私自挪用公款锒铛入狱。

而需要通过寻找新的方式、制定新的程序才能够解决的问题，则一般都是一些不常发生、信息不完全或者是模糊不清、从无先例的新颖问题。

4. 组织成员的认可。

并非凡是管理者做出的决策都能够得到组织成员的认可，如果组织成员不同意管理者的决策内容，但是决策却必须进行贯彻实施的时候，管理者就需要想办法让自己的决策得到组织成员的认可。只有组织成员认可了管理者的决策，才会全力以赴地执行决策的内容。

5. 管理者的自行决策。

管理者要想不通过团体决策就能够确保组织成员都会认可自己的决策，就需要对自身所具备的能力进行评估，如经验、权威、技术、人际关系、知识等各个方面。如果管理者一厢情愿地认为，即使自己所做的决策得不到组织成员的认可，只要反对者不多，就说明已经得到多数人的同意，就可以贯彻实施，那么最终导致的结果必定是有害无益的。

6. 组织成员对组织目标的积极程度。

伟大的哲学家卡尔·亨利希·马克思曾说过这样一句话："人们的一切奋斗都与他们的利益有关。"在组织中，所有成员工作的目的也是为了自己的利益。因此，管理者需要将组织目标转换成组织成员的个人目标，将组织利益循环化为组织成员的个人利益，避免组织成员产生"公私分明"的态度。

7. 组织成员之间的冲突。

一般情况下，依靠团队决策所得出的结果，没有管理者小组决策或者是个人决策得到的方案好。但是，通过管理者小组决策或个人决策所得出的方案又有两个方面的问题：其一，提高组织成员的利益；其二，损害组织部分成员的利益，组织整体利益得以增加，如奖勤罚懒制度。对于这些问题，组织成员之间难免会发生冲突。所以，管理者一定要想清楚，究竟是要采用最好的决策方案，还是减少组织成员之间的利益冲突。

7 德鲁克管理思想精髓

进行有效决策应注意的问题

- **问题一** → 明确决策的质量
  - 全体决策：无时间压力、需要被组织成员接受
  - 个人、小组决策：没有充足的时间去认真思考

- **问题二** → 掌握足够的信息和技能
  - 缺乏信息：增加自己的信息储备量
  - 缺乏技能：依靠小组的智慧
  - 如果同时缺乏信息与技能：管理者就需要用尽浑身解数，集思广益

- **问题三** → 问题的结构性程度
  - 按照一定的规则与程序进行解决的问题
  - 不经常发生、信息不完全、从无先例的新颖问题

- **问题四** → 组织成员的认可
  - 只有组织成员认可了管理者的决策，才会全力以赴地执行决策内容

- **问题五** → 管理者的自行决策
  - 管理者要想不通过团体决策就能够确保组织成员都会认可自己的决策，最终结果有害无益

- **问题六** → 组织成员对组织目标的积极程度
  - 管理者需要将组织目标转换成组织成员的个人目标，将组织利益循环化为组织成员的个人利益

- **问题七** → 组织成员之间的冲突
  - 管理者一定要想清楚，究竟是要采用最好的决策方案，还是减少组织成员之间的利益冲突

◎ 有效决策的五步法则

管理者要想做出有效的决策，就必须遵循有效决策的五步法则。但是，这并不代表在任何情况下，管理者都必须盲目地遵循这个法则。五步法则所呈现出的是管理者正常的思维模式，并不存在任何条条框框的束缚。此外，当管理者遗漏了什么步骤的时候，五步法则也能够及时地对管理者进行提醒。

第一步：确定目标。

管理者必须在依据外部环境与内部环境的条件下，根据需要解决的问题，经过市场调查，确定出想要达到的目标，并制定出明确的方案。

第二步：收集相关信息。

可以使用的信息与相关信息是不同的，利用有限的信息做出决策，这是一种错误的行为，也是管理者容易犯的错误。这样的管理者在做决策的时候，往往会想"我如何来利用这些信息"，而不是思考"这些信息是否是关键的信息"。

但是，管理者也不能害怕做出错误的决策而大量搜集信息，导致最后信息超载，依然无法提高决策的有效性与准确性。因此，我们需要获

有效决策的五步法则

第一步：确定目标

第二步：收集相关信息

第三步：提出可行的备选方案

第四步：做出决策

第五步：执行与评价

得最有效的信息。

第三步：提出可行的备选方案。

这里所讲的"备选方案"，不是为了最后进行"以二选一"。往往缺乏技巧的管理者就会采用这种方式，没有留下充裕的时间与精力思考第三种甚至更多种备选方案。众所周知，阿尔弗雷德·斯隆曾是通用公司的总裁，他曾经会因为下属仅向他提供了两种解决问题的方案而将会议延期。当时，斯隆对只做出两种方案的人说了一句话："离开这里，去想更多的方案。"

Easy-going

有些信息是显而易见的，有些却可能被遗漏掉。许多关键信息不是立刻就能到手的，如果允许拖延时间，最好不要在尚未掌握这些重要信息前做出决策。

斯隆的意思就是，我们要发散自己的思维，在无限的空间中寻找所有的可能，这样才能够激发出我们的创造性思维，进而得到更多的方案。

下图是一个"龙虾罐"模型，外表形似龙虾。在这个越来越窄的模型中，从可行方案到一个方案，逐渐压缩的原则就是：证伪比证实更容易。

第四步：做出决策。

管理者在做出最终决策之前，必须要有一定的选择标准，其目的就是便于管理者在复杂的情况下进行选择。具体的选择措施如下：

1. 分清优势和劣势；
2. 对每种方案所要达到的结果进行考察；
3. 以目标为准绳检验提案；
4. 对预期收获与风险进行衡量。

第五步：决策的检验。

当决策尚未最终落实之前，还具备更改的可能性。即使不打算改变，也要继续检查决策的准确性，这就需要在决策中的审视执行。此

第7章 管理者应该如何决策

"龙虾罐"模型

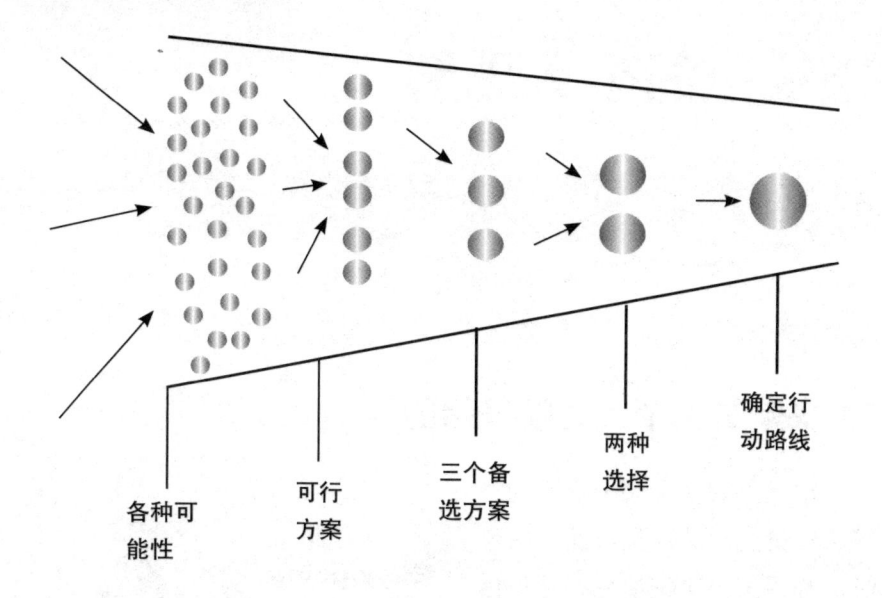

各种可能性 → 可行方案 → 三个备选方案 → 两种选择 → 确定行动路线

外，当管理者对自己的决策进行反复的审视、检验的时候，脑海中已经储备了一定的思维信息。如此一来，当管理者下次需要做出类似的决策时，这些信息就会发挥一定的作用。

7 德鲁克管理思想精髓

决策中的个人见解

所谓见解，指的就是对事物的认识和看法，即尚未被证实的一种假设。管理者在做出决策之前，必定会先有自己的见解，然后才会征询团队的意见。这样的行为是正确的，身为管理者，本该有自己的想法，这样才不至于被大家认为其缺乏洞察力，思维不灵活。

◎ 决策是由个人见解开始的

市场上有很多关于管理的书籍，在讲到有关决策方面的内容时，都提出，决策前先要搜集信息、资料，决策来自于组织成员的一致意见。其实，事实并不完全如此。有效的决策，是在众多不同意见的撞击中产生的，大都旗鼓相当，优劣势并存。相信有效的管理者都明白，决策的过程并非是从搜集资料开始的，而是从管理者的个人见解开始的。但是，对于尚未被证实的假设而言，即使见解再独到，也是毫无价值的。

Easy-going

凡在某一领域具有经验者，都应该有自己的见解。假如说一个人在某一方面经验丰富，而竟然没有见解，就说明此人没有敏锐的洞察力，头脑迟钝。

在决策之前搜集资料是很困难的，如果没有与之相对应的相关准则，就很难找到可利用的信息。人总是从自己的见解开始的，所以从搜集资料开始，是完全不切实际的。如果非要从搜集资料开始，最后的结果无非有两种情况：其一，所搜集的资料，必是根据自己已经认可的结论进行的；其二，既然已经有了依据，就会搜集到更多的资料。

由此我们不难看出，其实搜集资料也是在个人见解上进行的。既然见解是一种尚未验证的假设，那么搜集资料的过程就是验证这一假设的过程。最后，经得起验证的见解，便是我们需要重视的地方；反之，我

决策是由个人见解开始的

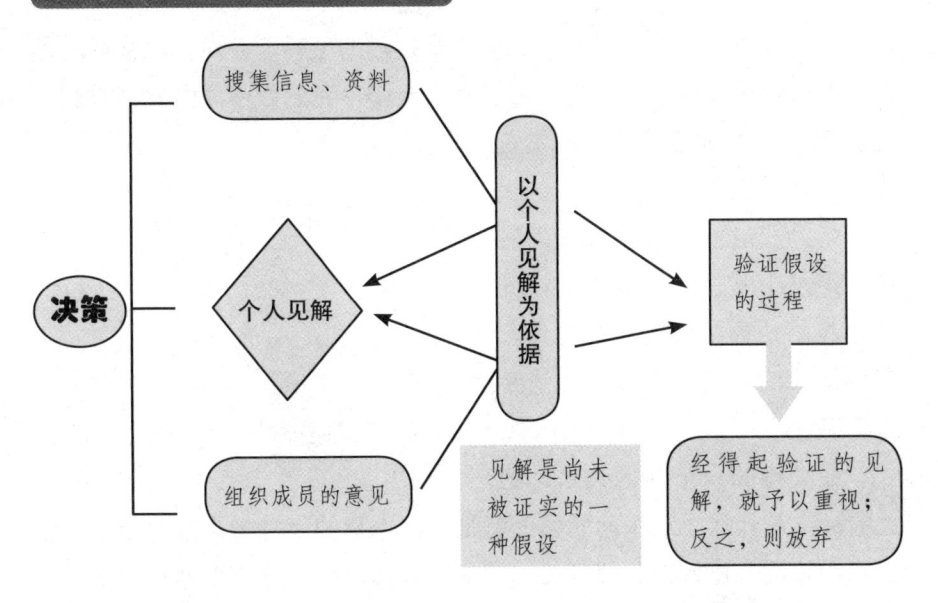

```
决策 ─┬─ 搜集信息、资料 ──┐
      │                    ├──→ 个人见解 ⇄ 以个人见解为依据 ──→ 验证假设的过程
      └─ 组织成员的意见 ──┘                                         │
                                                                    ↓
                          见解是尚未被证实的一种假设         经得起验证的见解，就予以重视；反之，则放弃
```

小贴士

天才的决策家

一次，斯隆在会议中说："诸位先生，在我看来，我们对这项决策，都有了完全一致的看法了。"参加会议的成员都点头称是，斯隆看了看与会的所有人，大声说道："现在，我宣布会议结束，这一问题延到下次会议时再行讨论。我希望下次会议时，能听到相反的意见，我们也许才能得到对这项决策的真正了解。"

斯隆的目的是反复地验证"见解"，因为只有经得起反复验证的见解才是最好的决策。斯隆始终认为，正确的决策，必须从正反不同意见的冲突碰撞中才能得出。

们就需要放弃。

◎ 合适的衡量方法

优秀的管理者会鼓励组织成员提出自己的见解，并对其进行深思熟虑，看清楚最终的验证结果。可能有人会问"我们如何才能够判定假设的真伪？""我们需要什么事实对某一见解进行验证？"其实，当我们开始寻找这些问题的答案的时候，组织中其他成员也会有这样的想法，凡提出自己见解的人，都会像我们一样，想办法搞清楚这些问题。

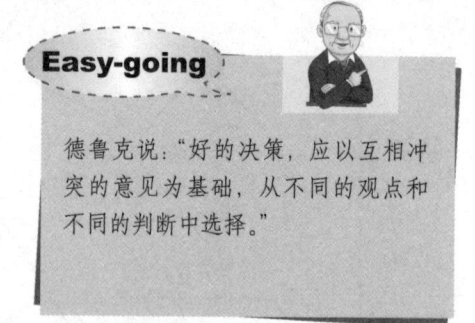

Easy-going

德鲁克说："好的决策，应以互相冲突的意见为基础，从不同的观点和不同的判断中选择。"

最关键的一个问题就是：相关的标准是什么？这个问题指的就是问题本身的衡量与决策的衡量。如果我们知道一位有效管理者的决策是怎么达成的，就会很容易发现，其实我们为了寻找衡量的方法耗用了大量的时间与精力。

合适的衡量方法

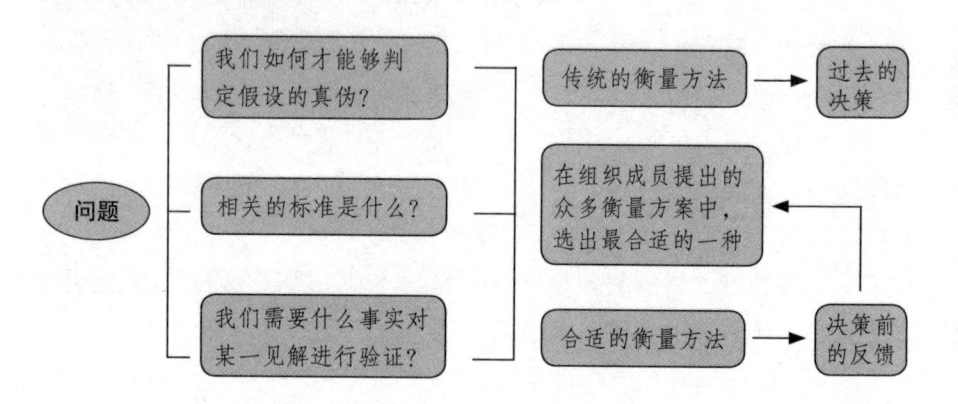

问题
- 我们如何才能够判定假设的真伪？
- 相关的标准是什么？
- 我们需要什么事实对某一见解进行验证？

传统的衡量方法 → 过去的决策

在组织成员提出的众多衡量方案中，选出最合适的一种

合适的衡量方法 → 决策前的反馈

如何运用反对意见

> 管理者在做出决策的时候，必然会遭遇不同的意见，这种现象再正常不过。德鲁克说过："如果没有这些意见，管理者的思路就会非常狭隘。"那么，究竟管理者该如何应对这些不同意见？带着这个问题，请往下看。

◎ 当管理者遇到反对意见

德鲁克的观点就是，管理者应当多鼓励组织成员提出自己的意见与想法。他认为："只有在互相冲突的意见充分碰撞的基础上，以及在对不同的观点进行对话，并对不同评估结果进行比较的基础上，才能做出正确的决策。"

Easy-going

除非有不同的见解，否则就不可能有决策。

德鲁克的主张就是反对意见对管理者而言具有十分重要的意义。决策也只有在经过不同角度、思维的辩证之后，才会更加详细、周密，才能够更加具有可实施性。

◎ 反对意见存在的意义

首先，只有反对意见的存在，才能够保证管理者不会成为组织的俘虏。

也正是因为决策是管理者的一项特殊任务，所以组织所有成员都渴望管理者所做出的决策是对自己有利的。无论是国家总统，还是

263

当管理者遇到反对意见

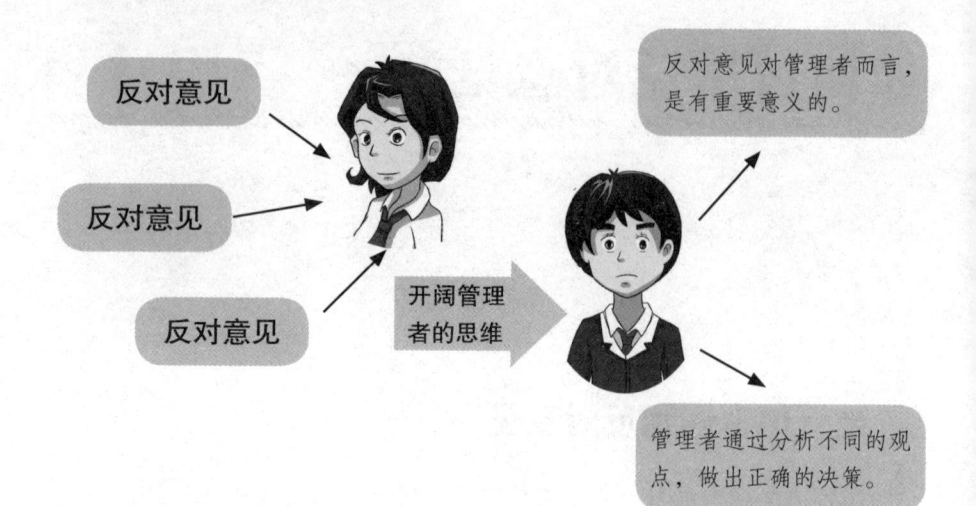

反对意见 →

反对意见 →

反对意见 → 开阔管理者的思维 →

反对意见对管理者而言，是有重要意义的。

管理者通过分析不同的观点，做出正确的决策。

一线员工，都是一样的。

管理者要想免于成为组织的俘虏，就需要多鼓励组织成员提出反对意见，引导他们对所提意见进行反复论证。

其次，反对意见本身，就是决策的"另一种方案"。

如果管理者只有一套决策方案，就如同是赌博，失败指数必定很高。管理者必须手握多种决策方案，才能够进退自如，出现错误的时候还有回旋的余地；反之，就只能硬着头皮，背水一战。

最后，反对意见能够激发想象力。

想象力是一种潜在的、尚未开发的能力，虽然拥有丰富想象力的人不多，但是也非我们所想的屈指可数。面对不同的意见，尤其是那些经过缜密思考、论据充分的意见，很可能会让管理者思维更加开阔，站在新的角度去观察与理解，做出具有创造性的解决方案。

综上所述，管理者要学会运用反对意见。将"言之有理"变为"正确"，将"正确"转变为"良好的决策"。

第7章 管理者应该如何决策

◎ 如何运用反对意见

如果管理者把组织成员的反对意见，当作搬弄是非、存心找茬，那么，他一定不是一位卓有成效的管理者。德鲁克认为，作为管理者，必须明白，除非能够证实对方就是心怀不轨，否则就必须认为对方智力正常、态度端正。如果确实是不轨行为，管理者也要及时、恰当地处理，而非是顾及面子充耳不闻。

关于反对意见的运用，德鲁克指出：

第一，找出没有实际价值的意见。不管是什么类型的企业，都会存在一些不明智的意见，而这些意见根本无须管理者去耗费精力与时间。因此，剔除这些不良建议是首要任务。

Easy-going

德鲁克认为，有效的管理者不会一开始就假定"某项建议是正确的，其他建议都是错误的"，也不会认为"自己是对的，别人是错的"，他会对别人的意见进行分辨。

反对意见存在的意义

反对意见存在的意义		
	只有反对意见存在，才能够保证管理者不会成为组织的俘虏	多鼓励组织成员提出反对意见，引导他们对所提意见进行反复论证
	反对意见本身，就是决策的"另一种方案"	管理者必须手握多种决策方案，这样才能够进退自如
	反对意见能够激发想象力	反对意见能够让管理者思维更加开阔，做出具有创造性的解决方案

第二，选择有价值的意见。在持有反对意见的成员中，有价值的意见还是可取的。所以，管理者不能在发现了不明智意见之后，就以偏概全，认为所有的意见都毫无可取之处。管理者要相信，既然有人提出反对意见，必定是看到了问题的另一面。管理者要做的就是，找到意见分歧的根源，这样才能够看到与自己持反对意见者所站的角度，从而在做出决策的时候，有更加充分的考虑与选择的空间。如此一来，即使在决策过程中出现什么问题，管理者也能够做到心中有数。

个人决策和群体决策的比较

> 决策的正确与否决定着企业的兴衰。按照决策主体的不同,决策又分为个人决策与群体决策。本节将会对个体决策与群体决策进行比较,并对其决策方式进行分析。

◎ 定义个人决策

根据决策主体的不同,决策又由个人决策与群体决策构成。个人决策指的是由个人做出的决策,其优点是消耗时间少,可以避免人员复杂、意见不一所造成的冲突;缺点就是由于个人的能力与掌控的信息有限,做出的决策可能存在一定的主观性与片面性,不易被组织其他成员接受。

除此之外,个人决策还具有一定的局限性。第一,个人决策所需要的社会条件不充分。具体表现在管理者个体层面,要么是没有优秀

什么是个人决策

什么是个人决策			
定义:由个人做出的决策	优点:消耗时间少,可以避免人员复杂、意见不一所造成的冲突	缺点:由于个人的能力与掌控的信息有限,做出的决策可能存在一定的主观性与片面性,不易被组织其他成员接受	局限性:1.个人决策所需要的社会条件不充分;2.管理者自身能力、经验、知识水平的限制

的管理者，要么就是具备条件的管理者无法拥有真正的权力。第二，管理者自身能力、经验和知识水平的限制。

◎ 定义群体决策

群体决策是指由组织成员参与制定的决策。所谓"三个臭皮匠，顶个诸葛亮"，群体决策的优点就是，能够更大范围地收集、掌握信息，集思广益，做出的决策能够得到组织大多数成员的认可；缺点就是由于众人参与讨论，决策制定需要耗费大量的时间，很有可能扼杀少数人所提出的具有创造性的意见，也可能会出现责任不明确的现象。

Easy-going

需要注意的一点是，在实行群体决策的过程中，要尽量避免"群体思维"现象的发生。

随着经济的不断发展，组织中所存在的很多问题，都演化成为对管理者的挑战。对于组织内部各个方面的不确定性，单纯地依靠个人

什么是群体决策

什么是群体决策

| 定义：由组织成员参与做出的决策 | 优点：能够更大范围地收集、掌握信息，集思广益，做出的决策能够得到组织大多数成员的认可 | 缺点：由于众人参与讨论，决策制定需要耗费大量的时间，很有可能会扼杀少数人所提出的具有创造性的意见，也可能会出现责任不明确的现象 | 群体决策的优势也越来越多地被更多的管理者认同和采纳 |

的力量解决是不明智的。群体决策的优势,越来越多地被更多的管理者认同和采纳。比如中国各级人民代表的选举,采用的就是群体决策的方式。

小贴士

项羽的失败

中国西汉时代的文学家扬雄所著的《法言·重黎》中记载:秦朝覆灭之后,开始楚汉之争,最后在一个名叫垓下的地方,项羽被刘邦大军重挫。后来,项羽在乌江河畔,仰天大呼:"天之亡我,我何渡为!"说罢便自刎而死。

扬雄在书中说:刘邦之所以会成功,是因为他善于谋略,利用众人的计策与力量,终得天下。项羽之所以失败,不仅是因为缺乏知人善任的智慧,而且还由于过于刚愎自用,最后落得兵败自杀。其实,成败与上天是毫无关系的。

◎ 个人决策与群体决策的比较

个人决策与群体决策都存在一定的优劣势,二者不可能用在任何情况都适用。

一般情况下,群体决策要比个人决策好一点,因为群体决策是多数人参与的决策,这样就能够有健全的信息材料,有意见的不同性和可参考性。但是在面对重大问题的时候,众人难免都无计可施,这时就会有一人站出来,提出一些"不按常理出牌"的方法,最终却能够化解危机。在这个时候,个人决策就比群体决策要更好些。由此看来,个人决策也并非一无是处。那么,究竟哪种决策更好一点呢?

1. 从决策的准确性考虑。

能够集思广益的自然是群体决策,一方面群体决策能够产生更多、更好的可供选择的方案，另一方面一旦发现错误，也能够得到反复的验证。因此，从决策的准确性考虑，群体决策占有一定优势。但是，参与决策的人员越多，就越容易出现意见分歧，自然需要花费大量的时间与精力进行讨论和协商。在时间上，个人决策要比群体决策的速度快很多。

2. 从决策的创造性考虑。

由于个人决策不会受到外界意见的影响与约束，所以更容易发挥个人的创造性。在面对突发事件、结构模糊性的问题时，个人决策更能发挥作用。而对于那些任务明确、程序清晰的决策，尤其是关系重大、责任重大的决策，则由群体进行决策更为适宜。

3. 从决策的风险性考虑。

不管是什么类型的决策，都不可避免地存在一定的风险性。一般情况下，群体决策适用于处理风险大、影响面广的问题。在

> **Easy-going**
>
> 个体决策与群体决策都有其优点和缺点，在一个组织中，应根据不同情况选择不同的决策方式，从而实现组织目标。

群体决策中，管理者可以"拍板"，彼此支持。但是，拍板的原因究竟是害怕风险，还是甘愿冒险，就要视参与决策者的倾向而定，尤其是管理者的倾向。

4. 从决策的效能性考虑。

在群体决策中，如果参加成员的意见一致，那么在群体力量的促使下，决策自然很容易就会通过，执行过程也会十分顺利；如果参加成员之间没有一定的合作精神，彼此对立，互不相让，那么即使是花费了大量的时间与精力，也无法保证决策能被通过，更不用说顺利地执行了。面对这种情况，关键是要看管理者能否做出更好的决策。

5. 从决策群体的构成方面考虑。

有研究表明，群体决策的正确性要比个人决策高，但是却比个人

决策耗费时间长。美国的罗斯·威伯经过反复试验，得到如下表所示的结果。

个人决策和群体决策的优劣分析表

单位：小时

实验内容	个人决策	群体决策
平均时间（完成词汇测验）	4.5	6.8
平均得分（25道题中所得的正确答案）	13.2	17.5
平均误差（不正确数）	11.8	7.5
平均效率（每分钟正确数）	3.0	2.6

群体与个人决策的比较

方式	个人决策	群体决策
速度	快	慢
准确性	较差	较好
创造性	较高。适于工作不明确，需要创新的工作	较低。适于工作结构明确，有固定程序的工作
效率	由人物复杂程度决定；费时少，代价高	从长远来看，费时多，但代价低；
风险性	视个人气质、经历而定	视群体性格（尤其领导）而定

小贴士

偷鸡蛋的贼

从前,有一个贼偷了农家一篮鸡蛋,刚好被起夜的农夫逮个正着。

农夫拉着偷鸡蛋的贼到了法官面前。法官向贼提出了三个惩罚他的方案,让他自己选择一种接受惩罚。第一,当着众人的面吃掉一篮生鸡蛋;第二,被鞭打一百下;第三,交纳罚金。

听完法官的三个惩罚方案,那贼马上说:"我吃掉所有的鸡蛋!"刚开始的时候,偷鸡蛋的贼信心十足。但是,吃了十个鸡蛋之后,他说道:"我实在是一个鸡蛋也吃不掉了,你们还是鞭打我吧!"

然而,在被鞭打了几十下之后,那贼便受不了了,大喊道:"我求求你们,不要再打了,我愿意交纳罚金!"

这个故事告诉我们,如果对自己的能力缺乏足够的了解,那么就会一而再、再而三地做出错误的决策,最后总会尝到很多不必要的苦头。